突发事件应急管理研究与实践

曹 杰 于小兵 编著

江苏省气象灾害预报预警与评估协同创新中心
江苏高校优势学科建设工程资助项目
国家行业专项（GYHY201106019）
国家软科学研究计划项目（2010GXS5B147） **联合资助**
国家自然基金面上项目（71273139）
南京信息工程大学
教育部人文社科基金（12YJC630271）

科学出版社
北 京

内容简介

本书从理论和方法上对应急管理研究进行了概括总结。全书分为16章，将整个应急管理的主要内容分为3个部分，即宏观层面、中观层面和微观层面。首先，在简要介绍突发事件与应急管理的基础上，介绍了应急管理体系、应急管理平台、一案（预案）三制（体制、机制、法制）等宏观层面的内容；然后，结合项目全生命周期思想，系统阐述了突发事件应急管理全生命，即突发事件预防与应急准备、预测与预警、应急处置管理、恢复重建等中观层面的内容；最后，结合系统优化理论与方法，研究了应急物资调度、应急服务设施选址、应急疏散、应急救援能力评估和应急物资供应商选择等微观层面的内容。

本书有助于读者了解应急管理学术前沿、构架应急管理教学和科研桥梁，既可作为高等院校管理类学科的本科高年级教材，也可作为系统工程、管理科学与工程等专业的研究生教学参考书，同时还可作为政府、企业管理部门相关人员开展本行业或相关领域应急管理的参考书。

图书在版编目（CIP）数据

突发事件应急管理研究与实践/曹杰，于小兵编著．—北京：科学出版社，2014.10

ISBN 978-7-03-042109-8

Ⅰ.①突…　Ⅱ.①曹…　②于…　Ⅲ.①突发事件-公共管理-研究　Ⅳ.①D035

中国版本图书馆CIP数据核字（2014）第228055号

责任编辑：伍宏发　顾晋饴/责任校对：彭　涛

责任印制：张　伟/封面设计：许　瑞

科学出版社 出版

北京东黄城根北街16号

邮政编码：100717

http://www.sciencep.com

北京建宏印刷有限公司 印刷

科学出版社发行　各地新华书店经销

*

2014年10月第　一　版　　开本：720×1000　1/16

2023年 5 月第八次印刷　　印张：15 1/4

字数：310 000

定价：78.00元

（如有印装质量问题，我社负责调换）

前　言

预防和应对突发事件，始终贯穿于人类历史发展的进程。当今世界，人类面临的发展希望和机遇增多，同时面临的风险和挑战也增多。各种自然灾害、事故灾难、社会安全事件、公共卫生事件频繁发生；能源资源短缺和生态环境恶化，经济社会发展不稳定、不确定因素增多。预防和应对各种突发事件，成为了国际社会和世界各国政府面临的重大课题。各国政府、学者、民众普遍认识到应对灾难、危机必须采取科学的理论与方法，应急管理因而获得前所未有的重视。

我国幅员辽阔，孕育了多样的自然地理条件，导致灾害种类繁多，自然灾害频繁发生，给经济、社会带来巨大损失。20 世纪 80 年代末，我国政府成立了“中国国际减灾十年委员会”，并随后正式成立了“国家减灾委员会”。随着经济发展，我国正逐步迈进初具规模的现代工业社会，人民群众生活水平不断提升。目前，我国正处在工业化、信息化、城镇化、市场化深入发展的过程中，社会转型也孕育了社会风险。2003 年的“SARS 危机”让我们付出了沉重的代价，同时也提醒我们，政府应急管理体系和机制有待进一步完善。以“SARS 危机”为转折点，我国开始探索并逐步建立了现代应急管理体系。2008 年的南方雪灾，不仅是对“SARS 危机”事件后初步建立的现代应急管理体系的检验，更是对我国政府应急管理能力的考验。而面对“5·12 汶川大地震”，我国政府积极迅速地应对地震灾害，从地震救援到灾后重建都彰显了良好的应急管理能力，加速推进我国的应急管理体系建设。因此，构建坚实的应急管理体系是人民安居乐业的基本需求。突发事件应急管理也是当前政府应急管理的重点，同时也给研究者提供了大量亟需探索的科学与工程问题。

本书编写的主要目的是基于上述重大社会和学术的需求，从三观（宏观、中观和微观）的视角，采用定性与定量分析相结合、静态与动态研究相结合，以及多学科理论融合分析的方法，将整个应急管理内容分为 3 个主要部分，即宏观层面、中观层面和微观层面。首先，在简要介绍突发事件与应急管理的基础上，对应急管理体系、应急管理平台、一案（预案）三制（体制、机制、法制）等宏观层面的内容进行介绍；然后，结合项目全生命周期思想，对突发事件应急管理全生命进行系统阐述，即突发事件预防与应急准备、预测与预警、应急处置管理、恢复重建等中观层面的内容；最后，结合系统优化理论与方法，对应急物资调度、应急服务设施选址、应急疏散、应急救援能力评估和应急物资供应商选择等微观层面的内容进行研究。具体内容如下。

第一篇为概述篇（第1～2章），主要介绍突发事件应急管理的相关概念的界定。

第二篇为宏观篇（第3～5章），主要介绍突发事件应急管理体系、应急管理平台、一案（预案）三制（体制、机制、法制）。

第三篇为中观篇（第6～10章），重点讨论突发事件的应对分为预防与应急准备、监测与预警、应急处理、事后恢复与重建4个阶段，并给出了相应的案例分析。

第四篇为微观篇（第11～16章），将现代优化与决策理论应用于应急管理中，介绍优化理论及其相关的优化算法，并对算法进行对比实验。在此基础上，研究了应急物资调度、选址、疏散、应急能力评估与应急物资供应商选择等问题。

本书有助于普及应急管理知识体系，提高全社会应急管理意识，促进交叉领域合作创新思维的培养，并在知识传播方面具有良好的社会效益，可降低突发事件所造成的损失，从而起到间接提高经济效益的作用。

本书作者在编写过程中参考了大量相关文献资料，在此向这些教材和文献的作者们表示感谢！由于编写人员的学识和能力有限，本书难免有遗漏和不足之处，我们热忱希望广大读者提出批评和意见，大家宝贵的建议将促使我们不断努力完善该书。

本书的撰写得到国家行业专项（GYHY201106019）、国家软科学研究计划项目（2010GXS5B147）、国家自然基金面上项目（71273139）、教育部人文社科基金（12YJC630271）、江苏省高校自然基金项目（13KJB120008）、江苏省社科联项目（13SQC-076）、中国制造业发展研究院项目（SK20130090-15）和江苏高校优势学科建设工程资助项目（环境管理技术与政策研究）等项目的资助，在此表示衷心地感谢。

目　录

第三篇　中　观　篇

第四篇　微　观　篇

第一篇　概　述　篇

第1章 突发事件

当今世界，各种类型的突发事件频发。如何有效地处理这些突发事件，减轻突发事件所带来的危害，减少和预防此类事件的再度发生，已经成为摆在各国政府和社会面前的一个亟待解决的重大课题。而应急管理是应对突发事件的有效方法之一。

近年来，国内外学术界对突发事件应急管理进行深入研究，取得了一系列引人瞩目的成果。在了解相关研究成果之前，有必要对突发事件和应急管理进行一些初步的介绍。

1.1 突发事件的概念

突发，顾名思义就是突如其来的、出乎预料的、令人猝不及防的状态；事件，则是指历史上或社会上发生的大事情。学术界研究的突发事件是指影响到社会局部甚至社会整体的大事件，而不是个人生活中的小事件[1-5]。在汉语中，关于“突发事件”的近似说法有“紧急事件”、“紧急情况”、“非常状态”、“戒严状态”等。

2007年我国颁布、实施的《突发事件应对法》将突发事件界定为：“突然发生，造成或者可能造成严重社会危害，需要采取应急处置措施予以应对的自然灾害、事故灾害、公共卫生事件和社会安全事件。”

欧洲人权法院对突发事件的解释是：一种特别的、迫在眉睫的危机或危险局势，影响全体公民，并对整个社会的正常生活构成危险。

澳大利亚在1999年的《紧急事件管理法》中明确了紧急事件是指已经发生或者即将来临的，需要做出重大决策、协调一致的事件。

美国对突发事件的定义：由美国总统宣布的、在任何场合、任何背景下，在美国的任何地方发生的需联邦政府介入，提供补偿性援助，以协助州和地方政府挽救生命、确保公共卫生及财产安全或减轻、转移灾难所带来威胁的重大事件。例如，美国当地时间2013年4月15日，美国波士顿马拉松比赛终点附近发生至少两起爆炸，截至2013年4月16日上午，已经造成3人死亡，近百人受伤。随后，联邦当局已经将这次事件定为恐怖袭击突发事件。

1.2 突发事件的特点

一般而言，突发事件具有以下 4 个基本特点[6]。

1. 突发性和紧迫性

突发事件往往是平素积累起来的问题、矛盾冲突因长期不能得到有效解决，在突破一定的临界点后突然爆发。它看似偶然，实为必然。突发事件的发生要求应急管理人员能够在巨大的时间、成本和心理压力之下，迅速调动可以掌握的一切人力、物力和财力，进行有效应对，控制事态发展，消除不利的后果与影响。

所以，突发事件应急管理要坚持预防为主的原则，防微杜渐。同时，要按照“藏富于民”、“不求所有、但求所用”的思想，开展应急社会动员。突发事件发生时，应急需求会迅速膨胀；突发事件结束后，应急需求会突然减少。一般来说，应急管理部门平时不会储存过度的应急人力、物力和财力以防止不必要的浪费。但是，如果我们建立起高效的社会动员机制，就能够实现公共安全效益与经济效益的“双赢”。

2. 不确定性

不确定性是人们认识世界的局限性导致的，它是人们在现有知识的基础上对世界以及事物的看法和决定。突发事件从始至终都处于不断的变化的过程中，人们很难根据经验对其发展方向做出明确的判断。特别是在经济全球化背景下，各种因素交织、互动，前所未有的新型突发事件不断涌现，更加剧了突发事件的不确定性。突发事件一旦得不到有效地遏制，就有可能产生“蝴蝶效应”，产生次生、衍生灾害。

因此，在突发事件决策的过程中，要在经验决策的基础上，注重科学决策，发挥应急管理人员的创新能力。特别是在当今，我们面对的突发事件往往是前所未有的，不确定性超强。例如，“禽流感”至今仍是一种传播路径不明、致死率极高的病毒，其卷土重来的可能性不容小觑。所以，应急管理者不仅要有丰富的实战经验，也要具备较强的创新精神和创新能力。而创新精神与应急管理组织宽容的组织文化是分不开的。

3. 危害性

突发事件可能会使社会公众在健康、生命和财产方面遭受重大的损失，并干扰、破坏社会正常运行的秩序，甚至使政府的合法性面临挑战，因其影响对象是社会公众群体，则往往带有很强的社会性。

“9·11事件”共有2998人遇难，其中2974人被官方证实死亡，另外还有24人下落不明。遇难人员名单中包括：四架飞机上的全部乘客共246人，世贸中心2603人，五角大楼125人。共有411名救援人员在此事件中殉职。

2014年3月8日凌晨2点40分，马来西亚航空公司（简称马航）的航班MH370，原定由吉隆坡飞往北京。该飞机本应于北京时间2014年3月8日6：30抵达北京，马来西亚当地时间2014年3月8日凌晨2点40分与管制中心失去联系。马航已经启动救援和联络机制寻找该飞机。失去联络的客机上载有227名乘客（包括两名婴儿）和12名机组人员。其中有154名中国人（中国大陆153人，其中成人152人，和1名1岁婴儿，中国台湾1人）。失去联络的原因正在调查之中。

4. 扩散性

扩散性包括两方面的含义：一是突发事件往往会突破地域限制，向更广的地理范围、空间范围扩张；二是突发事件会引发次生灾害，形成一个灾害的链条。前者要求我们建立区域应急联动、流域应急联动甚至国际应急联动机制；后者要求我们加强各个相关部门之间的应急合作与协调。

随着经济全球化、工业化等因素快速发展，当前突发事件呈现出新的特点：强度加大、数量最多、叠加现象时常发生。2008年1月南方爆发低温雨雪冰冻灾害。暴风雪造成了多处铁路、公路、民航交通中断，受灾地区的交通严重受阻。受灾严重的广东省是我国输入农民工最多的省份之一，由于临近春节，大批外出农民工急于返回家乡，致使大批旅客滞留站场港口。同时，雪灾导致贯通中国南北的大动脉——京珠高速公路湖南段因道路积雪、结冰而封闭，数万辆车滞留在湖南段。此外，雪灾也导致京广铁路湖南段的电气化接触网受损，受损期间无法并行电气化列车，致使多班列车取消；长江流域多个城市的机场因积雪而被迫关闭，大批航班延误、取消。因此，灾害造成的损失和影响呈现强度大和叠加放大效应[7]。

1.3 突发事件的分类

在我国突发事件根据发生原因、机理、过程、性质和危害对象的不同而被分为四大类：自然灾害、事故灾害、公共卫生事件和社会安全事件。

1. 自然灾害

自然灾害主要包括：干旱、洪涝、台风、冰雹、沙尘暴等气象灾害，地震、山体滑坡、泥石流等地震地质灾害，风暴潮、海啸、赤潮等海洋灾害，森林草原火灾，农作物病虫害等生物灾害，共五小类。

由于所处的自然地理环境和特有的地质构造条件的不同，我国是世界上遭受自然灾害侵袭最为严重的国家之一。特大自然灾害频发，给社会生活造成了巨大的损失，对公众的生命、健康与财产安全提出了严峻的挑战。特别是在全球气候变化的背景下，我们必须着力防范极端天气所引起的自然灾害。这其中以气象灾害最为突出。由气象灾害造成的国民经济损失每年达到千亿元，占国内生产总值的 3%～6%。中国每年受到气象灾害损失影响的人口约 6 亿人次，造成的直接经济损失约为 2000 亿元[8]。

2. 事故灾害

事故灾害主要包括：公路、铁路、民航、水运等交通运输事故，工矿、商贸等企业的安全生产事故，城市水、电、气、热等公共设施、设备事故、核与辐射事故，环境污染与生态破坏事件等。

我国正处于加快工业化进程发展的时期，由于各类企业安全保障能力总体较弱，一些地方和企业安全生产责任不落实、措施不得力、监管不到位，加之市场供求关系等多方面的原因，我国安全生产形势严峻，煤矿、交通等重特大事故频发，给人民群众生命财产安全造成严重损失。

3. 公共卫生事件

公共卫生事件主要包括：传染病疫情、群体性不明原因疾病、食物与职业中毒、动物疫情及其他严重影响公众健康和生命安全的事件。目前，人类消灭的传染病病毒只有天花一种。全球新发的 30 种传染病中有一半已经在我国发现。重大传染病和慢性病流行仍比较严重，职业病危害呈上升趋势，食品药品安全事故多发。

此外，2008 年发生的三鹿奶粉事件也警示我们，绝不能忽视食品安全问题。同一时期在我国爆发的“禽流感”也属于该类事件。

4. 社会安全事件

社会安全事件主要包括恐怖袭击事件、经济安全事件、民族宗教事件、涉外突发事件、重大刑事案件、群体性事件等。我国正处于人民内部矛盾的凸显期、刑事犯罪的高发期和对敌斗争的复杂期。同时又面临着众多非传统安全因素的挑战，波及范围广、涉及人数多的金融犯罪活动增多，利用计算机网络等高科技手段从事侵财和破坏的犯罪活动频发。因而，绝不能对社会安全事件的防范与处置有丝毫懈怠和麻痹，特别是要建立社会公众的利益表达机制和矛盾协调处理机制，标本兼治，根除社会安全事件滋生的土壤。

突发事件对公共安全提出严峻的挑战。公共安全可以分为硬安全和软安全。前者主要用来描述物理上的远离危险的状态；而后者主要用来形容象征意义上的远离危险的状态，更突出与治安相关的犯罪的预防与控制。前者如城市居民免受危险化学品泄漏的威胁，后者如城市居民免遭恐怖分子袭击的恐吓。可见，我们应对突发事件的目的是：同时实现和确保社会公众的软安全与硬安全。所以，我国突发事件应急管理所涉及的领域是十分宽泛的。

对突发事件进行分类的意义在于：在应急管理中，我们要明确责任主体，方便专业性、技术性强的突发事件的处置。在突发事件的处置过程中，要遵循专业处置的原则，以避免次生、衍生灾害的发生。1986年，苏联发生切尔诺贝利核电站泄漏事件，政府先是调集了大量内务部队的官兵进行处置。由于没有专业的防护装具，并缺少相关专业知识和技能，许多官兵遭受核辐射，直到苏联防化部队的官兵参与救援，这种状况才得以改观。在突发事件处置过程中，救援可以是综合性的，而事件处置必须体现专业性。

此外，突发事件的分类是静态的，但突发事件的演化过程是动态的。各类突发事件之间往往是相互关联、相互渗透的，需要各个部门协同应急、合成应急。2008年南方暴风雪中，致灾因素具有突出的连带性、耦合性与叠加性，表现出链状群发甚至网状群发的特点。自然因素导致基础设施瘫痪，进而演化为技术灾难；基础设施因相互依赖而产生互动效应，其影响迅速向全社会扩散，造成社会生产、生活的无序状态，暴露出我国在电煤等重要物资生产、储备上的严重问题。可以说，自然因素引发了技术灾难，而技术灾难又放大了自然因素的社会影响，加剧了隐性的社会经济问题。因而，在现代社会，我们一定要关注系统性的风险，以系统的眼光来认识突发事件。应急管理在坚持分类管理的同时，也要提倡部门之间的相互协同，从而形成应对突发事件的强大合力。

1.4 突发事件的分级

在我国，按照社会危害程度、影响范围、突发事件性质等，将自然灾害、事故灾害、公共卫生事件分为四级。法律、行政法规或国务院另有规定的，从其规定，比如核事故等级的划分等。

突发事件的4个分级，即Ⅰ级（特别重大）、Ⅱ级（重大）、Ⅲ级（较大）和Ⅳ级（一般），根据颜色对人的视觉冲击力的不同，依次用红色、橙色、黄色和蓝色表示。

- 蓝色预警（Ⅳ级）

预计将要发生一般以上的突发公共安全事件，事件即将临近，事态可能会扩大。

·黄色预警（Ⅲ级）

预计将要发生较大以上的突发公共安全事件，事件即将临近，事态有扩大的趋势。

·橙色预警（Ⅱ级）

预计将要发生重大以上的突发公共安全事件，事件即将临近，事态正在逐步扩大。

·红色预警（Ⅰ级）

预计将要发生特别重大的突发公共安全事件，事件会随时发生，事态在不断蔓延。

之所以用不同颜色标注不同的突发事件等级。一是比较醒目，方便判断和识别；二是方便弱势群体如文盲辨识。但是，社会公众必须接受一定程度的公共安全教育，否则，难以确知各种不同颜色的含义。

突发事件分级的主要意义在于：规定我国各级人民政府对突发事件的管辖范围。一般和较大的突发事件分别由县和地级市人民政府领导，重大的突发事件由省级人民政府领导，特别重大的突发事件由国务院统一领导。这是因为我国应急资源的配置特点是：政府的行政级别越高，所掌控的应急资源越丰沛，处置突发事件的能力也就越强（表 1-1）。

表 1-1 突发事件等级与响应主体的关系

应急组织	特别重大（Ⅰ级）红色	重大（Ⅱ级）橙色	较大（Ⅲ级）黄色	一般（Ⅳ级）蓝色
国家	√			
省级		√		
市级			√	
县级				√

对于突发事件的分级，我们必须注意以下几点：第一，我国对突发事件分级的具体标准有待进一步明晰化；第二，突发事件处于不断的演进过程，分级是动态的；第三，当突发事件情势不够明朗时，分级应遵循“就高不就低”的原则；第四，分级要突出“三敏感”的原则，即对敏感时间、敏感地点和敏感性质的事件定级要从高。

1.5 突发事件的“蝴蝶效应”

所谓“蝴蝶效应”是指事物未来发展的结果对初始条件具有极为敏感的依赖

性，即最初的微不足道只要具备合适的条件，最终的变化发展同样可以影响一种格局。气候学家洛伦兹对这一效应的形象表述是“热带一只蝴蝶偶尔地扇动翅膀可以引起一场龙卷风”。所以一个坏的微小的机制如果不及时加以引导、调节，可能会带来非常大的危害，甚至是“风暴”。由此可见在对个别突发事件的管理时应关注细节，注重关联，控制全局。如果对事件盲目处理，一件小事可能会对其他人产生不良影响，形成“蝴蝶效应”。这不仅影响人们正常生产生活，还会危害社会的安全。所以处理小事件应从多方面着手，谨慎地做好准备与预防工作，避免形成负面影响[9]。社会安全事件经常体现出发展变化的“蝴蝶效应”。

2001年美国“9·11”事件的直接经济损失不到100亿美元，但事件之后，工业生产下降，零售业急剧下滑，债券投资风险加大，公司筹资困难，企业利润和固定资本投资下降，失业人数剧增，房地产业成了“重灾区”，给交通运输和旅游业造成严重损失，保险业面临困境，证券交易商和交易所损失严重，使美元相对主流货币贬值、股市下跌、石油等战略物资价格一度上涨，并波及欧洲及亚洲等主流金融市场，引起市场的过激反应，从而导致美国和世界其他国家经济增长减慢。

2011年3月发生的日本强震与核泄漏事件撼动全球经济，原油、黄金等期货价格大幅攀升，而天然橡胶期货则由于丰田、本田、日产三大汽车厂商的部分关闭而一度跌停。利率和汇率波动导致跨境资本流动，并且通过房地产和股市对金融稳定产生不利影响[9]。

条块分割是我国突发事件应急管理的一大弊病。对此，我们对突发事件进行分类、分级，应当有助于划清责任主体，实现分类管理、分级负责，推动条块结合，做到以块为主。当突发事件发生时，事发地政府要积极开展先期属地处置，防止突发事件扩大升级。如果按照突发事件的分级超出自己的管辖范围，则需要边处置边上报。同时，对于专业性、技术性强的突发事件，处置一定要体现专业的原则，即以人民政府的有关职能部门为主要处置机关，调集专业化的队伍进行处置。属地人民政府要积极配合，可在专业队伍到来前简单地进行处置，在专业队伍到来时进行道路引导，到来后介绍情况、协助处置、维持秩序、做好后勤保障工作。

各级人民政府在构建应急管理体系的过程中，也需要遵循条块结合的原则。例如，作为中国的首都，全国的政治、文化中心和中国社会主义建设的首善之区，北京市已经形成了“3＋2＋1”的应急管理体系。所谓的“3”就是市级应急管理机构、18个区县应急管理机构和13个应急专项指挥部；所谓的“2”，就是以110为龙头的紧急报警服务中心和以12345为龙头的非紧急救助服务中心；所谓的“1”，就是指应急社会动员体系。这个体系就体现了分类管理、分级负责及条块结合的思想。

1.6 突发事件案例

1.6.1 自然灾害

1. 卡特里娜（Catrina）飓风席卷新奥尔良

2005 年 8 月 23 日，美国国家飓风中心（National Hurricane Center，NHC）发布消息说，第 12 号热带低压已在巴哈马东南方海域上形成。8 月 25 日，卡特里娜飓风在美国佛罗里达州登陆。29 日，飓风以 233 千米每小时的风速登陆美国路易斯安那州和密西西比州，数以万计的房屋被淹和数十万户家庭断电，时任美国总统布什当天宣布上述两个州为重灾区。此次飓风造成 100 多万人流离失所，尤其对新奥尔良市造成严重破坏。在飓风登陆超过 12 小时后，才减弱为强烈热带风暴。这次飓风造成的受灾范围几乎与英国国土面积相当，被认为是美国历史上损失最大的自然灾害之一。

据国际风险评估机构估计，卡特里娜飓风造成的损失金额在 250 亿～1000 亿美元，将成为美国有史以来经济损失最大的一次自然灾害。这次飓风还造成大约 500 万户居民停电，在 2 个月内无法全部恢复，而要排干淹没新奥尔良全城 80%的洪水则需要 36～80 天。此外，卡特里娜飓风给美国民众造成的心理创伤也是短时间内难以平复的。

卡特里娜飓风的袭击让美国一下子损失了巨额财富，有人把这次飓风灾害与 2004 年底发生的印度洋海啸相比，称之为“美国的海啸”，也有人说，这是“天灾 9・11”。美国面对灾情开始接受世界各国的援助。

突发事件的“魅力”就在于一定有人类所未知的因素在里面，即便事先做好多么完善的应对措施，等突发事件到来时，也一定有超出预想的事件（或事件的一部分）出现，新奥尔良飓风事件就是这样一个例证。应该说，有了 FEMA（Federal Emergency Management Agency，美国联邦应急管理署），可以解决美国境内的一般性灾难事件，倘若我们可以解释 9・11 的发生多和国家安全有关，并不在 FEMA 的职权范围内，但卡特里娜飓风的应对却完全应该是 FEMA 职权范围内的事情。然而，由于事情出现的突然性，对于灾难发生和发展过程中的趋势监控和发现得不够及时，造成了应对不力的后果，而这一事件的结果是 FEMA 的局长向总统提出辞职。此后，FEMA 的职能也进行改变[10]。表 1-2 列出了给美国造成最大损失的飓风（1900～2006 年）；表 1-3 列出了 1999～2007 年美国十大重大自然灾害。

表 1-2　美国造成最大损失的飓风（1900～2006 年）**前十位**（按联邦应急管理部署救灾费用排序）[10]

飓风	年份	等级	损失/美元
卡特里娜飓风（阿拉巴马、路易斯安那、密西西比）	2005	4	72 亿
乔治飓风（阿拉巴马、佛罗里达、路易斯安那、密西西比、波多黎各、维尔京群岛）	1998	4	22.55 亿
伊万飓风（阿拉巴马、佛罗里达、乔治亚、路易斯安那、密西西比、新泽西、纽约、北卡罗来纳、宾夕法尼亚、田纳西、西弗吉尼亚）	2004	3	19.47 亿
安德鲁飓风（佛罗里达、路易斯安那）	1992	5	18.14 亿
查理飓风（佛罗里达、南卡罗来纳）	2001	4	15.59 亿
弗朗西斯飓风（佛罗里达、乔治亚、纽约、北卡罗来纳、俄亥俄、宾夕法尼亚、南卡罗来纳）	2004	4	14.25 亿
珍妮飓风（特拉华、佛罗里达、波多黎各、维尔京群岛、弗吉尼亚）	1989	3	14.07 亿
雨果飓风（北卡罗来纳、南卡罗来纳、波多黎各、维尔京群岛）	1989	4	13.07 亿
弗洛伊德飓风（康涅狄格、特拉华、佛罗里达、缅因、马里兰、新罕布什尔、新泽西、纽约、北卡罗来纳、宾夕法尼亚、南卡罗来纳、佛蒙特、弗吉尼亚）	1989	3	10.54 亿
弗兰飓风（马里兰、北卡罗来纳、宾夕法尼亚、南卡罗来纳、弗吉尼亚、西弗吉尼亚）	1996	3	6209 万

表 1-3　1999～2007 年十大重大自然灾害

（按联邦应急管理部署灾款金额排序）[10]

事件	年份	FEMA 资金/美元
卡特里娜飓风（阿拉巴马、路易斯安那、密西西比）	2005	72 亿
北岭地震（加利福尼亚）	1994	69.61 亿
乔治飓风（阿拉巴马、佛罗里达、路易斯安那、密西西比、波多黎各、维尔京群岛）	1998	22.51 亿
伊万飓风（阿拉巴马、佛罗里达、乔治亚、路易斯安那、密西西比、北卡罗来纳、新泽西、纽约、宾夕法尼亚、田纳西、西弗吉尼亚）	2004	19.47 亿
安德鲁飓风（佛罗里达、路易斯安那）	1992	18.13 亿
查理飓风（佛罗里达、南卡罗来纳）	2004	15.59 亿
弗朗西斯飓风（佛罗里达、乔治亚、北卡罗来纳、俄亥俄、宾夕法尼亚、南卡罗来纳）	2004	14.25 亿

续表

事件	年份	FEMA 资金/美元
珍妮飓风（特拉华、佛罗里达、波多黎各、维尔京群岛、弗吉尼亚）	2004	14.07 亿
阿里森热带风暴（佛罗里达、路易斯安那、密西西比、宾夕法尼亚、得克萨斯）	2001	13.75 亿
雨果飓风（北卡罗来纳、南卡罗来纳、波多黎各、维尔京群岛）	1989	13.07 亿

2. 青海玉树地震

2010 年 4 月 14 日 7 时 49 分，位于青海省南部的玉树藏族自治州玉树县发生 7.1 级地震。此次地震造成了巨大的人员伤亡和财产损失，给当地居民生产、生活带来了严重的影响，应急救援工作面临重重困难。当地多土木建筑，伤者过万人；灾区为贫困地区，医疗资源紧缺，大城市医院被震垮；灾区依赖水电，但水电站受震损，电力供应紧张；距离灾区最近的西宁也在 800 千米之外；灾区地理闭塞，地震发生滑坡、塌方，陆路交通困难；玉树机场承载能力有限，空中运输受限。灾区地处近 4000 米的高原，医疗救护人员发生高原反应，转运出去的伤员也有不适的反应；灾区为藏族聚居区，藏族居民占总人数 90%以上，语言不通；地震救援涉及民族问题，较为敏感，灾区需要重点防范鼠疫等传染病疫情。事发之后，不确定性与紧急性很强。

玉树地震发生后，社会各方面力量被有效调用起来，大批志愿者赶赴灾区救援，显示出紧急一致性和公民角色扩张的特点，人们在默默奉献的过程中，根本不会考虑回报和补偿。例如，4 月 20 日，即震后的第 6 天，北川人宁健和刘安华在结古镇开设帐篷餐厅，每天免费发放千余份盒饭。5 月 12 日，在支撑 23 天后，免费餐厅停业。两位北川汉子的义举就是源于他们对汶川地震救援的感恩。

玉树地震的范围和重灾区的空间很集中，主要位于一个狭长的河谷地带，空间比较有限，并且，震后我国组织了公安、消防、军队、武警、安全生产救援队伍、地震救援队以及医疗救援队等近万人。为此，我国婉言谢绝了国际组织及国外救援队的救援请求。在突发事件发生后，“多”未必意味着“好”，“有序”方能“有效”、“有力”。为了实现“有序”，我们必须要重视“汇集”现象。

1.6.2 事故灾害

1. 山东、江苏两省跨省砷污染事件

2009 年 1 月 13 日，环境保护部接到水利部淮河流域水资源保护局通报邳苍分洪道东偏泓、西偏泓砷浓度严重超标（最高超标 38.6 倍）后，立刻通知山东、江苏两省环保部门，启动应急预案，拦截超标污染水，并于1月14日成功将污水拦截在江苏邳州境内，防止了事态的进一步扩大；同时全面排查污染源，1月14日锁定了肇事企业——山东红日阿康化工股份有限公司，及时切断了污染源。通过协同配合、团结治污，污水全部得到有效处置，未影响到下游的饮用水水源地。

2. 胶济铁路特大撞车事故

2008年4月28日凌晨4时41分，山东胶济铁路周村至王村段发生特大交通事故：北京—青岛T195次列车第9至17号车厢突然脱轨，侵入并行的另一条铁轨，与对开的烟台—徐州5034次列车相撞，造成72人死亡，416人受伤。这是新中国成立以来伤亡人数最多的一起铁路交通事故。如图1-1所示。

2008年4月23日，济南铁路局印发154号文件《关于实行胶济线施工调整列车运行图的通知》，定于2008年4月28日0时开始执行。这份文件要求周村—王村段限速80千米/小时。可是，济南铁路局如此重要的文件，只是在本局内网上发布，对外局及相关单位只以普通信件的方式发送。而T195次列车所属的北京机务段仅仅是发送单位之一。

可以说，铁路部门内部日常管理的混乱导致了一场飞来的横祸。

图1-1 胶济铁路大撞车[11]

1.6.3 公共卫生事件

1. SARS病毒

SARS是于2002年在广东顺德首发，并扩散至东南亚乃至全球，直至2003

年中期疫情才被逐渐消灭的一次全球性传染病疫潮。在此期间，发生了一系列事件，包括医务人员在内的多名患者死亡，引起社会恐慌。

尽管一个世纪前的流感曾经造成了世界更大范围的死亡，但是SARS带来的恐慌更大。其原因是现代通信手段的发达使得一个即便不大的事件也很容易被放大，更何况一个未知的可能蕴含巨大灾难的事件。

直到2003年3月才弄清SARS的病原体是“冠状病毒”。我国广东以钟南山为代表的医生在与病魔的搏斗中，根据其临床上有发烧、咳嗽、肺部有阴影等肺炎共性症状，但与有肺炎链球菌等细菌引起的肺炎相比，症状不够典型，病原体尚未完全明确，而且有传染性强，使用抗菌药物治疗无效等特征，于1月22日首次使用“非典型肺炎”来命名，世界卫生组织也确认了其医学名称 Atypical Pneumonia（ATP)。2月底，世界卫生组织的意大利籍传染病专家卡洛·厄巴尼（Carlo Urbani）大夫根据当时已经掌握的情况将其命名为 Severe Acute Respiratory Syndrome（SARS)，3月15日世界卫生组织正式以此取代了ATP。

SARS的里程碑价值在于突破了应急管理的地域限制。首先，SARS的影响从中国快速辐射到世界多个国家和地区；其次，在SARS发生后，来自全世界多个机构的相关专家联合攻关，一起发现了SARS的致病原因，然后把所获知的治疗手段很快运用在临床上，最终遏制了疫情的进一步恶化。

SARS的里程碑价值还在于作为灾难载体的是人类自身，而不是自然界或者是人类生产出来的产品。随着世界变成村庄，疫情已经不再有隔离，即便试图去隔离也无法做到，因此唯一的应对手段是认识这个灾难并及时给出防止灾难扩展蔓延的科学技术方法。

2. 甲型 H1N1 流感

2009年4月中下旬，甲型H1N1流感在墨西哥、美国等地爆发，疫情迅速蔓延，并出现青壮年、儿童死亡病例。至2009年4月25日，墨西哥已发现1324名疑似患者，其中，81人死亡；美国亦公布7例确诊病例；当天，世界卫生组织（WHO）宣布墨西哥和美国甲流感疫情为“国际关注的公共卫生事件”，建议所有国家“对异常流感样疾病和重度肺炎加强监控力度”。2009年4月27日至29日，WHO在3天时间内连续将全球流感大流行警戒级别从第3级提升到第5级。此后，全球范围内甲流感感染人数急剧上升，至6月11日，各国通报WHO的甲流感确诊病例已达2.8万余例，疫情波及五大洲74个国家和地区；同日，WHO将全球流感大流行警戒级别提升至最高的第6级，并宣布全球进入流感大流行。截至2009年12月31日，加拿大、美国、墨西哥等北美国家经历了夏季和冬春季两波疫情；据WHO通报，全球超过208个国家和地区报告甲流感实验室确诊病例，其中，报告死亡病例近1.3万例。

2009年5月11日，我国内地报告首例甲流感输入性确诊病例，此后，我国内地报告的输入性病例数不断增加，主要集中在航空、陆路等口岸较多的省份；5月29日，我国内地发现了首例输入性二代病例；6月13日，发现了首例原因不明本土病例；6月19日，内地报告首起甲流感聚集性疫情；8月8日，广东省报告内地首例重症病例。截至8月中下旬，我国内地甲流感疫情以输入性病例为主，总体呈低水平流行。随着9月各地学校暑假结束开学，我国内地甲流感疫情迅速上升，并呈现以学校聚集性疫情为主态势；10月4日，西藏自治区报告内地首例甲流感死亡病例；到11月底，全国流感监测哨点医院监测到的甲流感病毒占流感病毒比例达到高峰，其中，北方省份达到87.7%，南方省份达到92.1%。12月份开始，我国内地甲流感疫情开始下降，至12月底，我国内地监测到甲流感病毒占流感病毒比例北方省份降至63.5%，南方省份降至86.8%。截至2009年12月31日，我国内地经历了一波甲流感疫情，31个省（自治区、直辖市）累计报告确诊病例120 498例，死亡648例。

2010年初，我国内地甲流感疫情活动持续减弱，处于低发阶段，且病毒监测没有发现明显异常；季节性B型流感已成为流感样病例中的主要流行病株（占90%以上）。2010年1月，全国甲流感血清学横断面调查结果显示，全人群免疫保护水平约为30%。专家认为，目前我国内地已度过第一波甲流感高峰期，近期不会出现大范围的暴发流行，但不排除在局部地区和人口集中的场所（如学校等）出现小范围的聚集性疫情可能，不排除出现重症和死亡病例个案的可能[12]。

3. 东北鼠疫

1910年11月，鼠疫从俄国传入中国满洲里，以哈尔滨为中心向其他地区迅速蔓延，4个月内便波及5省6市，死亡达4万多人，一时尸骸遍野，人们惊恐万状。哈尔滨仿佛一座人间地狱。1个月后，伍连德肩负着控制疫情蔓延、拯救万千生灵的重任来到哈尔滨，在简陋的实验室里，提出了一个划时代的科学概念：肺鼠疫。鼠疫是由鼠疫杆菌所致的烈性传染病。今天被世界范围广泛采用的鼠疫分类，除了腺型、败血型、轻型等之外，还有一型是肺鼠疫，它是鼠疫中最为严重的一型，病死率极高，而肺型鼠疫的提出和划分始者，就是伍连德。

这是医学科学史上的一次具有里程碑意义的重大发现，而这个发现就决定了根据这个新型鼠疫的传染特点，采取将病人和疑似病人果断隔离，及时控制传染源、斩断人间传染渠道等措施，必定让生活在这个城市的人们躲过一场浩劫。试想，如果不是伍连德的这个发现，如果不是采取了这些措施，百年前的哈尔滨注定要成为一座死城，鼠疫屠城就注定成为现实，新兴的哈尔滨也许在地球从此就消失了。伍连德鼠疫新型划分，不仅拯救了1911年的哈尔滨，也拯救了10年后再次发生鼠疫的1921年的哈尔滨，同时，也在世界现代医学防疫领域为中国人争得了难得的一席之位。

1.6.4 社会安全事件

1. 西藏骚乱事件

2008年3月10日下午，西藏拉萨市哲蚌寺300余名僧人无视国家法律法规及庙寺有关管理制度，企图冲入拉萨市区制造事端。被执勤人员劝阻后，多次冲撞、谩骂，并用棍棒、石头、匕首暴力冲击执勤民警。当日，10余名色拉寺外地学经人员在大昭寺广场打出“雪山狮子旗”，呼喊“西藏独立”等口号。

3月11日至13日，个别寺庙部分僧人继续聚集，呼喊反动口号，向维持秩序的工作人员投掷石块，泼洒石灰、开水，致使十几名执勤警察和干部受伤，其中多人受重伤。哲蚌寺3名僧人还用手具自伤肢体并相互拍照，企图掩盖事实。

3月14日11时许，一些僧人在小昭寺用石头攻击执勤民警。随后，一些暴徒开始在八廓街聚集，打出“雪山狮子旗”，一边呼喊“西藏独立”等分裂国家的口号，一边大肆进行打砸抢活动，事态迅速蔓延至八廓街周边地区。从15日开始，歹徒在宇拓路、北京东路、朵森格路一带打砸抢烧。歹徒冲进这一带的7个银行营业厅，捣毁10台自动取款机。16时30分许，北京东路国土资源厅一带燃起熊熊大火，连片商业陷入火海，整整烧了1个小时，以纯服装专卖店的次仁桌噶、杨冬梅、陈佳、韩星星、刘燕5名营业员被困火中，被活活烧死。暴徒还杀害群众，连小孩也不放过，对藏族群众同样毫不手软，个别暴徒甚至仿效旧西藏农奴主的“点天灯”酷刑，把无辜群众浇上汽油活活烧死。在这个过程中，“藏独”分裂分子大肆纵火、辱骂、殴打、砍伤执勤人员，冲击新闻、金融、学校、公安机关等重要部门，抢劫并烧毁商店、学校、宾馆、汽车。西藏骚乱造成了严重的社会混乱，并危及人民生命财产安全。据2008年3月21日晚统计，在这起事件中，共18名无辜群众被残害致死，382名群众受伤（其中重伤58名），242名公安民警、武警官兵在执勤中伤亡（其中牺牲1人、重伤23人），烧毁民房120间，损毁车辆84台，焚毁砸抢店铺908家，7所学校、5家医院受损，直接经济损失2.5亿元。

3月15、16日，事件进一步蔓延，在我国西部若干藏族聚集居住地四川阿坝、甘肃甘南以及青海等地分别发生“藏独”分子骚乱。在四川省西北部的阿坝藏族羌族自治州，一些暴徒3月16号下午袭击商店、政府办公场所。早些时候，甘肃省甘南藏族自治州的夏河、玛曲、碌曲等县以及合作社也发生了类似事件。在这些地区，暴徒们呼喊“西藏独立”的口号，携带石块、自制汽油弹，挥舞着“西藏流亡政府”的旗帜，闯入政府机关、公安局、医院、学校、商店和市场。

与此同时，“藏独”组织在北美、欧洲、南亚一些国家的首都或大城市对中国驻外使馆或中国驻国际机构代表团办公大楼进行暴力冲击，鼓吹“藏独”，造成重大财产损失，并进行煽动国际社会抵制北京奥运会的游行示威。随着奥运火炬的境外传递，在中国国内平息的骚乱事件在国外演化成为破坏奥运圣火传递的事件。少数“藏独”分子和一些不明真相人士，借奥运圣火传递之机，宣传“西藏独立”，在希腊雅典、英国伦敦、法国巴黎以及其他奥运圣火传递的国家和地区进行大肆干扰和破坏活动，严重亵渎了奥林匹克精神[13]。

2. 印度孟买恐怖袭击

2008 年 11 月 26 日夜至 27 日凌晨，印度金融中心孟买发生连环恐怖袭击。袭击分子先后攻击孟买南部繁华市中心的豪华饭店、医院、火车站、知名餐厅和警察总部等场所，导致 195 人死亡，295 人受伤。这是“9・11”事件发生以来发生的最为严重的恐怖袭击事件。恐怖分子试图在孟买发动袭击，制造印度版的“9・11”事件。

事发当晚，26 名恐怖分子乘坐橡皮艇到孟买后，抢劫了几辆汽车，兵分三路开始行动。第一路恐怖分子到达利奥波德咖啡馆，用机枪扫射路上的行人。之后他们来到孟买市中心火车站向人群扫射并投掷手榴弹。警方赶到火车站后，恐怖分子逃窜至卡玛妇婴医院，射杀数人后逃跑。此后，他们又占领孟买的犹太教中心，并射杀数人，劫持人质。第二、第三路恐怖分子分别袭击泰姬玛哈饭店和欧贝罗伊饭店，劫持人质 200 多人，同警察开展对抗。

从 11 月 26 日至 29 日，在长达 59 个小时的恐怖袭击中，在同恐怖分子交火的过程中，号称孟买警察遭遇战专家的维贾伊・萨拉什卡在交火中丧生。据报孟买警方反恐部门负责人郝曼特・卡尔也因枪伤身亡。印度在反恐方面的缺陷暴露无遗，社会公众极为不满。印度媒体将矛头指向政府以及国会议员，认为政治纷争以及失职应对孟买袭击部分负责。

参 考 文 献

[1] 郭研实. 国家公务员应对突发事件能力 [M]. 北京：中国社会科学出版社，2005.
[2] 秦启文，等. 突发事件的管理与应对 [M]. 北京：新华出版社，2004.
[3] 李明强，岳晓. 透视混沌理论看突发事件预警机制的建设 [J]. 湖北社会科学，2003，1：45-47.
[4] 沈正赋. 突发事件中报道机制的科学调控 [J]. 传媒观察，2003，4：26-27.
[5] 朱力. 突发事件的概念、要素与类型 [J]. 社会学研究，2007，11：82-88.
[6] 王宏伟. 应急管理导论 [M]. 北京：中国人民大学出版社，2007.
[7] 高小平. 突发事件的新特点与应急管理创新 [J]. 行政管理改革，2010，1：51-52.
[8] 左熊. 突发气象灾害应急管理研究与实践 [M]. 北京：气象出版社，2011.

[9] 赵蕾. 基于蝴蝶效应视角的群体性突发事件分析 [J]. 经济研究导刊，2011，1：218-219.
[10] 乔治·D. 哈岛，琼·A. 布洛克，达蒙·P. 科波拉，等. 应急管理概论 [M]. 3 版. 北京：科学出版社，2012.
[11] 凤凰网. 胶济铁路事故死亡人数增至 70 人，伤者升至 416 人. http://news.ifeng.com/mainland/200804/0428_17_513071.shtml
[12] 魏礼群. 2010 中国应急管理报告 [M]. 北京：红旗出版社，2010.
[13] 朱力，韩勇，乔晓征，等. 我国重大突发事件解析 [M]. 南京：南京大学出版社，2009.

第2章 应急管理

近年来，国内外各类突发事件频繁发生，严重影响了社会和人民生命财产安全，提高面向突发事件的应急应对能力已成为全世界关心的热点问题。因此，组织社会多方面资源有效防范和控制各类突发事件的发生及蔓延、全面开展科学的应急管理研究是当前社会发展的迫切需要。

2.1 应急和应急管理

应急管理的根本任务就是提出合理方案应对突发事件，且要求此应对方案具有可操作性、准确性和经济性。在架构合理的应急管理体系之前，有必要了解清楚应急和应急管理的相关概念、特征及流程。

2.1.1 应急的概念

“应急”由两部分组成：

(1) 作为动词的“应”一方面指人受到刺激而发生的活动和变化。例如，当墨西哥发现传染性极强的甲型 H1N1 流感疫情时，各国政府迅速通过媒体向公众告知疫情状况，并迅速研制相关疫苗，对流动人员进行监控、对已发病的人员进行隔离治疗。“应”的另一方面指对待的意思，如应付、应对。例如，古时黄河中游有一座龙门山，它堵塞了河水的去路，把河水挤得十分狭窄。奔腾东下的河水受到龙门山的阻挡，常常溢出河道闹水灾。大禹到了那里，观察好地形，带领人们开凿龙门，把这座大山凿开了一个大口子。这样，河水就畅通无阻了。

(2)“急”是指迫切、紧急、重要的事情，是一个相对概念，对于不同大小、类型、复杂程度的组织，“急”的内容有很大差异。

根据对“应”和“急”的解析，现将应急的内涵定义为：人类面对正在发生或预测到的紧急状况时所采取的活动和应对措施[1]。

1. 应急的主体

应急的主体，即个人、组织和社会。根据主体的不同，应急可以分为以下四类：

(1) 组织机构应急，即影响单个组织单位的客观紧急事件。如某贸易公司负责向日本出口荔枝，但经销商反映荔枝已经发生霉变，贸易公司为了保持对日本荔枝市场的占有率，需要紧急处理这一事件。这一事件对该贸易公司的影响是至关重要的，但对其他组织的影响较小，属于组织机构应急范畴。

(2) 行业应急，即影响整个行业的客观紧急事件。如 2007 年 5 月，以广东芳村茶叶市场为代表的南方茶市普洱茶价格大幅跳水，成交量迅速萎缩，从而导致了北方市场包括一直兴旺的北京马连道茶业市场普洱茶价格下滑，并迅速波及全国，整个普洱茶市场风雨飘摇。这一事件需要普洱茶行业共同应对，属于行业应急范畴。

(3) 区域应急，即影响某一区域的客观紧急事件。如火灾、内涝、台风灾害等会影响某个区域，应对这些紧急事件需要调动区域中社会各方面的力量。

(4) 国家应急，即影响到国家的客观紧急事件。如甲型 H1N1 流感、SARS 事件以及 2008 年初影响南方诸多省市的低温雨雪灾害等，这类事件影响到国家的各个方面，需要整合国家或世界的力量进行应对。

2. 应急的客体

应急的客体，即客观发生或可能发生的紧急状况。根据应急客体的影响程度不同，主要分为以下两类：

(1) 常规应急，即某类事件足以影响主体的利益，但主体可根据经验或事先的准备进行应对处理，使生产生活恢复到正常情况。典型的常规应急主要包括火灾、爆炸、交通事故等，这些事件发生的具体细节可能不尽相同，但训练有素的应急人员通常能够提供结构化的解决方案，知道什么时候该做什么、该如何去做，从而达到将损失减少到最低程度的目的。

(2) 非常规应急，即某类事件足以影响主体的利益，但主体无法根据经验或事先的准备进行处理，只能借鉴其他紧急状况的处理方式，根据信息反馈及时调整处理方案。这类事件的应急结果有可能会将损失降到较低程度，也有可能由于决策失误而造成较大的损失。

目前，世界各国都十分重视非常规应急管理，在科学研究、应急体系、反应机制等方面加大投入，建立相应的应急系统，为经济社会稳定发展提供保障。美国国家自然基金委资助的跨学科计划中，有 6 个与公共安全的应急管理有关；欧盟框架计划（Framework Program，FP）FP5～7 均设有公共安全的应急管理项目研究计划；日本从国家长远战略出发，在第三期科技基础计划中提出了国家支持计划，其中包括灾害监控体系等涉及国家整体安全的重要技术[2]。

2.1.2 应急管理的内涵和对象

应急管理是近年来管理领域中出现的一门新兴学科，是一门综合了运筹学、战略管理、信息技术以及各种专业知识的交叉学科，它以专门研究突发公共事件现象及其发展规律为基础，旨在以最合理最经济的方式减少紧急状况带来的损失。

1. 应急管理的内涵

目前，对应急管理内涵的界定还未统一，国内外相关机构和学术领域对其有着多个不同角度的阐释。

1）相关机构对应急管理的定义

较具代表性的有美国联邦紧急事态管理局的定义[3]：应急管理，是通过组织分析、规划决策和对可用资源的分配，以实现对灾难影响的减除、准备、应对和恢复，其目标是拯救生命、防止伤亡、保护财产和环境。

澳大利亚紧急事态管理署提出应急管理的内涵[4]：应急管理是一个处理因紧急事件引起社会风险的过程，是识别、分析、评估和治理紧急事态的系统性方法，其 5 个主要行动包括建立背景、识别风险、分析风险、评估风险和治理风险。

2）国内外学者对应急管理的定义

詹姆士·米切尔认为[5]，应急管理，是指为应对即将出现或已经出现的灾害而采取的救援措施，不仅包括紧急灾害期间的行动，还包括灾前的备灾措施和灾后的救灾工作。

计雷等认为[1]，应急管理，是基于对突发事件的原因、过程及后果进行的分析，有效集成社会各方面相关资源，对突发事件进行有效预警、控制和处理的过程。

万鹏飞认为[6]，应急管理由预防、应对、恢复、减灾四个环节构成，具体内容见表 2-1。

表 2-1　应急管理的四个环节[6]

环节	内容描述
预防阶段（preparedness）	在危机发生前采取相应措施发展和提高危机应对与运作能力
应对阶段（response）	在危机发生时采取行动抢救人员，避免财产损失和人员伤亡
恢复阶段（recovery）	恢复生活支持体系和基础设施服务系统
减灾阶段（mitigation）	采取措施降低未来危机的影响，减轻危机的后果，预防未来危机的发生

借鉴对管理内涵的表述，应急管理是指应用管理学的知识对应急行为人和事务进行管理，是指在紧急状况发生或预测发生时，确切知道要针对性地去做什

么，并注意采用最佳最经济的管理方法去应对。这里所说的紧急状况有可能正在发生，如高速公路上突降大雾，对行车、人造成了极大的安全隐患，需要紧急关闭高速公路；也有可能预测将要发生的状况，如台风登陆前，预测到台风登陆地点，需要通过紧急搬迁来确保居民的安全。在紧急状况发生或预测发生时，由于时间紧迫，需要明确各类人员的职责，避免出现混乱，增加指挥协调的难度，同时也需要监督、控制各类人员的行为，提高整体和全局效益。

需要注意的是，灾害发生后，应急行为可以减少个人、组织和社会的损失，它的出发点和目的都是符合人类需要的，但同其他社会行为一样，需要考察这一行为的效益。特别是在日益复杂的法制化社会中，应急行为的效益更加重要，不能因为需要应对紧急事件而制造出更多的紧急事件，也不能不计成本的减少当前紧急事件带来的损失。所以在应对紧急事件时，需要提高应急行为的效益，全面提升应急管理水平。

2. 应急管理的对象

有效地进行应急管理，需要明确具体的管理对象。应急管理对象是指引发应急管理行为的状况。与应急的客体类似，根据状况发生的特点和类型，可将应急管理对象分为两类[1]：一类是突发事件、自然灾害和技术灾害，另一类是社会和经济风险。

1）突发事件、自然灾害和技术灾害

国务院《国家突发公共事件总体应急预案》将突发公共事件界定为突然发生、造成或者可能造成重大人员伤亡、财产损失、生态环境破坏、严重社会危害和危及公共安全的紧急事件。从政府层面对突发事件进行界定，有“自然灾害、事故灾难、公共卫生事件、社会安全事件”等类别。本书所指的突发事件既包括公共事件，也包括非公共事件。例如给企业可能造成损失的停电事件，对于企业来讲就属于突发事件。

在《国家突发公共事件总体应急预案》中，将自然灾害归入突发公共事件，在此单独列出，旨在强调自然灾害的重要性。每年自然灾害都会给我国的社会和经济造成严重的危害，重大突发性自然灾害包括：旱灾、洪涝、台风、风暴潮、冻害、雹灾、海啸、地震、火山爆发、山体滑坡、泥石流、森林火灾、农林病虫害等。自然灾害一般具有区域特征，有的自然灾害也可能影响到我国的大部分地区，如2008年初的冰冻雨雪灾害。自然灾害也可能会衍生出其他灾害，如大雪阻断交通导致城市居民的日常供给受到影响，如果不能及时解决有可能会造成重大人员伤亡。

现代科学技术对工、农业发展产生了极大的推动作用。然而，由于人们在应

用科学技术中行为失当和管理失误而造成的各种工业事故，特别是重特大工业事故，带来的是巨大的人员伤亡和经济损失。如印度博帕尔市生产化学农药的公司将清洗设备的水混入原料储槽引起化学反应，槽内温度达到200℃发生爆炸，5万磅毒气逸出。事故发生后数以千计的人出现了神经性中毒症状，死亡人数达1万余人，还有10万人受到各种程度的伤害。

突发事件、自然灾害和技术灾害具有以下特点：①事件本身容易识别。当灾害发生时，人们通常能借助仪器或自身感知到灾害传递的信息，并能够比较迅速的进行灾害识别。②事件的影响能够被观察和分析。人们往往具有处理这类紧急事件的先验知识，在事件发生时能够根据历史经验或类似知识进行处理。③事件处理时间具有很强的限制性。如果不能在有限的事件内进行紧急处理，损失将会迅速增加。如运输过程中危险化学品发生泄漏，如果不能及时制止泄漏、并对泄漏的危险品进行稀释等处理，污染范围将会迅速扩大造成人员伤亡。再如，地震发生后的72小时是救人的最佳时间，如果被困人员不能被及时救出，将面临生命危险。

2）社会和经济风险

社会和经济风险是指社会和经济在运行过程中，可能发生的影响社会或经济发展的事件。社会和经济风险在很多时候是不易被察觉的，如2008年的美国次贷危机，在开始时并没有引起人们警觉，而当事件转变为金融危机时，对其采取应对措施就很难扭转乾坤。

社会和经济风险具有以下特征：①风险不易识别。现代社会信息产生的数量极其庞大，且其传递速度非常之快，实时监控社会中的所有动态情况几乎无法实现，需要有组织的系统识别社会经济风险信息。②风险具有累积效应。很多社会经济事件具有累积效应，刚开始并没有表现出其有害的一面。如中国台湾股市曾经疯狂上涨之后又迅速下跌，在上涨时，社会经济一片繁荣景象，直到下跌时，才严重影响到中国台湾的经济。③风险的处理时限是模糊的。此类事件的处理时间并没有严格限制，因为历史本身不可重现，对于同一事件在不同社会环境应该具有不同的处理方法。不过世界各国的历史和现实提供了很多可供参考的案例，所以理论上可以确定比较恰当的处理时间。

2.1.3 应急管理的特征及流程

处理突发事件的应急管理行为，需要广泛动员社会各种力量相互协作地参与其中，通常具有以下特征和基本流程。

1. 应急管理的特征

通过整合组织、资源、行动等各应急要素，所形成的一体化应急管理系统具有以下特征。

1）多主体的应急组织体系

应急管理活动所形成的组织体系是一个由政府部门和各种社会机构共同组成的多主体形态，其中社会机构包括诸如新闻媒体、工商企业等。

2）统一指挥、分工协作的应急体制

多主体的组织结构在应急管理活动中需要明确的职责分工，且要求统一指挥和相互协作的工作方式。

3）快速反应的应急机制

灾害事件的突发性和随机性，决定了应急管理活动必须具有快速反应能力。应急管理多是为应对突发事件，事关生命、全局，应急管理响应速度的快慢直接决定了突发事件所造成危害的强弱。

4）高效的应急信息系统

及时准确地收集、分析和发布应急信息是应急管理早期预警和制定决策的前提，利用现代化的信息通信技术，建立信息共享、反应高效的应急信息系统是应急管理体系的重要特征。

5）广泛的应急支持保障

应急管理系统必须要有技术、物资、资金等多方面的支持保障：合理物资储备为应对突发事件提供物力财力保障；调动专业机构和技术人员参与应急活动，为应对突发事件提供技术保障。

6）健全的应急管理法律法规

应急管理需要决策者采取特殊的应对措施，健全的应急管理法律法规能够为应急活动提供有力的法制支持。

2. 应急管理的基本流程

与一般事件的生命周期相同，突发事件往往也具有潜伏期、形成期、爆发期和消退期。以综合性应对突发事件为目的，应急管理的基本流程可分为预防、准备、应对和恢复四个阶段（图 2-1）。四个阶段构成一个循环，每一阶段都起源于前一阶段，同时又是后一阶段的前提，有时前后两阶段之间会存在交叉和重叠。

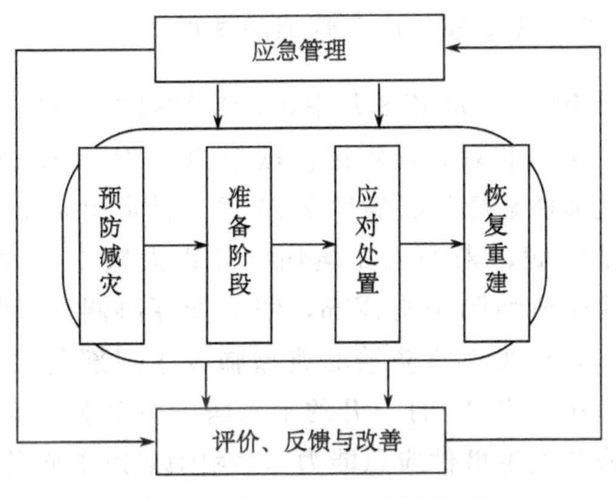

图 2-1 应急管理基本流程图

（1）预防阶段：又称为减灾阶段，是指在突发事件发生之前，为了消除突发事件出现的机会或者为了减轻危机损害所做的各种预防性工作。突发事件有多种多样，有些可以被缓解，有些却无法避免，但可以通过各种预防性措施减轻其危害。在这个阶段，尤其要注重风险评估，尽可能预测和事先考虑到在哪些环节会出现哪些风险，并采取相应的预防措施以减少风险，防患于未然。

（2）准备阶段：是指针对特定的或潜在的突发事件所做的各种应对准备工作。主要包括两方面措施：一是制定各种类型的应急预案；二是设法增加灾害发生时可调用的资源（技术支持、物资设备供应、救援人员等）。

（3）应对阶段：也称应急响应，是指在突发事件发生发展过程中所进行的各种紧急处置和救援工作。主要措施包括：及时收集灾情，启动应急预案，为处理突发事件提供各种各样的救助，向公众报告事件状况以及采取的应对措施等。在应急响应阶段，需要注意的是各种紧急救援行动的实施要防止二次伤害。

（4）恢复阶段：是指在突发事件得到有效控制之后，为了恢复正常的状态和秩序所进行的各种善后工作。主要措施包括启动恢复计划，提供灾后救济救助，重建被毁设施，尽快恢复正常的社会生产生活秩序，进行灾害和管理评估等善后工作。

2.2 我国的应急管理发展

中华民族的历史就是与灾难斗争的历史。20 世纪 90 年代以来，我国的社会结构急剧变迁，公共危机呈快速增长的态势。2003 年“SARS”事件、2008 年南方雪灾与 2008 年“5·12”汶川大地震是我国应急管理发展中的 3 个里程碑[7]。

1）“SARS”事件：我国现代应急管理的转折点

2003 年 2 月中下旬至 2003 年 8 月中旬，SARS 波及我国内地 24 个省、自治区、直辖市，其中广东和北京是重灾区。截至 2003 年 8 月 16 日 10 时，我国内地累计报告非典型性肺炎临床诊断病例 5327 例，治愈出院 4959 例，死亡 349 例（另有 19 例死于其他疾病，未列入非典病例死亡人数中）。2003 年 4 月 23 日，我国成立了全国防治非典型肺炎指挥部，统一指挥协调全国防治工作。从 2003 年 4 月 25 日到 5 月 30 日北京市防治非典型肺炎指挥部共召开了 9 次新闻发布会，对外发布信息。2003 年 10 月召开的十六届三中全会提出要“提高公共卫生服务水平和突发性公共卫生事件应急能力”，我国以 2003 年的 SARS 危机为转折点，开始了从传统的安全管理模式向新型公共危机治理模式的转型。

我国传统的安全管理主要是对一般安全问题的常规管理和突发公共事件事后应对的安全治理模式。这种模式没有对危机的事前管理，缺乏事件发生后的应急预案和应对措施，是一种刺激-反应的经验管理。非典后，我国现代应急管理的建设历程拉开了帷幕，应急管理的组织体系、政策法规、应急预案和应急管理平台开始建设与完善，应急预案的演练和宣传培训逐步开展。

2006 年 1 月 1 日我国政府网正式开通，我国政府网首页设置了应急管理专栏，下设突发事件、机构设置、工作动态、应急预案、应急演练、法律法规、科普宣传、典型案例 8 个专题，这 8 个专题形成了我国整体性的应急管理脉络。

2）2008 年南方雪灾：我国政府应急管理能力的考验

2008 年的南方雪灾，不仅是对“SARS”事件后初步建立的现代应急管理体系的检验，更是对我国政府应急管理能力的考验。

2008 年 1 月中旬到 2 月上旬，我国南方地区连续遭受四次雪灾袭击，总体强度为 50 年一遇，其中贵州、湖南等地为百年一遇。这场极端灾害性天气影响范围广、持续时间长、灾害强度大。上海、江苏、浙江、安徽、福建、江西、河南、湖北、湖南、广东、广西、重庆、四川、贵州、云南、陕西、甘肃、青海、宁夏、新疆等 20 个省（区、市）和新疆生产建设兵团不同程度受灾。交通运输严重受阻、电力设施损毁严重、电煤供应告急、工业企业大面积停产，给人民群众生命财产和工农业生产造成重大损失。

雪灾发生后，我国政府全面启动了灾害应急响应机制，并成立“煤电油运和抢险抗灾应急指挥中心”，国务院煤电油运和抢险抗灾应急指挥中心在雪灾期间连续发布13期公告，引导各地和各有关方面进行抢险抗灾工作和灾害重建工作。4月14日国务院办公厅派出6个工作组分赴灾区，督查灾后重建任务完成情况。

在本次雪灾应对中，我们可以看到：一方面，“SARS”以来建立的应急管理体系发挥了重要作用。2008年初的雨雪冰冻灾害是对我国应对重大自然灾害综合能力的一次全面检验，经过近五年的努力，初步建立的国家应急管理体系提高了此次应急管理的效率。另一方面，应对雪灾中存在一些问题和薄弱环节，这主要体现在应急预案不完善、可操作性差，应急管理的预警机制不健全，政府危机识别能力较弱，危机应对中各部门的协调联动效率较低以及社会和民间组织参与救助的欠缺等方面。

3）“5·12”汶川地震：我国政府应急管理体系建设加速推进

2008年5月12日14时28分四川汶川县发生里氏8.0级地震，我国政府积极迅速地应对地震灾害，从地震救援到灾后重建都显示了良好的应急管理能力，虽然应急管理中存在薄弱环节，但此次地震无疑将加速推进我国的应急管理体系建设[7]。

2.3 我国的应急管理发展趋势

应急管理体系建设是一个渐进的过程。在未来的应急管理体系建设过程中，我国必须进一步通过公共治理结构，用制度化的措施和方法，科学合理地界定政府、社会、公众等相关主体在应急管理过程中的权利、职责及其相互关系，构建全社会共同参与的新型应急管理工作格局。其总体思路是以“三移”推动“三靠”，即通过应急管理的关口前移、重心下移、主体外移，形成全方位、立体化、多层次、综合性的应急管理网络以及常态和非常态有机衔接的机制，最终在全社会塑造“小灾靠自己，中灾靠集体，大灾靠政府”的应急管理工作理念，为全面推进应急管理工作奠定坚实的制度基础与社会基础。

1）关口前移

突发事件的根源在于各种各样的风险，最高明的应急管理应当是避免事件的发生，有效的应急管理应当“使用少量钱预防，而不是花大量钱治疗”。为此，应急管理必须做到关口的再前移，即从当前侧重对突发事件的管理到对事件和风险并重的管理，在此基础上实现应急管理工作从事后被动型到事件前主导型的积极转变，从而最大限度地避免和减少风险源和突发事件的发生，建立一个应急管理和风险管理有机结合的公共安全治理框架。

风险管理是应急管理的关口再前移，也是一种真正积极的全过程的管理。目前，我国应急管理虽然提倡开展事前的监测和预警工作，但仍存在一定程度的被动成分。监测和预警工作的主要任务是要尽量捕捉突发事件发生的前兆并采取应对措施，但风险管理能够更加全面地分析和评估各种危险因素并系统地消除或管理这些因素。不以风险分析为基础的应急预案实际上是很难有针对性的。目前很多地方和部门所编制的应急预案更多的是一些概括性、原则性的规定，而真正的预案是要求在风险分析的基础上，针对那些比较紧急的具体情况做场景分析，进而有针对性地采取各项措施。因此，要实现应急管理工作“关口前移”的目标，不应当仅满足于做好“监测与预警”的工作；而应当将关口继续“再前移”至风险管理阶段，通过风险分析、风险评估及其有效处置，从根本上防止和减少风险源和致灾因子的产生，达到风险管理工作“超前预防”的目的，在此基础上实现常态管理与非常态管理的有机结合，从根本上减少突发事件发生的根源。

2）重心下移

中央与地方关系是影响政府应急管理效率的重要因素。大部分突发事件发生在地方，地方是第一响应者。在集权体制国家，保持信息从地方到中央的畅通是中央进行应急决策的基础，但信息的漏损和失真也是应急决策的重要障碍。研究表明，与那些以分散决策为基础的政治结构以及交流渠道通畅和意识形态淡化的开放性社会体系相比，政治凸显和舆论一律的集权决策的国家通常在信息收集和传递方面存在很大困难。在集权决策和以计划为主的封闭的国家体系中，政府决策对信息的高度依赖性与在获得信息上严重的体制性障碍之间的矛盾，使得政策失败的可能性成倍增加，有时甚至是不可避免的。

我国现有的决策体制具有很强的政治优势和组织优势，很适合突发事件发生后开展大规模的抢险救灾工作，但在事前的防灾减灾方面则存在明显的制度缺陷。作为一个单一制的大国，我国既要强调中央对地方有直接的指挥权，同时又不能忽略政府结构的复杂性和各级地方政府在责权上的分立所带来的不同地方在应急管理中可能会凸显的巨大的特殊利益。当前，随着应急管理逐渐成为各地区各部门工作的重要内容，各级领导对应急管理工作高度重视，大大推动了应急管理工作。但与此同时，也可能出现应急管理自上而下，重心偏高的问题。一方面，应急管理指挥决策权过度集中于领导或上级部门，导致领导层不得不把大量的时间和精力花费在突发事件的具体应对工作中；另一方面，下级部门、基层单位和第一现场处置力量则被动反应，甚至可能产生依赖和等待上级指令的情形，由此使得上下级均陷入管理困境。实际上，应急管理工作同样应当强调应对重心的下移和第一现场的处置权。在权力相对集中和管理重心下移之间，要结合自身的实际，科学合理地进行职责分工，明晰上下级之间、部分之间、领导指挥与现场处置之间的责、权、利关系。要解决过度集权和过度分权所产生的地方应急管理行为偏差现象，需通过制度化分权，将应急管理重心适当下移，建立和完善以地方为主的应急管理工作权责机制，明确中央和地方在应急管理过程中的权力、责任和义务，特别是要注意营造一种鼓励地方积极创新和勇于承担风险的制度环境。

3）主体外移

当今突发事件具有越来越多的开放性和扩散性，因此应急管理也需要采取开放思想和多元治理方法，建立一个由政府、企事业单位、非政府组织（NGO）、志愿者、公民个人等共同构成的治理网络，形成多元主体责任意识，着力让个体归位、政府到位、社会力量到位，形成多元合力。政府体系外的社会力量不仅是政府的重要信息来源，也是政府应急管理的重要力量。为此，在应急管理过程中，要建立政府、企业、社会组织等多元主体之间平等交协商合作的互动机制，让社会个体、各类非政府组织、国际性和区域性组织同政府打破界限，进行跨领域、跨部门、跨地区乃至全球性的良性合作。

当前我国"政府主导、社会参与"的应急管理格局具有"一条腿长、一条腿短"的特征：包括军队在内的政府力量在应急管理中的作用发挥得比较充分，成为抢险救灾的生力军和突击队，而政府体系外各种社会力量的作用发挥则显得明显不足，他们更多的是响应号召式地参与应急管理工作，表现出较强的被动性和滞后性。党的十六届六中全会明确提出，要健全"党委领导、政府负责、社会协同、公众参与的社会管理工作格局"。针对当前我国应急管理参与主体多元化程度不高的问题，可在遵循"政府主导、社会参与"基本原则的前提下，构建一个全过程的应急治理机构，建立社会广泛有序的参与机制和评价激励机制，通过建立"政府—NGO—企业"新型合作的全社会有序参与机制来提高社会整体的安全意识和应急技能。特别是随着政府应急管理工作的推进，将来不能一味地强调政府对其他主体的要求和主张，需要更多强调社会组织、企业和公民的主体地位，在强调"政府负责"的同时，应当逐步树立"多元主体的责任意识"，要明确应急管理工作中哪些应当由社会组织、企业以及公民承担的责任和义务，培养他们主动履行相关义务的意识，从而建立一种和谐的安全文化和多元主体共同负责的社会文化，让社会各类主体能够积极主动，而不是消极被动、响应号召式地参与应急管理工作，由此真正形成全社会共同参与的新型应急管理工作格局[6,7]。

参考文献

［1］计雷，等. 突发事件应急管理［M］. 北京：高等教育出版社，2006.

[2] 韩智勇，翁文国，张维，杨列勋. 重大研究计划“非常规突发事件应急管理研究”的科学背景、目标与组织管理 [J]. 中国科学基金，2009 (4)：215-220.
[3] 美国宾夕法尼亚州紧急事务管理局. 应急管理协调人员手册 [M]. 赵勇，苗崇刚，侯建盛译. 北京：地震出版社，2007.
[4] 王湛. 发公共事件应急管理过程及能力评价研究 [D]. 武汉：武汉理工大学，2008.
[5] 李学举，杨衍银，袁曙宏. 灾害应急管理 [M]. 北京：中国社会出版社，2005.
[6] 李立国，陈伟兰. 灾害应急处置与综合减灾 [M]. 北京：北京大学出版社，2007.
[7] 姜安鹏，沙勇忠. 应急管理实务——理念与策略指导 [M]. 兰州：兰州大学出版社，2010.
[8] 钟开斌. 回顾与前瞻：中国应急管理体系建设. 政治学研究，2009 (1)：86-88.

第二篇　宏　观　篇

第3章　应急管理体系

3.1　应急管理研究背景

突发事件应急管理体系的研究自美国“9・11”恐怖袭击事件以来受到世界各国的高度重视。近年来，世界发达国家持续加大投入，大力加强跨领域、跨部门的突发公共事件应急技术的研发和一体化应急平台的架构研究。美国根据“国家突发事件管理系统（NIMS）”确立的框架和“国家应急预案（NRP）”的总体要求，大力强化应急技术研发并将成熟技术集成到国家级应急平台上，确保在危机发生后能迅速提供优化决策与快速救援。在美国，“下一代应急平台”的设想和研发，更重视和加强了整体性应急系统的体系工作，要求建立“system of systems”（大系统集成）。英国政府于2001年出台《国内突发事件应急计划》，2004年英国各地方政府着手建立集成应急管理系统（integrated emergency management）。英国应急系统的战略目标是通过有效识别和处置各种突发公共事件，确保英国的国土和国民安全，使英国拥有并保持世界一流的应对突发事件的能力。德国内政部门于2001年夏天决定建立“危机预防信息系统”（deNIS）。deNIS致力于巨灾管理的信息支持。评估灾难现状情势和面临的问题。deNIS连接了联邦政府和各州成员，目标是建立一个网络，为突发事件援救提供信息服务。deNIS存储的数据包括静态数据和动态数据。日本的灾害应急系统包括灾害信息系统、灾害评价系统以及应急对策支持系统等，其应急系统的信息获取和传输覆盖了从首相官邸到内阁府、都道府县的行政机关和消防本部和基层的村庄[1-3]。

我国的应急体系的研发和建设近年来也已初见成效。国家启动了应急体系建设，包括国务院应急平台，31个省（自治区、直辖市）、新疆生产建设兵团、5个计划单列市应急平台。若干有应急职能的部门应急平台和部门值班系统。国务院应急平台已基本建成，构建了以国务院应急平台为中心，以省级和部门应急平台为节点，上下互通、左右衔接、互联互通、信息共享、互有侧重、互为支撑、安全畅通的国家应急平台体系，实现对突发事件的监测监控、预测预警、信息报告、综合研判、辅助决策、指挥调度等主要功能[4-8]。

3.2　应急管理体系的原则和目标

应急管理体系建设为达到一定目标需要遵从基本原则，这些原则和目标是应急管理体系中各模块系统架构的前提条件。

1. 应急管理体系建设需遵从的原则

一套切实有效应急管理体系的构建应当遵循如下原则[9]。

1）全面性

应急管理体系必须能够覆盖处置各类突发事件的所有方面，任何方面的遗漏都有可能在遇到突发事件时暴露出问题，并可能导致灾难性的后果。

2）层次性

应急管理体系需要能够根据突发事件的性质、可能造成危害的程度、波及的范围、影响力的大小以及人员财产损失等情况，对事件的处理采用不同级别的预案，组织不同层次的机构参与应急联动。

例如，北京市的突发公共事件应急预案就把事件按照轻重缓急分成了 4 个级别：特别重大（Ⅰ级）、重大（Ⅱ级）、较大（Ⅲ级）、一般（Ⅳ级）。发生不同级别的事件时就采取不同层次的处置措施。

3）可操作性

设计应急管理体系的目的就是为了能够在突发事件出现的情况下，可以立刻进行应对处置，因此体系构建必须具备可操作性的特点。一方面，可操作性原则要求在突发事件战时状态下能够救灾和减灾，在非警戒及平时状态下则可以用以训练应急人员和普及突发事件应急知识；另一方面，可操作性原则要求体系设计必须基于行业或领域内的相关专业技术，达到普适性和专业性的有机结合。

4）可重构性

为最大程度地减少突发事件造成的损失，要求构建的应急管理体系中各个功能模块可以方便地进行组合和重构，使突发事件发生时能够更恰当地根据实际需要达到有效控制事件影响范围的目的。

5）高可靠性

由于突发事件发生前往往难以预料其涉及面，且应急管理体系本身极有可能遭受突发事件的影响而丧失部分功能，此时备用应急系统则成为提高其可靠性的重要保障。提高应急管理体系可靠性的常用手段是提供多种处置方案，且多种处置方案间应尽量独立、不相互依赖。

6）高集成性

一套高效的应急管理体系应该是从整个国家、地区甚至世界层面上建立起来的功能综合体系，它要求能够在一定范围内协调各种必要资源对突发事件进行集成处置，如整合社会运行中的各相关部门和机构，或协同各方面专家等。

2. 应急管理体系的目标

构建应急管理体系的目的就是要在了解突发事件发生发展规律的基础上，在事前、事中和事后的全过程中，采取适当的应对措施和方法，以减小突发事件带来的负面影响和损失。为了实现这个目的，在构建应急管理体系的过程中，应该瞄准下列目标。

1）具有突发事件事前准备的功能

应急管理体系应该包括建立平时的应急预案、应急演练、组织实施相关技术培训以提高安全保障度、协调各种资源进行日常的防范处理准备工作等，这些工作都是为了使所构建的应急管理体系在平时能够正常运行，可提供一系列突发事件前的准备功能。

2）具有突发事件事中防范处理的功能

应急管理体系中对突发事件的预测和预警功能是非常重要的组成部分，它直接关系到整个体系的效率。而在警戒期根据事态发展，迅速做好突发事件的防范处理准备则是事中恰当处置突发事件的重要保障。

3）具有突发事件事后快速响应的功能

突发事件发生后，应急管理体系应该能够迅速判断事件发展态势，调集各种应急资源，根据相应的预案对事件进行恰当的处置，以最快的速度把事件的危害和损失降到最低。

3.3 应急管理体系的内容

从功能上看，这个体系需要完成指挥协调和处置实施的工作，并要求能够根据应急资源布局现状和紧急调度的可能性来实施救援，而这一切都需要构建在一个稳定、高效、统一的信息平台上。根据文献[9]观点，应急管理体系是由 5 大系统架构组成：指挥协调系统、处置实施系统、资源保障系统、信息管理系统以及决策辅助系统，如图 3-1 所示。

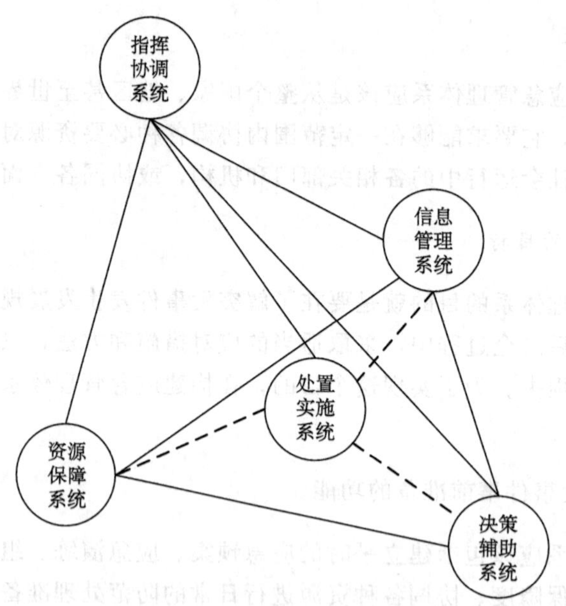

图 3-1　应急管理体系框架图

其中，指挥协调系统是应急管理体系的“大脑”，是体系中的最高决策机构，其他 4 个为支持系统，它们分别对指挥协调提供不同功能的支持，以保证指挥协调系统做出及时有效的决策，同时它们之间也存在相互协作、相互支持的关系。

3.3.1　指挥协调系统

指挥协调系统是突发事件应急管理体系的中枢和核心，主要负责应急决策、向各个相关机构发出指令或授权、协调其他系统的功能。首先介绍指挥主体的产生和指挥系统应该具有的功能，然后再描述指挥协调系统在 3 个不同应急管理状态下的主要工作范围（表 3-1）。

表 3-1　指挥协调系统在不同管理状态下的功能描述

基本功能	请示报告：口头、书面
	下达命令：电话、电报、网络、发文
	通报情况：及时性、准确性
	组织协调会议

续表

平时状态	组织、培训和演练：预案研究、培训计划、演练大纲
	制定或完善相关制度
	信息汇总分析：技术信息、预警信息、管理信息和用户信息
	判定事件性质及其征兆
	批复请求：及时、准确、防范措施
	组织协调：环形网状结构的协调
	组织安全检查：检查、自查，消除安全隐患
	组织事故调查：将事故原因、处理经过、处理结果相关数据录入数据库
	对人财物储备的适时监督、配置和协调：不定期抽查、及时配置协调
警戒状态	制定突发事件的预防措施
	组织检查和演练：对重点部位进行自查、针对性演练
	对信息进行收集汇总分析：可靠信息来源、提高信息获取频度、运用科学方法对数据进行处理分析、根据分析结果并结合数据库判定重大事件的征兆
	批复操作请求：安全、及时、正确、防范措施
	组织协调：加强协调和配合力度
	组织事故调查：调查方法科学、客观、真实，时间紧迫性
战时状态	判定事件性质、确定应对方案：时间紧迫性
	跟踪和评估：实时跟踪、评估
	动态调整预案：随时应变调整
	对操作请求批复：时间紧迫、第一决策人
	响应下级机构支援和资源调配的请求：及时响应、判断和回复
	组织协调：加强协调和配合力度
	组织事故调查：调查方法科学、客观、真实，时间紧迫性
	与内外部和舆论的沟通：健全信息渠道、建立汇报制度、正视媒体和舆论

3.3.2　处置实施系统

处置实施系统是对指挥协调系统形成的预案和指令进行具体实施行为的系统。同指挥协调系统一样，该系统也分为平时、警戒和战时 3 种状态，分别负责体系的日常运行、维护和更新改造；执行培训和演练计划；检查、消除隐患；根据要求配置资源；执行预案；完成突发事件后处理等（图 3-2）。

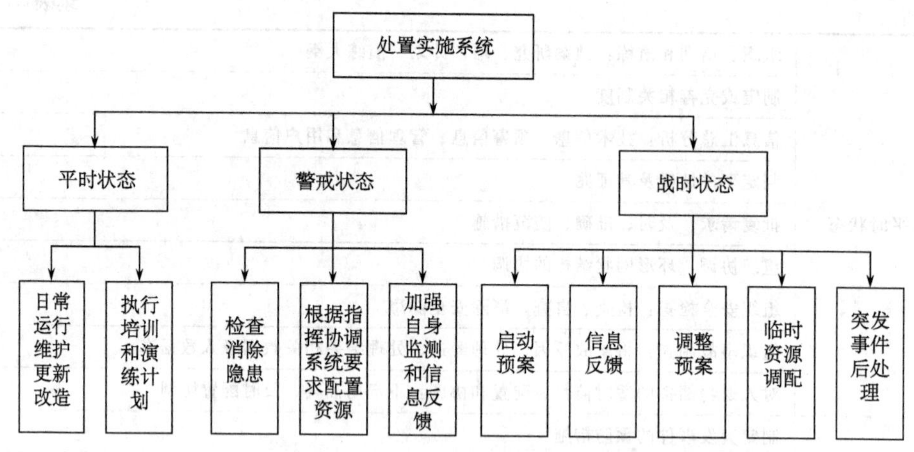

图 3-2 处置实施系统在不同管理状态下的功能结构

3.3.3 资源保障系统

资源保障系统，是为实现系统资源的合理布局和动态调配进行资源配置、储备及维护等方面的工作，以提高资源的综合利用和使用效能，同时提供资源状态信息，保障整个应急管理体系的正常运行，从而有效地应对突发事件。资源保障系统包括物资资源保障系统和人力资源保障系统（图 3-3），其中物资资源保障为突发事件的处置提供具体物资支持，对整个应急管理体系的运行提供基础物资帮助。

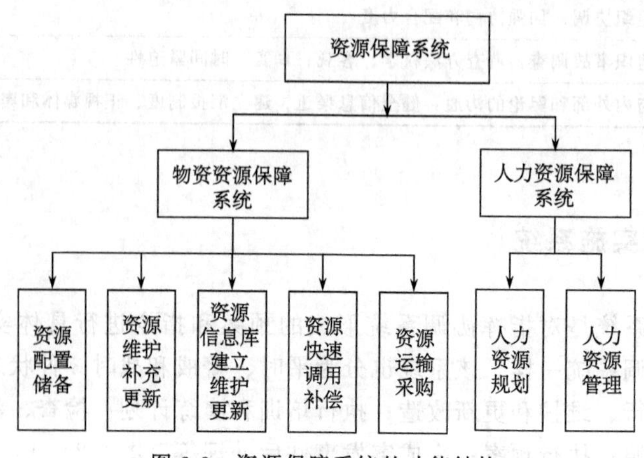

图 3-3 资源保障系统的功能结构

3.3.4 信息管理系统

信息管理系统是整个应急管理体系的信息交流平台。它通过多方位、多角度、多手段地采集、管理和发布信息，对突发事件前各环节进行全天候监视、对突发事件处置前后状况进行实时监视，同时收集和发布信息，保证信息在应急管理体系内部安全、畅通地传递，从而提高突发事件应对处置的反应速度、加强体系的整体性和联动性。

3.3.5 决策辅助系统

决策辅助系统是为整个应急管理体系提供方法支持和决策建议的功能模块。它是以各种信息为基础，以预警分析、资源的优化配置和布局、事件和机构的分类分级、预案的评估和选择、事件评估、预案的动态调整、资源的动态优化调度等问题为对象，为应急决策提供依据。决策辅助系统的功能结构如图 3-4 所示。

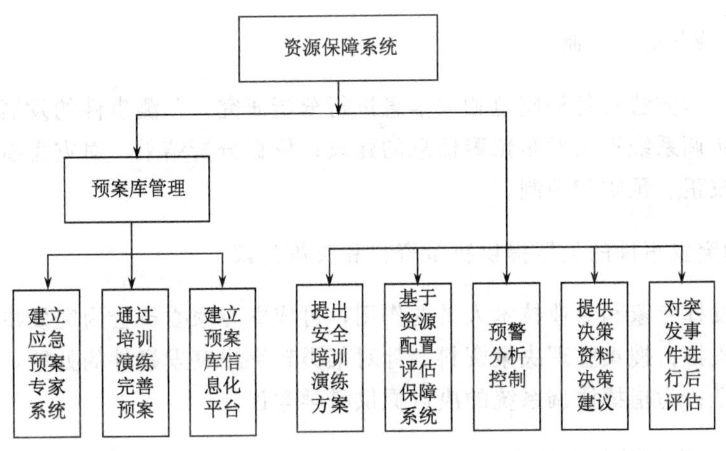

图 3-4 决策辅助系统的功能结构

1）预案库管理

预案库的管理主要包括：明确预案的定义和适用范围；确定预案的生成和启动条件；整理汇总所有相关预案，建立预案数据库系统；对预案的执行效果进行科学评估，提供调用预案的标准接口，为预案的匹配调用提供基础数据和有效工具[10]。

预案库的管理方法主要有 3 种：①逐步建立完善的应急预案专家系统，强化预案的研究与管理，以增强预案调用的及时性和适应性、提高突发事件的应对处置能力；②应急管理体系中的各类机构应根据自己在应急环节中可能出现的技术类问题重点提出应对预案，可以通过培训和演练逐渐完善预案，使预案在实际应急中得以有效地发挥作用；③应加大应急管理信息化平台建设的力度，统一规划决策辅助系统的信息化平台建设，以形成一套规范、高效的信息反馈系统。

2）提出安全培训和演练方案

根据应急管理体系的整体要求，一方面结合实际，提出和制定科学的安全培训大纲，以指导业内人员的安全培训工作；另一方面结合预案，研究制定出应对突发事件的演练方案。

3）基于资源优化配置方案对保障系统进行评估

基于指挥协调系统和资源保障系统的要求，对整个应急管理体系提出资源优化配置方案和建议；按照安全保障度评价方法，对目标单位的应急管理体系进行评估；并将评估结果作为对目标单位保障系统考核的重要依据，向目标单位提出完善保障措施、提高防范能力的可操作性建议。

4）预警分析和控制

运用科学方法对各种应急相关信息进行分析研究，预测事件的发展趋势，适时向指挥协调系统提出发布预警信息的建议；依据分析结果，对灾害事件的不良趋势予以校正、预防和控制。

5）为突发事件的处置提供决策资料和决策建议

充分发挥专家和专业技术人员的作用，可成立专家委员会为突发事件的应对提供技术支持；搜集整理决策资料，针对某类较突出突发事件的处置，可采用集中研究论证；为指挥协调系统的决策提供科学建议。

6）对突发事件的后评价

运用科学评价方法，参与对突发事件的事故调查和后评价工作；为做好善后工作、消除安全隐患、采取改进措施、完善应急预案提供参考建议；及时更新数据库和预案库，以保证应急经验的及时总结和更新，从而提高对突发事件的再认识[10]。

3.4 国内外应急管理体系比较

通过对美国、英国、德国、俄罗斯和我国应急管理体系的研究发现，各国都非常重视应急管理体系的建设，并且形成了自己的特色，各国具体情况的相互比较如表 3-2 所示。

通过分析美国、英国、日本、德国和俄罗斯的应急管理体系，并与我国应急管理体系进行比较研究，借鉴国外应急管理体系建设的经验，我国在完善应急管理体系时应该注重以下几个方面。

1）应该尽快构建符合国情的应急管理指挥调度系统

应急管理指挥调度系统是应急管理体系的核心，在应对突发事件的过程中，符合本国国情的应急管理指挥调度系统是有效应对突发事件的重要保证。

从美国、英国、日本、德国、俄罗斯 5 个国家的应急管理指挥调度系统及其应急处置机制看，在不同国情、不同政体的国家，其组织体系和处置机制也不相同。美国、德国都讲究“统一领导、属地为主”的原则；而英国、日本、俄罗斯在保持属地管理的基础上更强调中央，甚至由中央首脑统一管理和协调。

当前我国的应急管理调度系统采取的是一种以一个部门为主，其他部门配合的模式，其优势在于，能够在突发事件发生后通过行政力量调集各部门和各种力量应对突发事件，实现敏捷响应；其劣势在于，这种应急管理指挥调度系统不利于平时的应急准备，不利于整合和有效利用分散在各部门的应急资源，同时，实际工作中跨部门的协调难度很大。

借鉴国外应急指挥调度系统的长处，尤其是美国联邦应急管理局和日本中央防灾会议的优势，结合当前我国应急管理体系的现状，建议中央及各级政府设立以应急管理为主要职责的一体化应急管理机构，统筹和整合分散在各部门的应急资源，加强跨部门协调，从而构建符合我国国情的应急管理指挥调度系统，这将更加有利于平时的应急准备、灾时的应急处置以及灾后的恢复重建。

2）必须切实有效地掌握资源信息和资源获取渠道

当前我国各级应急管理部门对应急资源信息的获取渠道还不完善，在应急状态下需要何种应急资源，哪里有符合要求的应急资源，可用应急资源规模多大，以及应急时资源调用的途径和方式等问题还没有从根本上得到解决。尽管已经建立了物资储备体系，但是多头管理问题严重地制约着应急资源的获取和整合。

3）必须加强应急资源投入保障机制建设

投入保障机制是完善应急资源保障系统的前提，按照预定目标，统筹规划，强化应急资源投入保障机制，才能为应急管理提供有效的资源支持，从而高效率地应对各种突发事件，把损害降低到最低限度。

表 3-2　各国应急管理体系比较[11]

应急体系		美国	俄罗斯	日本	德国	英国	中国
指挥调度系统	组织结构	日常管理： 常设中央级别的应急指挥协调机构，最高领导；政府行政首长				无常设最高应急管理机构 COBR，CCS服装协调工作	最高行政机构：国务院。无常设最高应急管理机构，只是办事机构：应急办
	参与主体	国土安全部联邦应急管理局→州、地方政府→非政府组织	总统为核心，联邦安全会议为决策中枢，政府部门分工合作	政府、行政官厅、企业、地方和社区及志愿者团体等共同合作模式	政府主导，社会参与		主要是政府主导和参与
处置实施系统	运行机制	统一管理、属地为主、分级响应、标准运行	联邦安全会议启动“紧急决策机制”，总统决策后再由安全会议秘书执行	跨区域协作机制；中央和地方、部门同意指挥、分工合作	以州为主，属地管理。采取灾害分级响应机制	分级应急处置模式；地方层次应急运行机制是“金、银、铜”三级应急处置机制	确立了统一指挥、分级响应、属地管理、公众动员四个基本原则。高度集中的政府指挥模式
	军队参与	较弱	一般	较强	一般	较弱	高度参与
资源保障系统		物资保障方面：《联邦应急计划》。资金方面：FEMA的灾害应急基金。人力资源方面：各级应急管理部门都有常设的培训部门	人力资源：俄罗斯紧急状态部，建立了领导培训体系、专业救援人员培训和考核体系，教育机构培养了大批应急管理领导和骨干	应急物资分散储备。人力资源：动员全社会力量。资金：法律形式确定了财政资源保障。	主要依靠联邦政府和州政府调拨资源。人力资源保障：消防队。拥有3个培训系统	物资资源：《资源条例》。人力资源：完善的应急管理培训系统	国家物资储备：国家物资储备局、储备物资管理办（办事处）和基层单位。应急救援队伍：各个主管部门下属的专业队伍

续表

应急体系		美国	俄罗斯	日本	德国	英国	中国
信息管理系统		“e-FEMA”战略，建立了应急信息系统层次结构模型	拥有强大的信息管理系统	建立了中央防灾无线网	开发了 deNIS“德国紧急预防信息系统”	各个政府层面都建有信息系统	缺少完整的应急管理信息系统
决策辅助系统		全国性应急预案是作为联邦基本法的联邦应急计划(FRP)		应急计划包括：应急管理规划及应急预案及指南	建立了多层次、多领域、动态管理的应急预案体系	将应急计划和应急法律结合，建立应急规划机制	初步建立起以《国家突发事件总体应急预案》为总纲，各个单项预案和地方预案为支撑的全国预案体系
基础环境	应急法制	形成了以联邦法、联邦条例、行政命令、规程和标准为主体的法律体系	形成了较为完备的应急管理法律体系	以《灾害对策基本法》为基础的法律体系	形成了以基本法为基础、单行法律为支撑的法规框架	建立了以《国内紧急状态法案》和相关草案为核心的应急法律体系	形成了以《突发事件应对法》为龙头，单项法律为支撑的法制体系，还有很多必要的应急法律、法规没出台
	社会力量参与	注重建立民间社区灾难联防体系，建立了一种政府主导、民间参与的应急管理模式	形成了全国性灾害救援系统的军民联合灾害救援体制	日本政府积极鼓励民间力量参与应急与救援	志愿者为主体力量	政府鼓励非政府组织和民间团体建立应急志愿者队伍	参与程度很低，志愿者和社会组织正处于起步阶段。需要政府的引导和支持

当前我国的应急资源投入主要来源于中央和地方财政、社会捐赠和紧急财政动员，主要依靠国家储备和应急动员形成应急资源保障能力。借鉴美国和日本的经验，结合我国国情，重新梳理和完善我国的应急资源投入保障机制，有利于最大限度地利用应急资源，提高应急准备效率，改善应急准备的效果。

4）必须建立功能完善的应急管理信息系统

完善的应急管理信息系统，能够有效地整合应急管理过程中的各种信息资源，实现应急管理信息化，提高应急响应的敏捷性，提高应急管理效率[11]。

参 考 文 献

[1] 范维澄. 国家突发公共事件应急管理中科学问题的思考和建议［J］. 中国科学基金，2007（2）：71-76.

[2] 范维澄，刘奕. 城市公共安全与应急管理的思考［J］. 城市管理与科技，2008（5）：32-34.

[3] 范维澄，袁宏永. 我国应急平台建设现状分析及对策［J］. 信息化建设，2006（9）：14-17.

[4] Raschid L. Information integration and dissemination for disaster data management［C］. Proceedings of the 8th Annual International Conference on Digital Government Research：Bridging Disciplines & Domains，May 20-23，Philadelphia，Pennsylvania，2007.

[5] Turban E，Aronson J E，Liang T P. Decision Support Systems and Intelligent Systerns［M］. Pearson Prentice Hall，2008.

[6] Saleem K，Luis S，Deng Y，et al. Towards a business continuity information network for rapid disaster recovery［C］. Proceedings of the 9th Annual International Conference on Digital Government Research，Montreal，Canada，May 18-21，2008：107-116.

[7] Chang C H，Kayed M，Girgis M R. A survey of web information extraction systems［J］. IEEE Transactions on Knowledge and Data Engineering，2006，18（10）：1411-1428.

[8] Ahmed K，Elmagarmid，et al. Duplicate record detection：A survey［J］. IEEE Transaction on Knowledge and Data Engineering，2007，19（1）：1-16.

[9] 计雷，等. 突发事件应急管理［M］. 北京：高等教育出版社，2006.

[10] 张易炜. 基于执行力理论的铁路工程应急管理体系研究［D］. 长沙：中南大学，2009.

[11] 汪寿阳，刘铁民，陈收，等. 突发性灾害对我国经济影响与应急管理研究——以2008年雪灾和地震为例［M］. 北京：科学出版社，2010.

第 4 章　应急平台建设

举世震惊的汶川大地震造成了巨大的生命财产的损失，给我国的国民经济与社会的发展留下了不可磨灭的历史创伤。在这次重大突发事件的应急处置中，受灾地区的政府应急办等机构起到了信息汇总、综合协调及其在应急管理中的运转枢纽作用，是赢得抗震救灾胜利的“急先锋”。但是，我们也必须清醒地看到，由于装备落后、对极端情况估计不足等多方面的原因，在地震救援抢险的过程中，应急指挥决策最为亟须的信息和通信保障出现了严重的“肠梗阻”，不但严重影响了政府应急部门的战斗力和指挥力，而且在很大程度上错失了挽救更多生命、减少更多损失的机会。汶川地震警示：深入推进政府应急平台的建设，加快应急管理信息化建设的进程，推动应急管理工作关口前移、重心下移，全面提升政府应对和处置各类重大突发事件的能力已变得时不待我，而且更为重要的是，这场灾害对加快推进应急平台的建设提供了非常有益的启示。

应急平台的建设是一项艰巨而又复杂的工程，既需要提高认识、加快行动，又需要科学部署、务实推进。从将来的发展趋势来看，应急管理将成为各级人民政府履行“公共安全”职责的头等大事，防范和应对各类突发公共事件，全面提升应急管理能力将是各地各级地方政府全面建设社会主义和谐社会的首要任务。因此，全面深入地推进应急平台建设变得既十分必要，又极为迫切[1]。

4.1 应急平台的组成

应急平台由基础支撑系统和综合应用系统两大部分组成，即硬件支撑和核心应用。支撑系统包括：通信系统、计算机网络系统、图像接入系统、视频会议系统、移动应急平台、安全支撑系统和容灾备份系统等；应用系统包括：综合业务管理系统、风险隐患监测防控系统、预测预警系统、智能方案系统（即数字预案系统）、指挥协调系统、应急资源管理和保障系统、应急评估系统、模拟演练系统和数据库系统[2]。

按照核心功能划分，应急平台也可以看作由 3 个部分组成，分别是：信息获取系统、应急智能系统和决策指挥系统。应急平台具备以下主要功能：

（1）日常公共安全数据信息的汇集与报送；

（2）数字化应急预案的管理与完善；

（3）隐患分析和风险评估；

（4）特别重大或者重大突发公共事件的接报与现场信息的实时获取与分析；

（5）灾害事故的发展预测和影响分析；

（6）预警分级与信息发布；

（7）应急方案的优化确定与启动；

（8）动态的应急决策指挥和资源、力量调度；

（9）事故过程的再现与分析；

（10）应急行动的总体功效评估和应急能力评价等。

4.2　应急平台的目标

（1）完成基于空间地理信息的应急“平”、“战”信息的整合。实现面向相关部门的应急综合信息浏览、查询、统计、分析等功能；实现面向公众的应急综合信息浏览、查询、统计等功能。

（2）面向地级市（区县级）应急指挥中心和省级（地市级、县区级）专业应急指挥中心，完成基于GIS的相关突发公共事件信息的上报、续报等功能，以及简单的事态跟踪、审批等功能。

（3）实现信息系统标准化。应急管理平台建设如果没有一个统一的标准和规范，就很难避免低水平重复建设。因此，应该结合信息技术、电子政务以及其他应急标准化工作，尽快开展应急信息系统标准的研制工作，以标准化来促进我国应急管理平台的建设。

（4）体系实效性。应急管理具有很强的紧迫性，需要应急管理部门在短暂的时间内迅速做出正确决策，有效地实施各种应急措施。应急平台应体现出协同应对，快速反应，为应急部门开展各种应急工作提供有效的信息。当面对突发公共事件时，应急体系内的相关部门，不仅要加强本地区、本部门的应急管理，落实好自己负责的专项预案，还要按照总体应急预案的要求，做好纵向和横向的协同配合工作，能够有效组织，快速反应，高效运转，体现应急系统的实效性，保护人民的利益不受侵害[3]。

（5）具有较强的可扩展性。突发事件具有不确定性，现有的应急平台可能在某些方面不能有效地应对突如其来的灾难性事件。在灾后的重建和总结过程中，需要对现有的系统进行改进，以便有效地应对今后的类似事件，所以平台需要具备较强的可扩展性，能够根据实际情况对原系统进行针对性的修改。

（6）充分发挥联动性和继集成性。在建设应急平台的时候，必须充分考虑应急平台的联动性。

（7）结合我国基本国情。应急平台的建设不能脱离我国现有国情，应当保持一定的先进性，采取“最合适的才是最好”这一指导思想，对我国当前或者今后一段时间所面临的情况进行分析、总结，结合实际情况统筹规划应急平台的建设。

4.3　我国应急平台建设现状分析

国家应急平台体系的建设需要综合考虑与各地区、各有关部门已有系统和在建、计划建设系统上的衔接。这是一项复杂的系统工程。已有模式存在的问题主要体现在以下方面。

（1）全国统一和因地制宜的关系问题。缺乏因地制宜的全面、系统的需求分析，不同部门、不同地区的应急管理实际需求差异很大，应急平台的核心是应用系统，其应用系统要与实际需求紧密结合，才能在应急管理中发挥效用。例如，西北地区重点考虑大雪、严寒等带来的事件应急，而东南沿海地区则不需要，相反的东南沿海地区的应急系统必须要考虑台风等事件的应急需要。

（2）业务系统建设和科技应用的关系问题。欠缺对应急管理业务特性的全面性把握，以致于对于应急平台建设缺少足够的指导性，不同的设备提供商解决方案和效果差异很大。

（3）软硬件建设关系问题。目前普遍存在的问题是只重视硬件建设，而忽视软件和信息建设。另外，技术运用不当，过度运用或应用不足，典型的问题是公共安全技术的应用存在较大欠缺。

关于应急平台建设中需要注意的问题，相应的解决方案可能需要关注以下几点。

（1）依托既有资源，进行全面整合。根据我国目前的实际情况，依托电子政务系统，尤其是电子政务系统的网络系统，进行国家应急平台体系建设是较好的选择。经过多年的发展，各领域都开发了很多业务系统，有很多与应急直接相关，可以直接整合应用，节约资源；同时，电子政务的网络已比较健全，应急管理更注重信息共享和协同应对，应急平台需要互联互通。

（2）注重内容建设和技术支撑两手抓。应急平台建设的重点是加强数据库建设和应用系统建设，让应急平台具有切切实实的有用的功能和内容，而不是在大屏幕显示系统等形象工程上。建立信息更新机制，加强信息源建设，由信息的产生者和提供者负责信息的更新和维护。信息的提供者保证信息的真实性、实时性、完备性，必要时采取交叉验证的方式，把不同部门的相关数据与权威部门的数据进行校核。

（3）稳步推进标准规范的制订。目前，各地区和各有关部门在应急平台建设过程中，都希望国家能尽快出台各类相关技术标准规范和业务标准规范，以保证实现国家应急平台体系的互联互通。但技术标准规范的制定很难一蹴而就，需要在实践中不断总结完善，出台也需要一定的过程。应当通过试点示范工程的建设实践，逐步形成规范标准，然后加以推广应用，这样的标准规范更科学更合理，也才会更具有指导意义。综合考虑到权威性和其他各方面的因素，应在国务院应急平台和其他典型地区和典型部门应急平台的实施过程中，以及在科技部和标准委相关标准研究项目的支持下，稳步开展相关标准化工作。总体而言，应急平台的标准化不在于硬件设备的强求一致，而是要保证在应急管理流程方面规范一致。具体表现如下。

a. 遵循已有标准规范。采用国家发布的人口基础信息、社会经济信息、自然资源信息、基础空间地理信息等数据标准规范，并要遵循通信、网络、数据交换等国家标准，规范网络互联、视频会议和图像接入等建设工作。

b. 新建标准规范。逐步建立和完善消息报送、实时数据接入、业务流程、数据库内容与同步更新、预测预警模型规范、术语标识和数据共享等标准化体系，保证国家应急平台技术体系一致[4]。

4.4 我国应急平台

4.4.1 国家应急平台体系

《“十一五”期间国家突发公共事件应急体系建设规划》（国办发［2006］106号）明确提出“十一五”期间建设“以国务院应急平台为中心，以省级和部门应急平台为枢纽，上下贯通、左右衔接、互联互通、信息共享、互有侧重、互为支撑、安全畅通的国家应急平台体系”。

2006年，国家启动了“十一五”科技支撑计划“国家应急平台体系关键技术研发与应用示范”（2006～2008年）。为国家应急平台体系提供了设计方案、标准规范、软件系统和数据库等关键技术支撑，以及12个部门应急平台和10个省级应急平台技术研发与示范[5]。

2007年，国务院下发了《国家应急平台体系建设指导意见》，对国家应急平台体系建设总体框架内容和建设任务分工等提出要求。

2008年，在国务院应急管理办公室的组织下，启动了“国家应急平台体系建设项目”，该项目建设任务包括：

（1）建设国务院应急平台；

（2）建设省级应急平台与国务院应急平台的互联互通；

（3）建设部门应急平台与国务院应急平台的互联互通；

（4）规划建设市级、县级应急平台。

2010年，国务院对GIS引擎提出互联互通指导意见。为加快推进国家应急平台体系综合应用系统建设，实现国家应急平台体系应用层面的互联互通、上下衔接、顺畅运行，国务院应急管理办公室针对省级应急平台建设和部门应急平台建设，对平台所需的 GIS 引擎等基础配置给出了指导意见。各省级人民政府和国家部委都在根据国家对应急平台的要求进行互联互通和综合应用系统的建设工作。

4.4.2　国家应急平台建设

2009 年，基于 ArcGIS 建设的国务院应急平台上线。国务院应急平台是国家应急平台体系的核心。平时满足国务院值守应急需要，与各地区、各有关部门应急平台保持联络畅通；可实时接报特别重大和重大突发公共事件信息、特别重大突发公共事件预测预警信息、现场图片、音视频多媒体等信息；采取多种方式和途径，获取事发现场实时图像和情况；利用空间地理信息系统进行快速定位，在大屏幕上显示叠加人口分布、救援力量等事件相关信息的电子地图，以及现场实时图像。特别重大突发公共事件发生时，可以在国务院应急指挥厅召开会议；通过图像接入系统察看事发现场情况，了解事态发展；通过网络视频进行异地会商，听取事发地领导汇报和专家意见；结合其远程调用系统，调用地方和部门应急平台的数据和相关资料，利用智能方案系统对事态发展进行仿真模拟，比较多种应对方案，利用指挥调度系统和应急保障系统实施指挥和调度等。

国务院应急平台的构成：

（1）基础支撑系统；

（2）综合应急及应急数据库系统；

（3）应急指挥场所；

（4）移动应急平台；

（5）安全保障体系和法规与标准规范体系等。

1. 国务院应急平台的综合应急系统

（1）以应急流程为主线；

（2）强调综合应用系统内各子系统之间的集成应用包含综合业务管理、风险隐患监测、综合预测预警、智能辅助方案、指挥调度、应急保障、应急评估和模拟演练。

2. 国务院应急平台的数据库系统

国务院应急平台的数据库系统包括基础信息数据库、地理信息数据库、事件信息数据库、模型库、知识库、案例库和文档库等。数据仓库主要存储从应急平台数据库系统中抽取的相关数据，实现数据的海量存储和管理。其中，地理信息数据存储基础地理信息，是其他各种信息的载体和定位框架，包括自然地理信息中的地貌、水系、植被以及社会地理信息中的居民地、道路、境界、特殊地物、地名等要素，以及相关的描述性元数据。充分利用国家基础地理数据库，实现业务信息的共享和服务。基础地理信息的种类有数字线划图（DLG)、数字正射影像数据（DOM)、数字高程模型数据（DEM）和地名数据等。

3. 国务院应急平台 ArcGIS 平台配置

国务院应急平台 ArcGIS 平台要具备基于 Web 的海量空间数据组织与管理、多源数据集成、二次开发、协同标绘等能力。通过 ArcGIS 搭建了以 B/S 应用为主，C/S 应用为辅的综合应急 GIS 平台。

对软件系统采用逻辑分层架构设计，系统物理部署采用四层架构设计：Web 服务器层、应用服务器层、空间数据库服务器层、数据存储层。为了保证整个系统服务的连续性、可靠性、高效性，消除单点故障和性能瓶颈，每层服务器部署将采用双/多机冗余的集群架构设计。

鉴于国务用应急平台的业务应用是以 B/S 为主，很多高级的业务应用均基于服务器实现，因此使用 ArcGIS Server 高级版，并且选择了网络分析、三维分析、空间分析等多个扩展模块以实现高级应用；用户通过 ArcGIS Engine 进行 C/S 在线会商系统的应用开发，实现了地图共享，多用户协同标绘，地图集标绘内容的管理和查询；ArcGIS Desktop 主要用于空间数据的整理、入库、管理、服务的发布、服务器的管理等。国务院应急平台 ArcGIS 软件配置如表 4-1 所示。

表 4-1　国务院应急平台 ArcGIS 软件配置

序号	产品名称	数量	功能
1	ArcGIS Server 高级企业版 Spatial 扩展； 3D 扩展； Network 扩展； Data Interoperability 扩展	2＋	部署于空间数据库服务器和 GIS 应用服务器，B/S 应用。空间信息展示，应急资源和防控目标分布图；空间分析，根据条件设置实现风险影响范围，对衍生灾害进行分析；三维分析，专业预测预警结果的三维题图展现；地图打印，各种专题图的打印
2	ArcGIS Desktop（ArcInfo） Spatial 扩展； 3D 扩展； Network 扩展； Data Interoperability 扩展	1＋	主要负责空间数据的整理、空间数据库的维护和 GIS 应用服务器的管理等

续表

序号	产品名称	数量	功能
3	ArcGIS Engine	1	主要用于搭建 C/S 的在线会商系统，所有参与协同方地图共享，多用户协同标绘，地图及标绘内容的管理、查询

4.4.3 部门应急平台

各有关部门针对行业或本领域突发事件信息的接报处理、跟踪反馈和应急处置等应急管理工作需要，建设并完善本系统专业应急平台，与相关应急平台实现互联互通，重点完成预测预警、信息报告、综合研判和指挥调度等功能，参与国务院应急平台组织的视频会议、在线会商等，提供国务院应急平台所需的专业数据和实时图像等信息。

外交部、公安部、民政部、国土资源部、环境保护部等 30 多个部门已开展应急平台规划建设工作，其中公安部、交通部、卫生部、水利部、中国地震局、中国气象局等部门应急平台已经建设使用。

4.4.4 省级应急平台

省级应急平台首先应满足本地区应急管理工作需要，实现与国务院应急平台、国务院有关部门应急平台以及省级有关部门应急平台、地市级和县级应急平台的互联互通，重点实现信息报告、综合研判、指挥调度、移动应急平台和异地会商等主要功能。参与国务院应急平台组织的视频会议、在线会商等，提供国务院应急平台所需的相关数据、图像、语音和资料等。可根据有关规定，向国务院有关部门提供相关资料。

全国各省级人民政府均已开展应急平台规划建设，其中北京、天津、辽宁、吉林、上海、江苏、福建、江西、河南、湖北、湖南、陕西、新疆等地应急平台已经建成，并在应急管理工作中发挥了作用。

4.4.5 地市级、县级应急平台

作为国家应急平台体系的基础，要实现检测监控、信息报告、综合研判、指挥调度等功能。重点是采取多种方式和途径，汇集现场图像信息并及时上报，提供上级应急平台所需的相关数据、图像、语音和资料等。特别重大突发事件发生时，可以直接向国务院应急平台和省级应急平台报送现场图像等有关信息[6]。

4.5 国外典型的应急平台

1. 欧盟 e-Risk 系统

欧盟 e-Risk 系统是一个基于卫星通信的网络基础架构，为其成员国实现跨国、跨专业、跨警种，高效及时地处理突发公共事件和自然灾害提供支持服务，该系统于 2000 年建成。在重大事故发生后，救援人员常碰到通信系统被破坏、信道严重堵塞等情况，导致救援人员无法与指挥中心和专家小组及时联系。基于这种情况，e-Risk 利用卫星通信和多种通信手段来支持突发公共事件的管理。考虑到救灾和处理突发紧急事件必须分秒必争，救援单位利用“伽利略”卫星定位技术，结合地面指挥调度系统和地理信息系统，对事故现场进行精确定位，在最短的时间内到达事发现场，开展救援和处置工作。而利用多种通信手段则表现在应急管理通信系统集成了有线语音系统、无线语音系统、宽带卫星系统、数据网络系统、视频系统等多个系统，配合应急管理和处置调度软件，使指挥中心、相关联动单位、专家小组和现场救援人员快速取得联系，并在短时间里解决问题。

欧盟 e-Risk 系统对应急管理的定义包括突发事件发生前、发生中、发生后 3 个方面：

在事故发生前，系统通过搜集和处理影像资料、图片、地理信息等，开展风险预防。

在突发事件发生时，通过收集和发布来自现场的资料、图片等，在救援小组、专家小组和指挥中心之间建立起语音、图像、数据的同步链路，通过各部门的“协同作战”，开展现场救援。

在救援工作结束后，对突发事件的发生和处置进行分析和交流，并对有关数据库进行更新，制定新一轮的预案。

2. 日本东京自然灾害预警系统

1986 年，中曾根内阁时期，日本政府为了防备将来发生的重大紧急事件，由原官房长官后藤田正晴负责建立了内阁安全保障室，从而形成了日本政府的危机管理体系。在这一体系中，内阁首相为最高指挥官，由内阁官房来负责总体协调、联络，通过安全保障会议、中央防灾会议等机构制定危机对策，由警察厅、消防厅、海上保安厅等部门根据具体情况予以配合。

目前，日本政府基本建立起了发达完善的防灾通信网络体系，包括：以政府各职能部门为主，由固定通信线路、卫星通信线路和移动通信线路组成的“中央防灾无线网”；以全国消防机构为主的“消防防灾无线网”；以自治体防灾机构和当地居民为主的都道县府、市町村的“防灾行政无线网”，以及在应急过程中实现互联互通的防灾相互通信用无线网等。此外，还建立起各种专业类型的通信网，包括水防通信网、紧急联络通信网、警用通信网、防卫用通信网、海上保安用通信网以及气象用通信网等。

2003 年 4 月，东京都建立了知事直管型危机管理体制，该体制主要设置局长级“危机管理总监”，改组灾害对策部，成立综合防灾部。危机管理总监的主要职责是发生紧急事件时直接辅助知事，强化协调各局的功能，向相关机构请求救援的决策和行动迅速化，当灾害发生时，危机管理总监直接辅助知事，在知事的指挥下综合和协调各局的应急活动。

在技术支撑系统方面，东京的技术支撑系统主要由以下几个部分构成：信息联络系统，受害信息收集系统，宣传、信息披露和媒介应对系统。

（1）信息联络系统。东京都防灾行政无线系统由三套子系统组成：固定式无线系统、移动式无线系统、地区卫星通信网络。另外，为了能够通过图像等的传送来了解灾害现场的现状，都政府配备了卫星中转车和多重移动无线车。

（2）受害信息收集系统。根据规定，以区市町村为首，各有关防灾机构在灾害发生后，迅速地掌握所辖地区或业务范围内的受害信息，通过事先规定的传递系统，向都本部报告。

（3）宣传、信息披露和媒介应对系统。根据规定，灾害发生后，宣传和信息披露活动分为宣传报道、听取居民的反应和请求媒体报道。区市町村在其行政范围内或所管辖的设施内发生灾害后，或有发生灾害危机的情况下，立刻与警察署、消防署以及其他的机构携手合作，进行必要的宣传报道活动。都政府文化生活局根据情况，选择互联网、电视和公共场所的媒体的文字播放、临时报刊等方式进行。除此之外，都设置“外国人灾害时信息中心”，向区市町村提供外语的灾害信息和向避难所派遣懂外语的防灾志愿者，并与大使馆等海外派驻机构进行联系和协调。除了都代表政府进行总体信息公开之外，警视厅、东京消防厅、都水道局和下水道局等也必须就道路、消防、供水、排污等进行信息的披露和公开[7]。

4.6 案例分析

2011 年 9 月 8 日，广州地铁安全预警与应急平台上线启动仪式在广州举行。广州市政府有关部门、广州地下铁道总公司、中国铁道科学研究院有关领导和平台有关参建单位负责人出席了启动仪式，中国铁道科学研究院副院长赵有明应邀出席并致辞，中国铁道科学研究院电子计算技术研究院党委书记王富章及有关负责人也出席了启动仪式。

广州市发改委、市应急办、市安全监管局、市建委、广州地铁公司、中国铁道科学研究院有关领导共同为平台上线按下启动球。这表明，国内首个涵盖地铁工程建设、运营、设备保护的城市轨道交通应急平台，国内首个贯穿安全生产管理“事前—事中—事后”全过程的城市轨道交通应急平台正式成功上线。

中国铁道科学研究院与广州地下铁道总公司于 2008 年签订了战略合作框架协议。广州地铁安全预警与应急平台建设项目是此框架协议下的首个合作项目。中国铁道科学研究院电子计算技术研究院（北京经纬信息技术公司）为工程总包单位，该项目于 2010 年 9 月正式启动，项目团队在上级的正确领导下，克服困难、勤奋努力的工作，经过一年的建设，目前已完成应急指挥场所的建设、系统运行环境的搭建、系统软件的开发与调试等多项工作。

该平台是根据城市轨道交通安全应急管理特点，结合广州地铁“一体化”管理模式，广泛调研国内外安全与应急管理领域的前沿技术，以“9 个核心模块、5 个业务子系统、1 个定制专题”为核心架构的城市轨道交通应急平台。平台建设遵循国家应急体系建设标准，预留了与市应急办、市安全生产监督管理局、市建委等政府部门及应急联动单位的接口，条件具备时可实现互联互通和协同指挥。该平台能够为城市轨道交通各级管理人员的日常安全诊理、风险管理、突发事件处置提供辅助决策支持。

该平台功能涵盖了地铁建设、地铁运营、地铁保护等多个方面。该系统具备了 15 个一级功能模块、114 个二级功能模块、6000 余个功能点，实现了城市轨道交通数字化预案、综合应急通信系统、多层级立体化指挥体系等十余项创新。

平台的成功上线，对于创新广州地铁安全生产监管手段，有效监控风险源，快速准确调度应急资源，强化应急指挥能力，提升广州地铁安全生产与应急管理的信息化、精细化、规范化与科学化水平有着重要的促进作用，将为广州地铁工程建设、地铁运营、设施保护提供更加坚实的安全保障[8]。

参考文献

[1] 姚国章. 应急管理信息化建设 [M]. 北京：北京大学出版社，2009.

[2] 范维澄，袁宏永. 我国应急平台建设现状分析及对策 [J]. 信息化建设，2006，9：14-17.

[3] 岳大波，江东权. 完善我国应急管理信息系统建设的对策 [J]. 商业时代，2007，1：54-55.

[4] 我国应急联动系统平台建设现状分析. http://www. e-gov. org. cn/news/yingjifuwu/2008-08-03/92591. html.

[5] 基于 ArcGIS 的国务院应急平台 _ ArcGIS 案例 _ Esri 中国. http://www. esrichina-bj. cn/2011/0509/991. html.

[6] 魏礼群. 中国应急管理报告 [M]. 北京：红旗出版社，2011.

[7] 顾林生. 东京大城市防灾应急管理体系及启示 [J]. 防灾技术高等专科学校，2005，7 (2).

[8] 国敢，赵静. 广州地铁安全预警与应急平台成功上线 [J]. 铁路计算机应用，2011，09.

第5章　一案（预案）三制（体制、机制、法制）

5.1　应急预案

我国的应急预案体系建立的比较晚。2003年SARS事件凸显了我国危机管理体制的不足，国家将应急预案研究提上日程。文献［1］较早尝试对应急预案体系及基本内容进行研究。2006年初国务院通过吸取国外应急预案制订的经验并结合我国国情，发布了《国家突发公共事件通体应急预案》[2]。它包括总则、组织体系、应急机制、应急保障、监督管理及附则六部分内容。并且提出了两种分类方法：一是按公共事件的发生过程、性质和机理将突发公共事件分为自然灾害、事故灾害、公共卫生事件、社会安全事件4类；二是按照各类突发公共事件的性质、严重程度、可控性和影响范围等因素，将其分为四级，即Ⅰ级（特别重大）、Ⅱ级（重大）、Ⅲ级（较大）和Ⅳ级（一般），分别用红色、橙色、黄色和蓝色表示。以国家应急的框架为模板，各级政府部门、企事业单位建立各自的应急预案，最终形成了具有中国特色的国家总体应急预案、专项应急预案、部门应急预案、地方应急预案、企事业单位应急预案的五层体系构架[3]。

应急预案是针对可能的重大事故（件）或灾害，为保证迅速、有序、有效地开展应急救援行动、降低事故损失而预先制定的有关计划或方案。它是在辨识和评估潜在的重大危险、事故类型、发生的可能性及发生过程、事故后果及影响严重程度的基础上，对应急机构责任、人员、技术、装备、设施（设备）、物资、救援行动及其指挥与协调等方面预先做出的具体安排。应急预案明确了在突发事故发生之前、发生过程中以及刚刚结束之后，谁负责做什么，何时做，以及相应的策略和资源准备等。

5.1.1　应急预案的类型

不同类型的预案其侧重点和表现形式不尽相同。例如，消防预案和防涝预案的内容就不尽相同。因此有必要先对预案进行科学的分类。

1. 按照应急对象的类型划分

突发事件是预案的对象，不同类型的突发事件的发生机理不同，所以针对不同类型的突发事件要建立不同应急预案，如：

(1) 自然灾害应急预案；

(2) 事故灾难应急预案；

(3) 公共卫生事件应急预案；

(4) 社会安全事件应急预案。

在自然灾害应急预案这个大的类型中，又可以分为抗震减灾应急预案、抗洪防涝应急预案、恶劣天气应急预案等。

2. 按照预案的编制与执行主体划分

预案可划分为国家、省、市和企业（包括社区）四类。

(1) 国家预案是一种宏观管理，是以场外应急指挥为主的综合性预案，包括出现涉及全国或性质特别严重的重大事故灾难的危急处置情况。

(2) 省一级预案同国家预案大体相似。

(3) 市一级预案应既有场外应急指挥，也有场内应急救援指挥，还包括应急响应程序和标准化操作程序。所有应急救援活动的责任、功能、目标都应清晰、准确，每一个重要程序或活动必须通过现场实际演练与评审。

(4) 企业级预案大多是一种现场预案，以场内应急指挥为主，它强调预案的可操作性。

3. 按照功能与目标划分

预案可分为三类。

(1) 综合预案。综合预案是总体、全面的预案，以场外指挥与集中指挥为主，侧重在应急救援活动的组织协调。

(2) 专项预案。专项预案主要针对某种特殊和具体的事故，如地震、重大工业事故等，采取综合性与专业性的减灾、防灾、救灾和灾后恢复行动。

(3) 现场预案。现场预案是以现场设施或活动为具体目标而制定和实施的应急预案，如针对某一重大工业危险源，特大工程项目的施工现场或拟组织的一项大规模公众集聚活动，预案要具体、细致、严密。

4. 按照预案的性质划分

预案可分为两类。

(1) 指导性预案，如国家级和省级预案等。

(2) 操作性预案，如现场预案和专项预案等[4]。

5.1.2　应急预案结构

1. 国家突发公共事件总体应急预案[3]

总则

1）编制目的

提高政府保障公共安全和处置突发公共事件的能力，最大程度地预防和减少突发公共事件及其造成的损害，保障公众的生命财产安全，维护国家安全和社会稳定，促进经济社会全面、协调、可持续发展。

2）编制依据

依据宪法及有关法律、行政法规，制定本预案。

3）分类分级

本预案所称突发公共事件是指突然发生，造成或者可能造成重大人员伤亡、财产损失、生态环境破坏和严重社会危害，危及公共安全的紧急事件。

根据突发公共事件的发生过程、性质和机理，突发公共事件主要分为以下四类：

• 自然灾害。主要包括水旱灾害、气象灾害、地震灾害、地质灾害、海洋灾害、生物灾害和森林草原火灾等。

• 事故灾难。主要包括工矿商贸等企业的各类安全事故、交通运输事故、公共设施和设备事故、环境污染和生态破坏事件等。

• 公共卫生事件。主要包括传染病疫情、群体性不明原因疾病、食品安全和职业危害、动物疫情，以及其他严重影响公众健康和生命安全的事件。

• 社会安全事件。主要包括恐怖袭击事件、经济安全事件和涉外突发事件等。

各类突发公共事件按照其性质、严重程度、可控性和影响范围等因素，一般分为四级：Ⅰ级（特别重大）、Ⅱ级（重大）、Ⅲ级（较大）和Ⅳ级（一般）。

4）适用范围

本预案适用于涉及跨省级行政区划的，或超出事发地省级人民政府处置能力的特别重大突发公共事件应对工作。

本预案指导全国的突发公共事件应对工作。

5）工作原则

• 以人为本，减少危害。切实履行政府的社会管理和公共服务职能，把保障公众健康和生命财产安全作为首要任务，最大程度地减少突发公共事件及其造成的人员伤亡和危害。

• 居安思危，预防为主。高度重视公共安全工作，常抓不懈，防患于未然。增强忧患意识，坚持预防与应急相结合，常态与非常态相结合，做好应对突发公共事件的各项准备工作。

• 统一领导，分级负责。在党中央、国务院的统一领导下，建立健全分类管理、分级负责，条块结合、属地管理为主的应急管理体制，在各级党委领导下，实行行政领导责任制，充分发挥专业应急指挥机构的作用。

• 依法规范，加强管理。依据有关法律和行政法规，加强应急管理，维护公众的合法权益，使应对突发公共事件的工作规范化、制度化、法制化。

• 快速反应，协同应对。加强以属地管理为主的应急处置队伍建设，建立联动协调制度，充分动员和发挥乡镇、社区、企事业单位、社会团体和志愿者队伍的作用，依靠公众力量，形成统一指挥、反应灵敏、功能齐全、协调有序、运转高效的应急管理机制。

• 依靠科技，提高素质。加强公共安全科学研究和技术开发，采用先进的监测、预测、预警、预防和应急处置技术及设施，充分发挥专家队伍和专业人员的作用，提高应对突发公共事件的科技水平和指挥能力，避免发生次生、衍生事件；加强宣传和培训教育工作，提高公众自救、互救和应对各类突发公共事件的综合素质。

6）应急预案体系

全国突发公共事件应急预案体系包括：

• 突发公共事件总体应急预案。总体应急预案是全国应急预案体系的总纲，是国务院应对特别重大突发公共事件的规范性文件。

• 突发公共事件专项应急预案。专项应急预案主要是国务院及其有关部门为应对某一类型或某几种类型突发公共事件而制定的应急预案。

• 突发公共事件部门应急预案。部门应急预案是国务院有关部门根据总体应急预案、专项应急预案和部门职责为应对突发公共事件制定的预案。

• 突发公共事件地方应急预案。具体包括：省级人民政府的突发公共事件总体应急预案、专项应急预案和部门应急预案；各市（地）、县（市）人民政府及其基层政权组织的突发公共事件应急预案。上述预案在省级人民政府的领导下，按照分类管理、分级负责的原则，由地方人民政府及其有关部门分别制定。

- 企事业单位根据有关法律法规制定的应急预案。
- 举办大型会展和文化体育等重大活动，主办单位应当制定应急预案。
- 各类预案将根据实际情况变化不断补充、完善。

组织体系

1）领导机构

国务院是突发公共事件应急管理工作的最高行政领导机构。在国务院总理领导下，由国务院常务会议和国家相关突发公共事件应急指挥机构（以下简称相关应急指挥机构）负责突发公共事件的应急管理工作；必要时，派出国务院工作组指导有关工作。

2）办事机构

国务院办公厅设国务院应急管理办公室，履行值守应急、信息汇总和综合协调职责，发挥运转枢纽作用。

3）工作机构

国务院有关部门依据有关法律、行政法规和各自的职责，负责相关类别突发公共事件的应急管理工作。具体负责相关类别的突发公共事件专项和部门应急预案的起草与实施，贯彻落实国务院有关决定事项。

4）地方机构

地方各级人民政府是本行政区域突发公共事件应急管理工作的行政领导机构，负责本行政区域各类突发公共事件的应对工作。

5）专家组

国务院和各应急管理机构建立各类专业人才库，可以根据实际需要聘请有关专家组成专家组，为应急管理提供决策建议，必要时参加突发公共事件的应急处置工作。

运行机制

1）预测与预警

各地区、各部门要针对各种可能发生的突发公共事件，完善预测预警机制，建立预测预警系统，开展风险分析，做到早发现、早报告、早处置。

2）预警级别和发布

根据预测分析结果，对可能发生和可以预警的突发公共事件进行预警。预警级别依据突发公共事件可能造成的危害程度、紧急程度和发展势态，一般划分为四级：Ⅰ级（特别严重）、Ⅱ级（严重）、Ⅲ级（较重）和Ⅳ级（一般），依次用红色、橙色、黄色和蓝色表示。

预警信息包括突发公共事件的类别、预警级别、起始时间、可能影响范围、警示事项、应采取的措施和发布机关等。

预警信息的发布、调整和解除可通过广播、电视、报刊、通信、信息网络、警报器、宣传车或组织人员逐户通知等方式进行，对老、幼、病、残、孕等特殊人群以及学校等特殊场所和警报盲区应当采取有针对性的公告方式。

3）应急处置

• 信息报告

特别重大或者重大突发公共事件发生后，各地区、各部门要立即报告，最迟不得超过 4 小时，同时通报有关地区和部门。应急处置过程中，要及时续报有关情况。

• 先期处置

突发公共事件发生后，事发地的省级人民政府或者国务院有关部门在报告特别重大、重大突发公共事件信息的同时，要根据职责和规定的权限启动相关应急预案，及时、有效地进行处置，控制事态。

在境外发生涉及中国公民和机构的突发事件，我驻外使领馆、国务院有关部门和有关地方人民政府要采取措施控制事态发展，组织开展应急救援工作。

• 应急响应

对于先期处置未能有效控制事态的特别重大突发公共事件，要及时启动相关预案，由国务院相关应急指挥机构或国务院工作组统一指挥或指导有关地区、部门开展处置工作。

现场应急指挥机构负责现场的应急处置工作。

需要多个国务院相关部门共同参与处置的突发公共事件，由该类突发公共事件的业务主管部门牵头，其他部门予以协助。

• 应急结束

特别重大突发公共事件应急处置工作结束，或者相关危险因素消除后，现场应急指挥机构予以撤销。

4）恢复与重建

• 善后处置

要积极稳妥、深入细致地做好善后处置工作。对突发公共事件中的伤亡人员、应急处置工作人员，以及紧急调集、征用有关单位及个人的物资，要按照规定给予抚恤、补助或补偿，并提供心理及司法援助。有关部门要做好疫病防治和环境污染消除工作。保险监管机构督促有关保险机构及时做好有关单位和个人损失的理赔工作。

• 调查与评估

要对特别重大突发公共事件的起因、性质、影响、责任、经验教训和恢复重建等问题进行调查评估。

• 恢复重建

根据受灾地区恢复重建计划组织实施恢复重建工作。

• 信息发布

突发公共事件的信息发布应当及时、准确、客观、全面。事件发生的第一时间要向社会发布简要信息，随后发布初步核实情况、政府应对措施和公众防范措施等，并根据事件处置情况做好后续发布工作。信息发布形式主要包括授权发布、散发新闻稿、组织报道、接受记者采访、举行新闻发布会等。

应急保障

各有关部门要按照职责分工和相关预案做好突发公共事件的应对工作，同时根据总体预案切实做好应对突发公共事件的人力、物力、财力、交通运输、医疗卫生及通信保障等工作，保证应急救援工作的需要和灾区群众的基本生活，以及恢复重建工作的顺利进行。

人力资源

公安（消防）、医疗卫生、地震救援、海上搜救、矿山救护、森林消防、防洪抢险、核与辐射、环境监控、危险化学品事故救援、铁路事故、民航事故、基础信息网络和重要信息系统事故处置，以及水、电、油、气等工程抢险救援队伍是应急救援的专业队伍和骨干力量。地方各级人民政府和有关部门、单位要加强应急救援队伍的业务培训和应急演练，建立联动协调机制，提高装备水平；动员社会团体、企事业单位以及志愿者等各种社会力量参与应急救援工作；增进国际间的交流与合作。要加强以乡镇和社区为单位的公众应急能力建设，发挥其在应对突发公共事件中的重要作用。

中国人民解放军和中国人民武装警察部队是处置突发公共事件的骨干和突击力量，按照有关规定参加应急处置工作。

• 财力保障

要保证所需突发公共事件应急准备和救援工作资金。对受突发公共事件影响较大的行业、企事业单位和个人要及时研究提出相应的补偿或救助政策。要对突发公共事件财政应急保障资金的使用和效果进行监管和评估。鼓励自然人、法人或者其他组织（包括国际组织）按照《中华人民共和国公益事业捐赠法》等有关法律、法规的规定进行捐赠和援助。

• 物资保障

要建立健全应急物资监测网络、预警体系和应急物资生产、储备、调拨及紧急配送体系，完善应急工作程序，确保应急所需物资和生活用品的及时供应，并加强对物资储备的监督管理，及时予以补充和更新。地方各级人民政府应根据有关法律、法规和应急预案的规定，做好物资储备工作。

• 基本生活保障

要做好受灾群众的基本生活保障工作，确保灾区群众有饭吃、有水喝、有衣穿、有住处、有病能得到及时医治。

• 医疗卫生保障

卫生部门负责组建医疗卫生应急专业技术队伍，根据需要及时赴现场开展医疗救治、疾病预防控制等卫生应急工作。及时为受灾地区提供药品、器械等卫生和医疗设备。必要时，组织动员红十字会等社会卫生力量参与医疗卫生救助工作。

• 交通运输保障

要保证紧急情况下应急交通工具的优先安排、优先调度、优先放行，确保运输安全畅通；要依法建立紧急情况社会交通运输工具的征用程序，确保抢险救灾物资和人员能够及时、安全送达。根据应急处置需要，对现场及相关通道实行交通管制，开设应急救援“绿色通道”，保证应急救援工作的顺利开展。

• 治安维护

要加强对重点地区、重点场所、重点人群、重要物资和设备的安全保护，依法严厉打击违法犯罪活动。必要时，依法采取有效管制措施，控制事态，维护社会秩序。

• 人员防护

要指定或建立与人口密度、城市规模相适应的应急避险场所，完善紧急疏散管理办法和程序，明确各级责任人，确保在紧急情况下公众安全、有序的转移或疏散。要采取必要的防护措施，严格按照程序开展应急救援工作，确保人员安全。

• 通信保障

建立健全应急通信、应急广播电视保障工作体系，完善公用通信网，建立有线和无线相结合、基础电信网络与机动通信系统相配套的应急通信系统，确保通信畅通。

• 公共设施

有关部门要按照职责分工，分别负责煤、电、油、气、水的供给，以及废水、废气、固体废弃物等有害物质的监测和处理。

• 科技支撑

要积极开展公共安全领域的科学研究；加大公共安全监测、预测、预警、预防和应急处置技术研发的投入，不断改进技术装备，建立健全公共安全应急技术平台，提高我国公共安全科技水平；注意发挥企业在公共安全领域的研发作用。

• 预案演练

各地区、各部门要结合实际，有计划、有重点地组织有关部门对相关预案进行演练。

• 宣传和培训

宣传、教育、文化、广电、新闻出版等有关部门要通过图书、报刊、音像制品和电子出版物、广播、电视、网络等，广泛宣传应急法律法规和预防、避险、自救、互救、减灾等常识，增强公众的忧患意识、社会责任意识和自救、互救能力。各有关方面要有计划地对应急救援和管理人员进行培训，提高其专业技能。

• 责任与奖惩

突发公共事件应急处置工作实行责任追究制。对突发公共事件应急管理工作中做出突出贡献的先进集体和个人要给予表彰和奖励。

对迟报、谎报、瞒报和漏报突发公共事件重要情况或者应急管理工作中有其他失职、渎职行为的，依法对有关责任人给予行政处分；构成犯罪的，依法追究刑事责任。

• 预案管理

根据实际情况的变化，及时修订本预案。本预案自发布之日起实施。

2. 省级应急预案

各省以国家突发公共事件总体应急预案为准则，分别制定了各自各种类型的应急预案，大致涵盖的内容基本相同，只是详略程度有别。山东省气象灾害应急预案的目录如下[5]。

1　总　则

　1.1 编制目的

　1.2 编制依据

　1.3 适用范围

　1.4 工作原则

2 组织体系

2.1 省级应急指挥机制

2.2 地方应急指挥机制

3 监测预警

3.1 监测预报

3.2 预警信息发布

3.3 预警准备

3.4 预警知识宣传教育

4 应急处置

4.1 信息报告

4.2 响应启动

4.3 分部门响应

4.4 分灾种响应

4.5 现场处置

4.6 社会力量动员与参与

4.7 信息公布

4.8 应急终止或解除

5 恢复与重建

5.1 制订规划和组织实施

5.2 调查评估

5.3 征用补偿

5.4 灾害保险

6 应急保障

7 预案管理

8 附 则

8.1 气象灾害预警等级

8.2 名词术语

5.2 应急体制

科学合理且功能完备的应急管理体制对于完善应急管理体系有着举足轻重的作用。本节借鉴文献［6］，从应急管理功能的角度出发，考虑现代应急管理体制的设计架构，分别探讨应急管理体制中的行政责任与社会责任系统、事件响应与评估恢复系统、资源支持与技术保障系统，以及防御避难与救护援助系统的内容和功能，并分析这四个系统之间的相互关系和作用。

5.2.1　应急管理体制的组成

“体制”的含义由两项内容组成[6]：①“体”是指能够容纳一定对象的空间；②“制”则表示控制空间中对象合理运行的方法与规则。因此，体制的形成不仅需要成立一个实体机构，更要有对实体机构的责任界定和不同实体机构之间的关系规定。

有关应急管理体制的含义，学术界对其也有多方面的阐释：有学者认为应急管理体制是与应急管理运作机制并列的概念，忽视了体制与机制之间的关联；也有学者仅从狭义的角度去理解，认为应急管理体制是一种面向突发事件的应急组织结构设置，缺以动态的视角看待整个体制设计过程。

1. 应急管理体制的结构

本书采用文献［6］的观点，认为应急管理体制作为应急管理体系中的一项重要内容，具有明确职责、整合资源、及时响应、紧急救援、评估恢复等关键作用。从应急功能出发，可将应急管理体制划分成行政责任与社会责任系统、事件响应与评估恢复系统、资源支持与技术保障系统、防御避难与救护援助系统四个相互联系与支持的系统[1]。这四个系统之间的结构关系如图 5-1 所示。

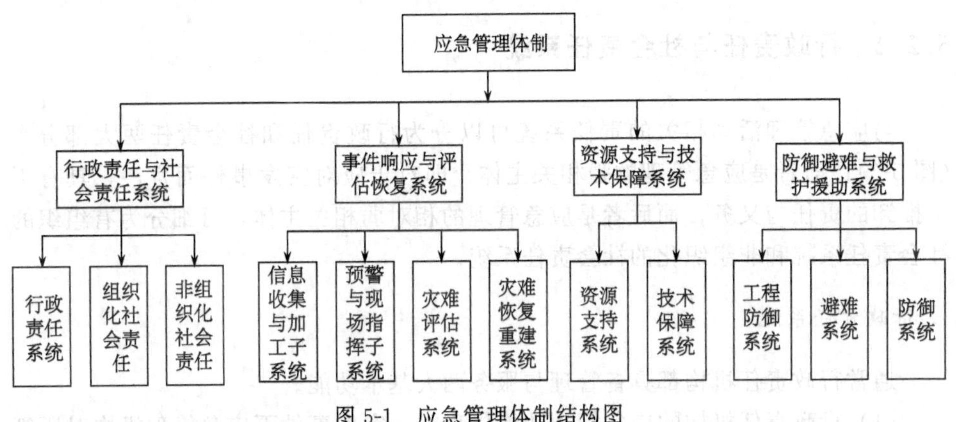

图 5-1　应急管理体制结构图

2. 应急管理体制的层级关系

在突发事件的应急管理过程中，行政责任与社会责任系统负责明确应急管理主体及其关系的界定，属于基础定义层；资源支持与技术保障系统负责确保具体应急处置过程的有效性和稳健性，提供后方支持作用；事件响应与评估恢复系统是应急管理主体按照相关法律和规则去识别和解决突发事件，属于应用实施层；防御避难与救护援助系统则负责直接应对突发灾害事件，属于现场处置层[6]。四大系统的层级关系如图 5-2 所示。

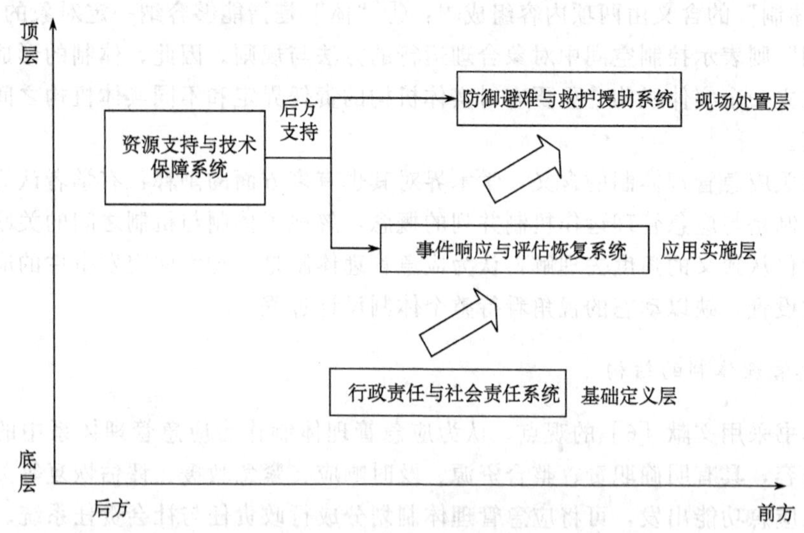

图 5-2 应急管理体制四大系统的层级关系

5.2.2 行政责任与社会责任系统

与应急管理活动相关的责任系统可以分为行政责任和社会责任两大部分[6]（图 5-3）：前者是应急管理的强相关主体，即对于应对突发事件而言，它具有不可推卸的责任与义务；而后者是应急管理的相对弱相关主体，可细分为有组织的社会责任系统和非组织化的社会责任系统。

1. 行政责任系统

通常行政责任机构都具备管理与服务两大基本功能。

（1）行政责任机构的应急管理功能体现在，突发事件下应急管理机构对所管辖范围内的人力与物力资源进行计划、组织、指挥、协调、控制的权力。在处置突发事件的过程中，多机构、多主体的应急组织体系容易引发某些决策矛盾和冲突，从而导致应急处置活动效率低下。因此，需要在法律法规的约束下，由公认的行政责任机构实施管理协调，使那些原本各自独立的应急主体，能够以共同的目标完成突发事件的应急处置工作。

（2）行政责任机构的应急管理功能体现在突发事件下应急管理机构为涉灾人

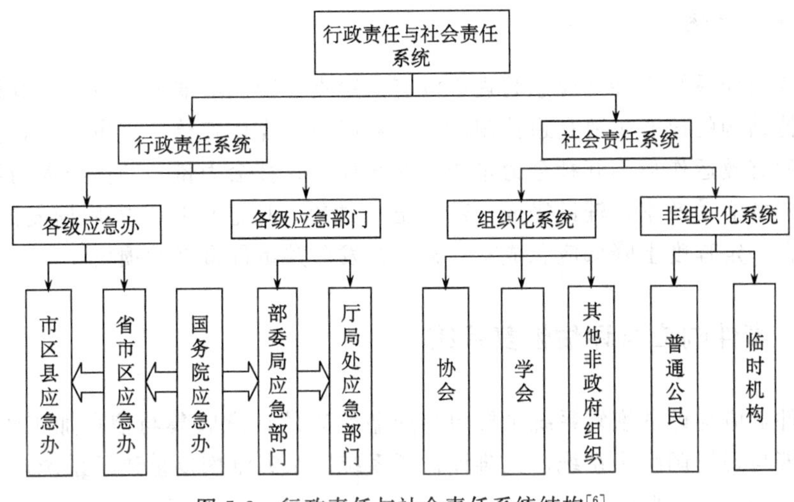

图 5-3　行政责任与社会责任系统结构[6]

员提供必要的帮助。

行政责任系统不仅包括法律制度上与应急管理相关的政府机关、事业单位等组织，还包含这些机构对应急管理权责的确认、应急管理效率的评价以及应急措施不当时的问责等[6]。

以目前我国应急行政责任系统的层次结构为例（图 5-4），国务院应急管理办公室是作为我国应急管理的最高行政管理机构存在的，负责指挥和协调各省市区的应急管理办公室和各部委局的应急部门。在此框架下，各省市区的应急管理办公室又可指挥下属各市区县的应急管理办公室，并负责协调不同城市或区域的厅局处应急部门。需要注意的是，各厅局处的专业应急管理部门同时服从部委局应急机关的领导和指挥。

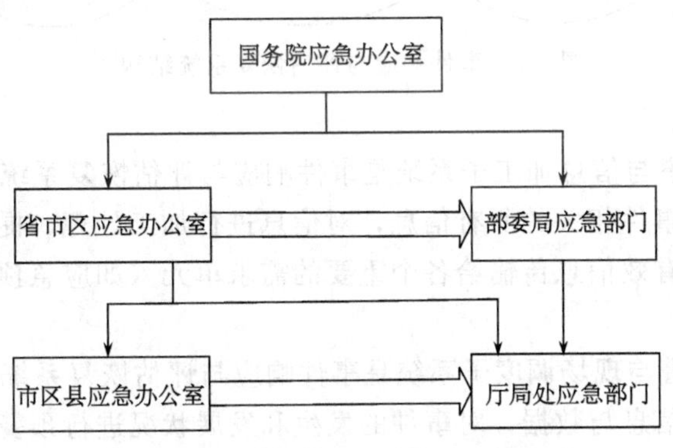

图 5-4　我国应急行政责任系统层次结构

2. 社会责任系统

社会责任系统牵涉到应急管理中没有法定责任归属的弱相关主体，其构成基础和维持结构的核心主要是道德观念、公众舆论、媒体宣传等。事实上，应急管理体系的有效运作离不开社会力量的支持与配合，社会力量的动员与参与不仅可以提高应急活动效率，辅助完成一部分危机预警、应急救援及灾后恢复的工作，还可以在一定程度上降低应急成本、减少突发公共事件带来的损失。

5.2.3 事件响应与评估恢复系统

事件响应与评估恢复系统主要包括应急管理的信息收集与信息加工子系统、监控预警与现场调度子系统、灾难评估子系统以及灾难恢复重建子系统，其系统结构框架如图 5-5 所示[6]。

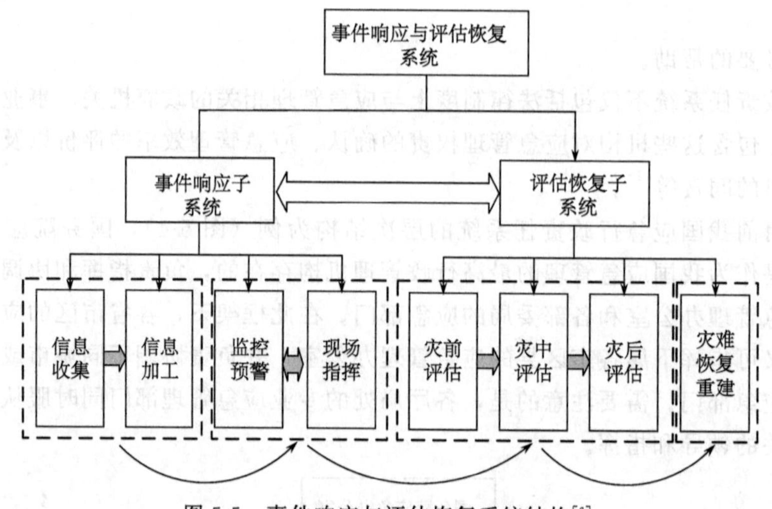

图 5-5 事件响应与评估恢复系统结构[6]

(1) 信息收集与信息加工子系统是事件响应与评估恢复系统的神经末梢，主要负责收集突发事件相关的所有信息，对信息进行加工处理、提取有效信息、摒弃冗余信息，将有效信息传输给各个重要的需求单元（如应急预警系统和应急决策者等）。

(2) 监控预警与现场调度子系统是事件响应与评估恢复系统的前沿机关，主要负责监控关键信息与数据，对事件的发生和发展状况进行预警，辅助决策者对应急现场处置进行指挥调度和协调。

(3) 灾难评估子系统是事件响应与评估恢复系统的决策支持，主要负责灾前预测性评估，灾中可挽救性、可恢复性、可减缓性评估，以及灾后的实测性评估。事实上，这个子系统贯穿了整个事件响应与评估恢复系统的全过程：①灾前预评估是对一个潜在突发事件的危险程度和可能造成的破坏损失程度进行预测性评价，其目的是为应急预案和应急决策提供科学依据。②灾中可挽救性、可恢复性、可减缓性评估是在突发事件应急处置过程中进行的各种状态性度量。具体来说，可挽救性评估，是指对于灾害事件现状以及未来可能造成损失的补救情况的度量；可恢复性评估，是在可用资源的约束下，对于使受灾客体恢复到正常运行状态或初始状态的度量；可减缓性评估，是在采取应急措施后，对于能够减少灾害造成的损失程度以及延缓灾害发展演化时间的度量。③灾后实测性评估，是指在灾害事件处理结束后，对灾害造成损失等进行的全面评估。

(4) 灾难恢复重建子系统是事件响应与评估恢复系统的后期处置，主要负责对受灾人员的安置与赔偿，对受灾财物的补给与再造，对受灾区域正常秩序的恢复以及帮助受灾人员的心理恢复等。

5.2.4　资源支持与技术保障系统

事件响应与评估恢复系统是突发事件应急处置与应急决策的模块，而为了保障应急处置与决策的有效性和稳定性，则需要资源支持与技术保障系统提供必要的基础支撑。这个为突发事件应急处置提供支持与保障作用的资源支持与技术保障系统，分为两个部分：资源支持子系统和技术保障子系统，其系统结构框架如图 5-6 所示[6]。

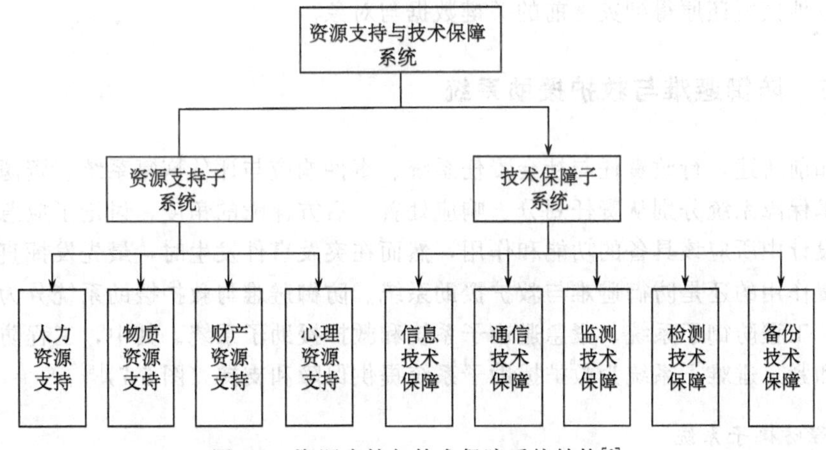

图 5-6　资源支持与技术保障系统结构[6]

1. 资源支持子系统

资源支持子系统主要是指应急资源的布局、配置、调度和补偿等。一方面，平时的应急资源配置和布局直接影响战时应对突发事件的时效性；另一方面，能否在突发灾害降临时，迅速将存放在各个地点的各种应急资源运送到指定地点，即应急资源的高效调度问题也在一定程度上决定着应急管理活动的成败。资源支持子系统就是要求了解各类应急资源的布局、方位、可获得性、快速可达性等特点，以便随时根据灾害应急的实际需求来调配这些资源。

2. 技术保障子系统

技术保障子系统主要侧重于软件层面的技术保证和技术维护，是事件响应与资源支持系统能够有效运行和保持高度稳健性的不可或缺的技术支持。根据应急管理活动中主要的支撑技术来划分，技术保障子系统包括信息技术保障、通信技术保障、检测技术保障、监测技术保障、备份技术保障等，它们可以单独调用，也可以灵活联动。

（1）信息技术保障，能够使灾害事件的发生发展状态被及时高效的采集、加工和传输。

（2）通信技术保障，能够使灾害现场与后方的指挥调度者可以轻松地沟通、协调，合力进行有条理的应急处置。

（3）检测与监测技术保障，能够使关于灾害的关键信号被及时发现和识别，达到提高应急预警准确性的目的。

（4）备份技术保障，能够使灾害前的状态能够以类似于“镜像”的形式被保存下来，一旦工程防御系统无法使受灾体免受冲击，灾害后利用此技术也可以比较高效地恢复还原得到灾害前的关键数据与对象。

5.2.5 防御避难与救护援助系统

如前所述，行政责任与社会责任系统、事件响应与评估恢复系统、资源支持与技术保障系统分别从责任划分、响应处置、后方保障的角度，讨论了应急管理体制设计中所应该具备的功能和作用，然而在突发事件发生时，最先发挥直接应对处置作用的还是防御避难与救护援助系统。防御避难与救护援助系统分为三个部分：工程防御子系统、紧急避难子系统和救护援助子系统。其中，工程防御子系统和紧急避难子系统为救护援助子系统提供保障和支持（图 5-7）[6]。

1. 工程防御子系统

工程防御子系统，主要是提供使可能遭遇突发事件的人员和设备免受攻击或

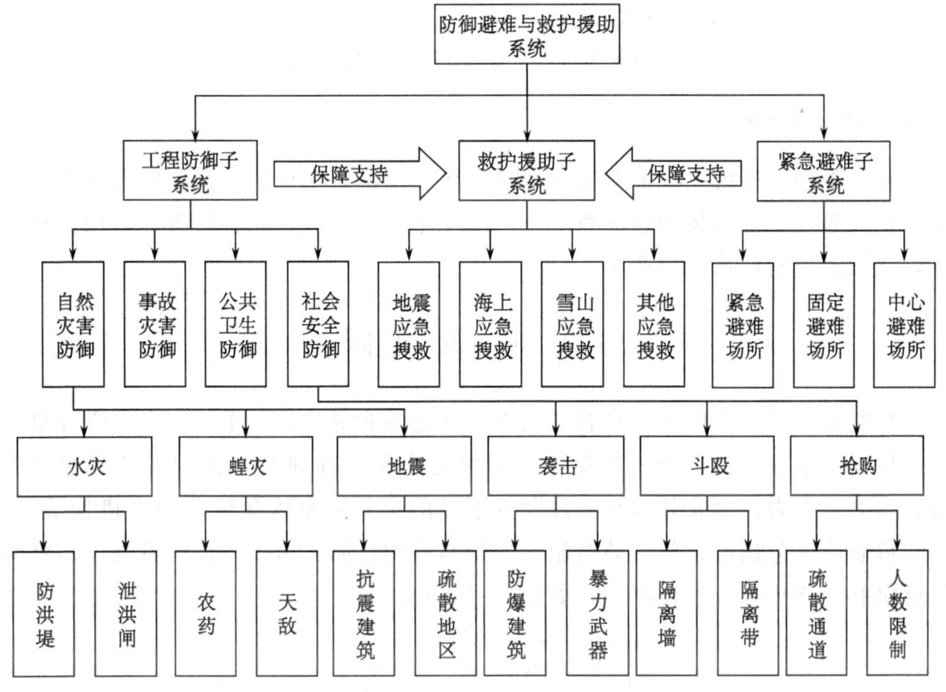

图 5-7　防御避难与救护援助系统结构[6]

减缓冲击程度的硬件基础，通常包括工事和非工事类保障手段。由于各类突发事件的发生发展都有其自身的机理，因此应对不同突发事件需要不同的防御手段和方式。图 5-7 中就简单列举了自然灾害与社会安全的三类灾害事件及其相应的工程防御手段：如蝗灾发生时，使用农药或蝗虫的天敌可以防御农田灾害；地震灾害发生时，则需要一个开阔的地带作为有效防御地震冲击的防御工程。

2. 紧急避难子系统

紧急避难子系统，主要是在灾害事件到来时为受灾人员提供临时的避难场所，它往往是利用城市公园、绿地、广场、学校操场等用地，经过预先科学的规划、建设与规范化管理，能在受灾时为人们提供安全避难、基本生活保障以及等待救援和指挥的场所。紧急避难子系统所提供的避难场所通常包括三种：紧急避难场所、固定避难场所和中心避难场所[1]。

（1）紧急避难场所，承担短时间避难功能，一般选用居民住宅附近的小公园、花园、广场、专业绿地等，是将灾民临时集合并转移到固定避难场所的过渡性避难场所。

（2）固定避难场所，承担灾害应急中大部分前期救助功能，一般选用公园、广场、体育场、大面积绿地及具备避难功能的建筑物等，是供灾民较长时期集中居留、生活和提供初步救援的地点。

(3) 中心避难场所，承担长期、大量灾民的避难功能。

3. 救护援助子系统

救护援助子系统主要面对突发事件发生之后的现场处置，是在灾害发生之后能够积极有效发挥救援功能的系统。地震应急搜救中心、海上搜救和雪山救援等都是比较典型的救护援助系统。

5.3 应急机制

机制相对于制度而言，具有交互性、动态性和规律性 3 个特征[7]。突发事件应急机制是指在法律规定的框架内动员社会力量协作参与，征调一切可用的人力、物力、财力，是有效应对突发公共事件的一系列制度化体系的有机构成[8]。应急机制应该包括监控与启动机制、处置与协调机制、运行与评价机制、监督与奖惩机制、终止与补偿机制[9]，如图 5-8 所示。

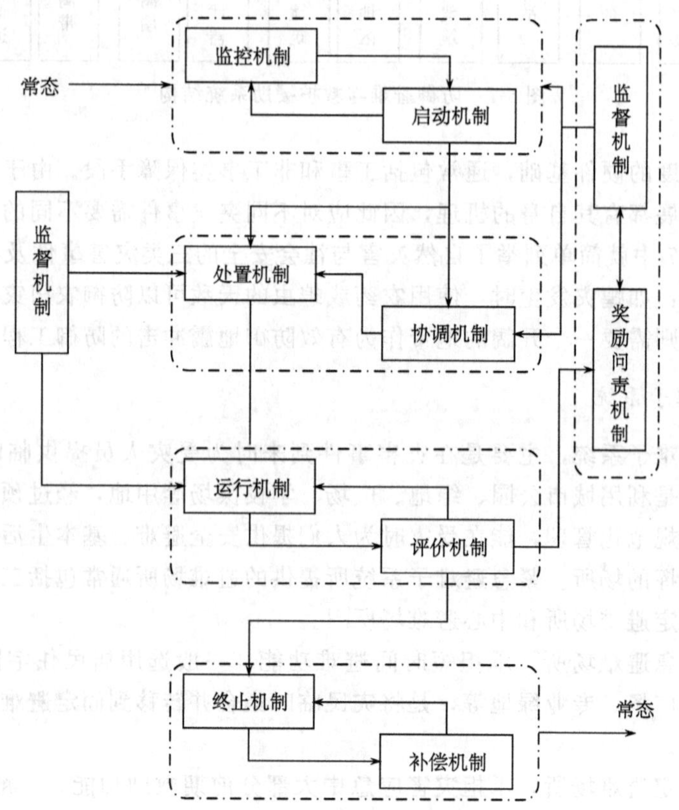

图 5-8 现代应急机制的组成部分和关系示意图[9]

5.3.1　监控与启动机制

启动机制则是当突发事件本身的参数超过阈值，或者突发事件的影响范围满足给定条件时，可以启动相应预案或应急措施。监控机制是在突发事件发生之前，对风险事件进行一系列预测、监视和控制的措施。如图 5-9 所示，当被监控的突发事件参数超出阈值，或者突发事件的影响程度满足一定条件时，就需要启动相应的应急措施。因此，启动机制就是一套判断突发事件是否达到一定的危害程度，是否需要启动应急措施的方法[10]。

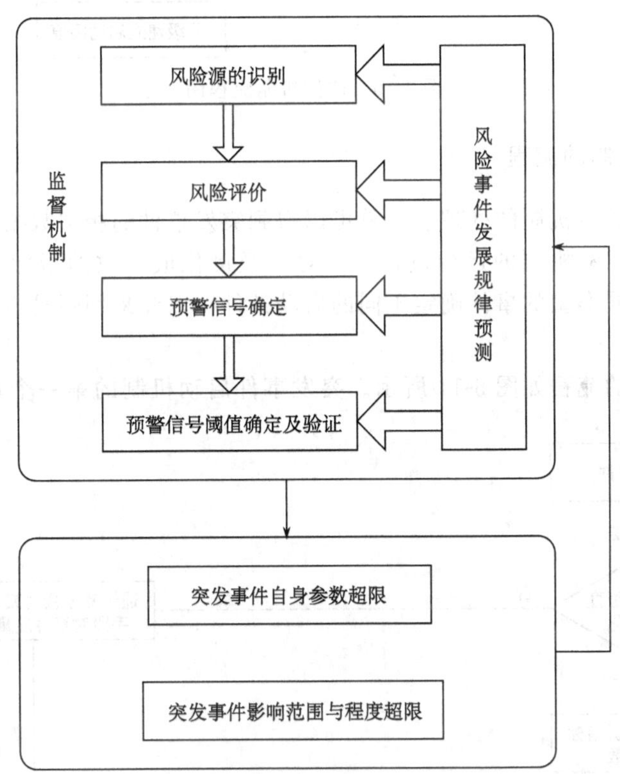

图 5-9　应急管理中的监控与启动机制流程

1）监控机制的流程

通过对突发事件的监控，准确地了解该事件各方面的信息。同时，根据得到的信息，通过相关技术手段为下一步启动其他应急机制设立适当的阈值，为突发事件的进一步发展做好准备。监控机制的主要环节和流程（图 5-10）包括风险源的识别、风险初步评估、发布预警和分级建立启动阈值四个步骤[11]。

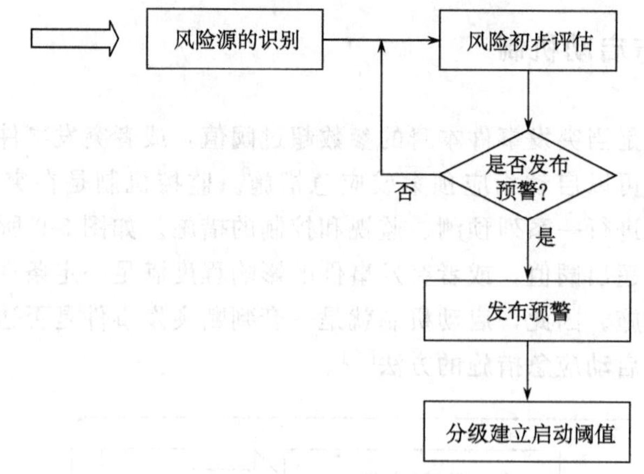

图 5-10　监控机制流程图

2）启动机制的流程

事件经过监控机制的处理后，就可以得到突发事件的相关数据和启动应急措施的阈值，在启动机制的运行过程中，对已经量化成参数的指标进行处理和分类，并根据不同类型的事件确定不同的启动条件，以此来判断是否应该启动应急机制[11]。

启动机制的流程如图 5-11 所示。突发事件启动机制的第一个环节是判断这

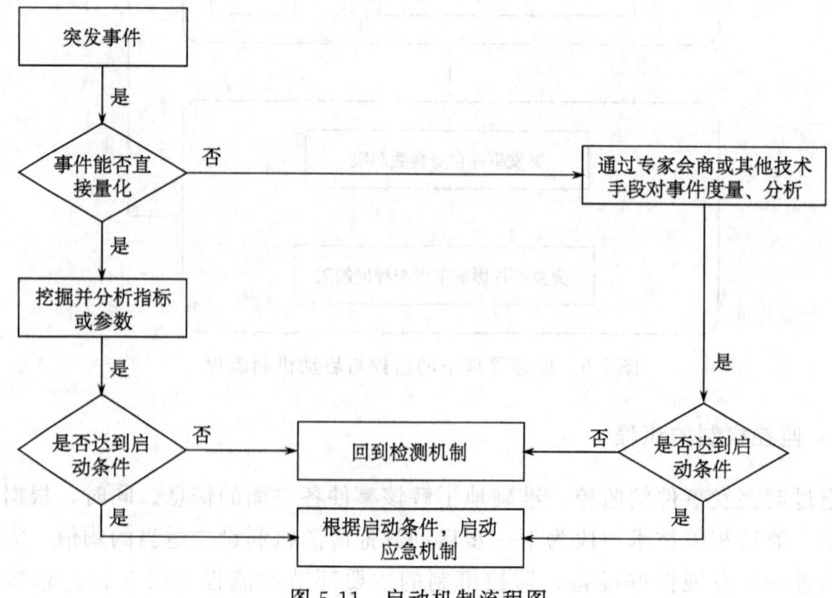

图 5-11　启动机制流程图

些已经得到的风险信号是否能够准确地描述该事件，也就是判断事件能否量化。一般来说，轻度的自然灾害都能直接量化，比如暴风雪可以用降雨量、风力等级等描述，农业自然灾害可以通过农田受灾面积、减产量、经济损失等来描述。

如果突发事件能直接被量化，则需要对已量化的信息进行挖掘。因为从监控机制中得到的数据是未经分类处理的，不宜直接用于启动机制的判断。在挖掘突发事件指标和参数的过程中，启动机制的主要作用是利用分类的数学思想，理清各个指标或参数之间的内在关系，为是否启动应急机制提供决策依据。接下来，启动机制将对分类清晰的指标或参数进行判断，看是否已经达到了启动应急机制的条件。

若各项指标或参数已经达到了启动条件，则启动应急机制；否则，就将事件再次回归到监控机制中去，继续监控突发事件的发展情况。

5.3.2　处置与协调机制

由于在处置突发事件的过程中，必然会涉及多个主题，因此需要将处置和协调放在一起统筹考虑。处置机制启动的同时，协调机制也应该相继启动。在处置过程中，需要遵循“以人本性”、“资源优化”、“分类分级处置”、“授权处置”及“预案优先”等原则。一般地，协调机制所面临的对象会非常多。像汶川地震这样的巨大灾难，几乎是全国动员，每个公民都会被不同程度的动员起来，更不用说国家行政系列的相关部门了。图 5-12 将处置机制所需要遵循的几个基本原则，以及协调机制所面对的对象进行了具体说明。

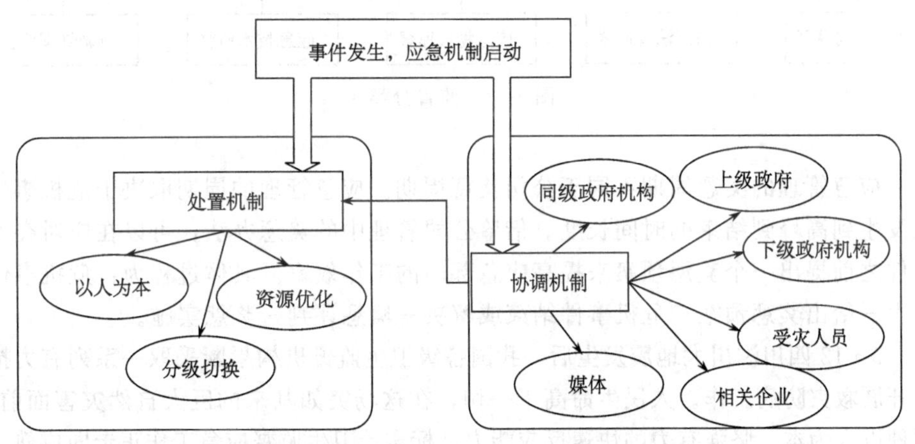

图 5-12　应急管理处置机制与协调机制的对象

5.3.3 运行与评价机制

在应急管理的机制运行过程中，需要在人员层面坚持“统一指挥、分工协作”的原则，并在适当的时候实施及时切换，由比较严重的状态切换到相对较轻的状态，反之亦然。此外，还应该针对资源的可获得性来进行适当的协调。

评价机制不仅要对整个突发事件的发生、发展、演化情况进行评价，还需要对应急管理的效率、效果、效益进行评价。在对事件的评价中，不仅要对事件造成的灾难后果进行评价，还应该根据发展的观点，对灾难中的人员具备怎样“可挽救性”、环境的“可恢复性”和灾难的“可减缓性”进行评价[12]。

5.3.4 监督与奖惩机制

突发事件应急过程监督主要是指依靠舆论、法律、技术等方式通过各种适当的方法和措施，对突发事件的预备、处置以及恢复过程进行监督的行为。其主体既可以是专门的职能机构，也可以是公众、媒体等组织。根据图 5-13，一个完整的监督体系包括舆论导向监督、法制法规监督、应急物资监督、应急技术监督、协调管理监督[13]。

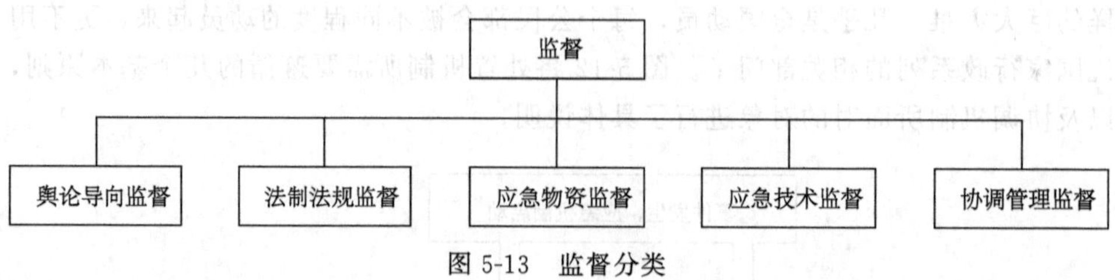

图 5-13 监督分类

应急管理的奖惩周期不同于公司奖惩周期。应急管理的周期取决于危机事件从发生到高峰到结束的时间长度。借鉴公司管理中的奖惩办法，可以在应对突发事件之前提出一个奖惩预案来提高应急部门的工作效率。具体过程为：危机事件发生—给出奖惩预案—危机事件结束或解决—奖惩评判—奖惩实施。

5·12 四川汶川大地震发生后，我国各级卫生监督机构果断采取一系列有力措施开展救灾防病工作。人民生命高于一切，在这场突如其来的巨大自然灾害面前，这种以人为本、坚强有力的快速反应能力，标志着卫生监督应急工作正走向成熟。

保障灾区的食品和饮用水卫生安全，防控食源性和水源性疾病发生，卫生部 2008 年 5 月 18 日发出《关于做好地震灾区的食品和饮用水卫生监督管理的紧急通知》，迅速部署和指挥全国卫生监督力量开展卫生应急救援，先后从 10 个省、区、市调派 1000 名卫生监督人员奔赴一线，迅速开展救灾防病工作。面对灾区严峻形势，卫生监督队伍与当地政府紧密合作，建立“分片包干”责任制，加强受灾群众集中安置点的食品和饮用水卫生监督，利用科技手段，恢复和重建疫情监测网络，实现了灾区县、乡、村和灾民安置点的卫生监督全覆盖。根据卫生部通报，截至 2008 年 7 月 17 日，灾区大规模卫生应急工作基本结束，没有发生重大传染病疫情和重大突发公共卫生事件。卫生监督应急保障工作为维护灾区群众生命安全和身体健康，夺取抗震救灾的胜利发挥了至关重要的作用[14]。

5.3.5　终止机制

一般而言，终止机制包括事前终止预案的制定和事后终止通知的发布和执行两部分。

1）终止预案

一般出现在事先规定的应急预案中，包括确定有权发布终止通知的相关人员和机构、参考依据以及发布终止通知后的实施程序等。预案的参考依据只是定性说明，没有很强的可操作性，具体实施时还需要制定具体的方案，比如针对高温中暑事件，一般规定为：“高温中暑气象等级预报持续三天低于预警所需要的等级，并预测在短期内预报级别不会明显上升，并且大部分中暑病人得到有效的治疗，新发中暑病例明显下降。”另外，终止程序主要体现在上下级的管理中，下级需要向上级申请终止，上级作出决策后由下级执行。终止预案可以使应急管理的程序规范化，也表示终止的重要性。

2）终止通知

终止通知一般包括现状说明、判断终止的依据以及具体实施的方法。这里需要特别说明的是终止通知中具体实施的方法，要求各级部门确定当地是否可以终止，终止需要向上级提出申请。与预案不同的是，终止通知提出后的要求包括：撰写总结报告，改进和建设现有应急体制等。另外，终止通知中判断终止的依据应有真实可靠的数据支持，具有很强的说服力[15]。

5.4　应急法制

5.4.1　中国应急管理法制体系

经过多年的法制改革和发展，我国在突发事件应对的立法上取得了明显的进展，除了在宪法中对紧急状态制度作了原则性规定外，我国现行的一些法律、行政法规和部门规章中也有一些涉及突发事件应对的法律规范。各地方根据这些法律、规范又制定了适用于本行政区域的地方立法，从而初步建立了从中央到地方的突发事件应急法律体系。

2004年第十届全国人民代表大会第二次会议对我国《宪法》进行了修正，内容之一就是把"戒严"修改为"紧急状态"。自此，紧急状态作为一个概念写入宪法。这表明我国对突发事件的认识和处置有了新的发展，将有力地提升政府应对突发事件的能力，体现了我国在依法治国和法制建设中取得了巨大进步。

按照《国家突发事件总体预案》的分类标准，现将我国突发事件应急法制的体系介绍如下。

(1) 自然灾害方面：《破坏性地震应急条例》、《防震减灾法》、《中华人民共和国防洪法》和《中华人民共和国防汛条例》、《中华人民共和国森林法》和《森林防火条例》、《中华人民共和国消防法》、《中华人民共和国气象法》、《中华人民共和国环境保护法》、《中华人民共和国海洋环境保护法》、《中华人民共和国大气污染防治法》等。

(2) 事故灾难方面：《核电厂核事故应急条例和处理规定》、《中华人民共和国对外合作开采海洋石油资源条例》、《中华人民共和国矿山安全法》、《民用航空法》、《安全生产法》、《铁路法》、《海上交通安全法》等。

(3) 公共卫生事件方面：《中华人民共和国传染病防治法》、《中华人民共和国传染病防治法实施办法》、《突发公共卫生事件应急条例》、《动物防疫法》、《职业病防治法》等。

(4) 社会安全事件方面：《戒严法》、《中华人民共和国国防法》、《国防交通条例》、《民用运力国防动员条例》、《兵役法》、《预备役军官法》、《人民防空法》、《公安机关人民警察内务条令》、《关于依法严厉打击恐怖犯罪活动通知》、《民兵战备工作规定》等。

《突发事件应急法》草案已经通过人大审议，这部法律草案共7章62条，适用于突发事件的预防与应急准备、监测与预警、应急处置与救援、事后恢复与重建等应对活动。它最初以《紧急状态法》的名称列入十届人大常委会立法规划，最终改为以《突发事件应对法（草案）》的名称提请审议。这样的变化体现了立法者对突发事件的本质认识及我国立法质量的提高。有了这一法律，就可以回答以下几个重大问题。

突发事件来临，谁有权利宣布它的存在？要通过什么样的程序来宣布突发事件的存在？政府为应对突发事件应享有哪些特权？公民的哪些权利可以受到限制？由哪一个机构负责综合协调工作？如何有效的保护公民的权利和自由？因政府采取紧急措施对公民、法人和其他组织造成财产损失应当如何补偿？

法制建设是突发事件应急管理的基础和保障，也是实施各项应急措施的依据。我国在应急法制的立法方面已经取得了一定的成果，这为突发事件的应急工作提供了相应的法制保障。目前，我国在应急方面的法律制度建设还存在下列需要改善的地方。

（1）制定更多的应急管理专门法，增强其效力。目前，我国行业领域的应急法只有《破坏性地震应急条例》、《核电厂核事故应急条例和处理规定》、《突发公共卫生事件应急条例》，而都是以条例的形式存在，效力性不强，这会导致一旦出现其他突发性灾害，将出现缺乏法律依据。

（2）在涉及突发事件应急制度的单行法中还存在规定不足或规范空白的地方。比如，《大气污染防治法》、《水污染防治法》中的应急条款过于宽泛，在出现紧急情况时根本不能提供有效的指导，而《环境噪声污染防治法》则没有应急的相关规定。另外，对于某些突发事件的应对制度，目前还是立法空白，如重大计算机系统故障、大面积停电、大范围中毒、重大爆炸、外来生物入侵、价格干预以及有关城市公共交通、民用燃气安全等方面突发事件的应急制度。

（3）现有的应对突发事件的法律和法规具有很强的部门特征。各个单行法中应急的规定参差不齐、分布零散，存在规范性不强、整体协调性差、对政府可以采取的应急措施规定的不够具体、相互之间缺乏衔接甚至相互矛盾的情况。

（4）现有的法律重原则轻规定。这样可能严重影响各个方面应对突发事件的积极性，纵容和放任了渎职现象的存在，从而影响公民对政府的信任，更加不利于突发事件的顺利解决[9]。

5.4.2　海外应急管理法制概述

基于法律进行应急管理是发达国家在应对突发事件方面的成功经验，世界主要法制国家或制定专门的紧急状态法，对各种紧急状态下的政府行使紧急权力作统一规定，如美国、俄罗斯、加拿大、法国、土耳其等；或在宪法和其他单行法中规定了应急状态制度，来规定政府在紧急状态时期的基本法律权限并赋予其应急管理的所有职能，如印度、委内瑞拉、德国、日本等。总的来说，发达国家大都具有完善的突发事件应急法律法规体系，这类法律体系一般都有一个基本法，据此对与应急相关的一些重大事项作出明确而具体的规定，如政府的职能、突发事件应急组织的设置、应急预案的编制等，并调整各个部门从不同环节对突发事件的规定，从而构成有机的法律体系。主要法制国家突发事件立法情况对比参见表 5-1。

表 5-1　国外应急法律[9]

国家	基本法	自然灾害	事故灾难	公共卫生	社会安全
美国	紧急状态管理法	灾害救济法、国家地震灾害减轻法、防洪法、国家防洪保险法、灾害救助和紧急援助法	航空运输安全法、国际经济紧急权利法、化学品安全信息、场所安全和燃料管理救济法、空中运输安全和体系动员法、安全爆炸物法、海洋运输安全法	美国防疫法、美国防备生物恐怖及突发性公共卫生事件法案、突发事件州卫生权力法规范本、公共卫生安全和生物恐怖威胁防止和应急法、天花应急处理人员防护法	移民与归化法、反对国家恐怖主义法、法律实施通信救助法、有效反恐法、使用军事力量授权法、国土安全法、爱国者法、提高边境安全和完善入境签证法、恐怖主义风险保险法
日本	灾害对策基本法	大规模地震特别对策法、大城市地震对策推进纲要、地震财产特别法、地震防灾对策特别措施法、建筑物抗震改进促进相关法、活火山对策特别措施法、河流法、海案法、森林法、滑坡防止法、治山、治水紧急措施法、大雪地带对策特别措施法	推荐密集街区防灾街区建设的相关法律	传染病预防法、传染病控制法、家畜传染病预防法、食品卫生法、植物防疫法、牛海绵状脑症对策特别措施法、关于食鸟处理事业规定及食鸟的法律	灾害救助法、自卫队法、警察法、消防法、水防法
俄罗斯	紧急状态法律制度法	俄罗斯民防、紧急情况和消除自然灾害后果部工作条例、俄政府关于建立国家预防和消除紧急情况的统一国家体系条例、环境保护法、防火安全法、环境影响评价法	紧急救援服务与救援人员权利法、从业人员安全保障法、工业危险生产安全保障法、建筑标准法、保险发展法、工业危险生产安全法	公民公共卫生和流行病医疗保护法规、俄联邦公民医疗保险法应急保护法案、联邦公民卫生流行病防疫法	民防法、国家储备发展法案

续表

国家	基本法	自然灾害	事故灾难	公共卫生	社会安全
德国	基本法	灾难救助法、黑森州消防法、巴伐利亚州灾难防护法	交通保障法、铁路保障法	食品保障法、黑森州救护法	民事保护法、黑森州公共秩序和安全法

一般地，国外突发事件应急法制可分为以下三个层次：

(1) 由立法机关通过的法律，如紧急状态法、国土安全法等。

(2) 由政府颁布的规章、条例，如《俄罗斯民防、紧急情况和消除自然灾害后果部工作条例》等。

(3) 各州或地区根据本地的实际情况颁布的法律，如《黑森州消防法》、《巴伐利亚洲灾难防护法》等[9]。

5.4.3　我国应急法制的重构

基于国内外成熟的立法经验，借鉴文献［16］，建议我国应急法律法规可围绕以下几方面展开制度上的重构。

1) 为确保应急能力最大化设计组织体系和指挥机构

应急组织体系，本质上是各种应急力量的配置方式，应对非常规突发事件的组织体系必须做到：① 建立以国家公权力为中心，由企事业单位、基层组织、社会团体、志愿者组成的多元系统，保证突发事件爆发后能够在短时间内实现应急应对能力的倍增；② 在横向关系上，必要时可以打破不同公权力组织之间的权责界限以保证应急活动的持续运作；③ 在纵向关系上，构建上下级应急组织间的联动、互补机制，既能实现自上而下的快速援助，也能实现自下而上的及时补位。

非常规突发事件情景下的应急指挥系统与常态下的权力秩序呈现出明显不同，需要以权力的高度集中和权力的快速行使为重要特征，其核心是各种决策性、执行性权力的重新组合和安排。在出现极端危重的紧急事态时，有时只有借助于权力一体化的应急指挥机构，甚至“独裁”式的个人决断体制才有可能克服危机。

2) 为应急资源的保障和筹集做出制度安排

应急准备的实质是公共资源在应急领域的合理分配，突发事件应急处置中所需要的物资、人力和技术资源，必须在事前的应急准备中获得筹集：一方面，这些资源所具有的公共属性决定了对这些资源的筹集不能任意，必须具备法律上的依据；另一方面，这些资源所具有的稀缺属性，又决定了其筹集必须具有法律上的激励或约束，否则无从获得保证。

应急法律在资源保障方面的作用应该体现在：① 法律上具体的、强制性的、以问责制为后盾的规定所产生的威慑力，有助于督促各义务主体落实应急准备中的资源筹集；② 法律上设计的各种金融工具，有助于以最小的成本负担实现必要的资源准备。例如，巨灾债券、巨灾期货、巨灾期权和巨灾互换等金融工具，既可实现灾难后果的分散负担，又有助于应急准备资金的筹集；③ 法定的应急准备活动。例如，在全国“防灾减灾日”密集开展的宣传、教育和演练活动，可以在最低限度上保证人们的应急能力储备。

3）为非常规突发事件的应急决策提供足够的权力空间

非常规突发事件的应急决策，包括事前的风险规制决策与事发时的现场决策，两者都需要以法律授予决策者巨大的权力空间为前提。

对非常规突发事件的风险规制，往往需要在事件发生的可能性、损害的可能性、事件与损害之间的因果关系等尚未得到确证的情况下进行。面对仅仅是潜在的、可能的、在科学上尚未被完全证明的非常规突发事件风险，以政府为典型代表的应急决策者是否主动出击采取规制措施，都有可能招致严重后果。对此，应急法律法规必须对决策者实施风险规制的条件、限度和法律责任做出系统规定。

现场应急决策更是非常规突发事件应对的核心环节，其特点在于：① 应急决策的约束条件非常苛刻，决策者在短时间内无法完全了解其拥有的法定权力；② 在法定的决策主体无法履行职责时，需要由其他应急主体越权决策；③极端危重的紧急事态下，法定的决策程序可能被抛弃，此时应急决策将表现为个人独断；④ 决策结果很难预料，有时甚至可能产生违法后果。

因此，应急法律法规既要尽可能为非常规突发事件情景下决策主体、决策程序和决策内容等方面的权变性选择提供必要空间，又要确保其不脱离法治的基本轨道。为此需要详细设计越权决策、集权决策的条件、效力和追认制度，同时注意规定豁免决策者法律责任的条件和方式。

4）非常态应急法制与常态法律秩序的平战顺利切换

非常规突发事件的应急处置一旦启动，可能导致全国（或部分地区）由常态的宪法秩序转入非常态的宪法秩序。但这种宪法状态只能是暂时的，应急处置一旦结束，就必须尽快恢复常态，否则将导致国家的社会生活长期陷于不正常。因此，需要建立起两种宪法秩序平战顺利切换的机制，既满足人们处置非常规突发事件的需要，又避免非常规状态的长期化，以尽量减少对公民权利的伤害。

参考文献

[1] 薛澜，钟开斌. 突发公共事件分类、分级与分期：应急体系的管理基础 [J]. 中国行政管理，2005，2：102-107.

[2] 吴俊. 突发公共事件社会应急机制的构成框架 [J]. 统计与决策，2006，13：54-57.

[3] 中华人民共和国中央人民政府. 国家突发公共事件总体应急预案 [EB/OL]. http://www.gov.cn/yjgl/2005-08/07/content_21048.html [2009-04-16].

[4] 计雷，等. 突发事件应急管理 [M]. 北京：高等教育出版社，2006.

[5] 山东省人民政府办公厅. 山东政报 [J]. 2011，3：38-45.

[6] 陈安，上官艳秋，倪慧荟. 现代应急管理体制设计研究 [J]. 中国行政管理，2008 (8)：81-85.

[7] 于雷，张建华. 大面积停电应急监控与启动机制设计的探讨 [J]. 能源技术经济，2010，22 (6)：21-24.

[8] 孙浩森. 突发事件应急机制问题研究 [J]. 山东工商学院学报，2009，23 (2)：62-64.

[9] 陈安，陈宁，倪慧荟. 现代应急管理理论与方法 [M]. 北京：科学出版社，2009.

[10] 于雷. 区域电网电力应急管理与评估研究 [D]. 北京：华北电力大学，2010.

[11] 李彤. 大型活动安全风险模糊评价方法及预警管理系统设计 [D]. 北京：中国地质大学(北京)，2009.

[12] 廖洁明. 突发事件应急管理绩效评估研究 [D]. 广州：暨南大学，2009.

[13] 刘斌，陈安. 应急管理中的过程监督与奖惩机制研究 [J]. 中国应急救援，2009：14-17.

[14] 丁伟. 从汶川地震看卫生监督应急机制的建设 [J]. 广西医学，2009，31 (5)：748-747.

[15] 武艳南，陈安. 应急管理终止机制设计及实施初探 [J]. 三峡大学学报（人文社会科学版）》，2008，30：20-23.

[16] 曹杰，朱莉. 现代应急管理 [M]. 北京：科学出版社，2011.

第三篇　中　观　篇

第 6 章　应急管理生命周期

6.1　项目生命周期

美国项目管理协会的定义：“项目是分阶段完成的一项独特性的任务，一个组织在完成一个项目时会将项目划分成一系列的项目阶段，以便更好地管理和控制项目，更好地将组织的日常运作与项目管理结合在一起[1]。项目的各个阶段放在一起就构成了一个项目的生命周期。”

下面以软件项目开发为例，对项目全生命周期进行简单介绍。软件项目通常包括：需求分析、软件设计、软件编码、软件测试和运行维护五个部分。

1. 需求分析

需求分析是对用户的业务活动进行分析，确定系统的目的、范围、定义和功能，明确在用户的业务环境中软件系统应该“做什么”。只有在确定了客户需求后，知道要“做什么”，才能够分析和寻求系统的解决方法，开展后续的工作，所以需求分析是软件工程中的一个关键过程。

2. 软件设计

软件设计的主要任务是把需求分析得到的结果转换为软件结构和数据结构，建立目标系统的逻辑模型，从而形成系统架构。明确软件系统应该“怎样做”。

1）概要设计

（1）软件结构设计：将一个复杂系统按功能进行模块划分、建立模块的层次结构及调用关系、确定模块间的接口及人机界面等。

（2）数据结构设计：数据特征的描述、确定数据的结构特性以及数据库的设计。

2）详细设计

（1）为每个模块确定采用的算法，选择某种适当的工具表达算法的过程，写出模块详细过程性描述。

（2）确定每一模块使用的数据结构。

（3）确定模块接口的细节，包括对系统外部的接口和用户界面，对系统内部其他模块的接口，以及模块输入数据、输出数据及局部数据的全部细节。

（4）要为每一个模块设计出一组测试用例，以便在编码阶段对模块代码（即程序）进行预定的测试[2]。

3. 软件编码

软件编码就是将上一阶段的详细设计得到的处理过程的描述转换为基于某种计算机语言的程序，即源程序代码。

（1）制定项目开发计划文档，制订编码规范、量化任务，并合理分配给相应的人员。

（2）跟踪项目的进度，协调项目组成员之间的合作。

（3）监督产生项目进展各阶段的文档，保证文档的完整和规范。

（4）跟踪开发过程中的需求变更，与用户沟通确定变更需求，更改开发计划。

4. 软件测试

软件测试就是利用测试工具按照测试方案和流程对产品进行功能和性能测试，需要跟踪故障，以确保开发的产品适合需求。

5. 运行维护

软件维护主要是指根据需求变化或硬件环境的变化对应用程序进行部分或全部的修改，修改时应充分利用源程序。修改后要填写程序修改登记表，并在程序变更通知书上写明新旧程序的不同之处。

6.2 应急管理生命周期

危机问题的形成与发展有着自身的运行规律，公共危机有其发展的生命周期。应急管理专家芬克（Fink）运用医学术语把危机的神秘周期形象地进行了描述，将危机的生命周期分为征兆期、发作期、延续期和痊愈期。第一阶段是征兆期，有迹象显示有潜在的危机有可能发生；第二阶段是发作期，具有伤害性的事件发生并引起危机；第三阶段是延续期，危机的影响持续，同时也是努力消除危机的过程；第四阶段是痊愈期，危机事件已经完全解决。

应急管理行为渗透在危机生命周期中，与公共危机生命周期相对应，应急管理划分为不同的阶段，亦称应急管理生命周期。

《中华人民共和国突发事件应对法》将突发事件的应对分为预防与应急准备、监测与预警、应急处置与救援、事后恢复与重建四个阶段[3]。

1. 预防与准备

预防与准备是政府应急管理的关键。“凡事预则立，不预则废”，做好预防与准备工作，就等于做好了政府应急管理的60%甚至100%的工作。因为，对于由于预防充分而最终没有发生的危机，就是做好了政府应急管理的100%的工作；对于由于预防而减轻了危机的危害后果，就至少是做好了政府应急管理的60%的工作。

2. 监测与预警

监测与预警是政府应急管理的前提。监测与预警的作用主要是发现危机的存在，为预防危机提供依据。由于引发危机的原因不同，监测、预警的手段、措施也不一样。根据监测分析结果，相关部门对可能发生和可以预警的突发公共事件进行预警。预警级别依据突发公共事件可能造成的危害程度、紧急程度和发展状态，一般划分为四级：Ⅰ级（特别严重）、Ⅱ级（严重）、Ⅲ级（较重）、Ⅳ级（一般），依次用红色、橙色、黄色和蓝色表示。

预警信息包括突发公共事件的类别、预警级别、起始时间、可能影响范围、警示事项、应采取的措施和发布机关等。预警信息的发布、调整和解除可通过广播、电视、报刊、通信、信息网络、警报器、宣传车或组织人员逐户通知等方式进行，对老、幼、病、残、孕等特殊人群以及学校等特殊场所和警报盲区应当采取有针对性的公告方式。

3. 应急处置与救援

应急处置是指应急管理保障系统根据指令，执行处置预案，迅速组织人力、物力，动用各类资源对突发事件进行处置，同时应及时预测、评估预案处置效果，并根据应对的效果，动态调整预案或下达临时性指令以防止意想不到的突发连锁反应发生。应急救援是危机应对的核心部分，是为了防止危机转化和扩大，减少人员伤亡和财产损失所采取的多项救援处置行动。救援队伍以职业救援队伍为主，民间组织和志愿者为辅，必要时可动用国家力量，如军队和警察。紧急救援措施通常如下所示。

（1）医疗救助：在危机发生的第一时间启动医疗救助预案，安排充足的医疗物资，医疗人员赶赴事发现场或在医院为伤患者提供紧急抢救治疗，尽最大努力减少人员伤亡。

（2）消防救火：消防服务包括灭火、防火和消防检查三个领域。

（3）搜寻救援：根据危机的性质和影响程度，选择相应的搜寻工具寻找灾难受害者，将其从危险区或控制区转移出来，并对其进行紧急救助救治以缓解受灾者的伤痛。

4. 事后恢复与重建

危机恢复就是危机得到有效控制之后，为了恢复正常的状态和秩序所进行的各种善后工作。主要措施包括：启动恢复计划，提供灾后救济救助，重建被毁设施，尽快恢复正常生产程序，进行灾害和管理评估等善后工作。危机恢复不是简单的恢复过去，而是要在过去的基础上吸取教训，有所提升。因此，危机恢复阶段同时也是机遇期。灾后重建则是一系列周期较长的恢复活动，具体包括风险源控制、土地利用、工程建设、公共卫生、经济复苏、历史文化保护、环境补救等。

也有部分学者根据自己的研究，提出了各自的应急管理全生命周期理论。典型代表为五阶段理论和六阶段理论。

五阶段理论的典型代表如美国危机管理专家米特洛夫及我国学者薛澜等。米特洛夫将应急管理过程划分为侦测阶段、探测和预防阶段、控制损害阶段、恢复阶段、学习阶段。它关注危机管理者在每一个阶段应该作出的决策。我国学者薛澜将整个管理过程分为预警和准备、识别、隔离、管理、善后处理五个阶段。

六阶段理论的典型代表是美国普林斯顿大学奥古斯丁。六个阶段分别为：危机的避免阶段、准备阶段、控制阶段、解决阶段、活力阶段、确认阶段。他认为，要尽可能避免陷入危机，一旦发生就要干预接受它、管理它，并努力将你的事业放长远一些。他的基本经验是：说真话、赶快说[4]。

6.3　案例分析

第 8 号强台风“莫拉克”是 2009 年登陆我国强度最大、影响范围最广、持续时间最长的台风，台风中心横扫我国东部经济发达地区，引发大范围的内涝，造成部分城镇进水被淹，交通、电力、通信大面积中断，近万家工业企业停产和半停产，因灾直接经济损失近 130 亿元。在党中央、国务院的坚强领导下，灾区各级党委、政府和各有关部门周密部署防御台风和抗灾救灾工作，及时启动应急预案，迅速落实各项措施，将人员伤亡和财产损失降到了最低限度[5]。

1）第一阶段（刚生产热带风暴时）

——做好台风监测预警，全面部署台风防御工作

热带风暴“莫拉克”于 8 月 4 日凌晨在西北太平洋洋面上生成。

党中央、国务院高度重视第 8 号台风“莫拉克”的防御工作。时任国家总书记胡锦涛、总理温家宝对台风防御和抗灾救灾工作作出重要指示。8 月 5 日，时任副总理回良玉对台风防御工作作出重要批示。

8 月 4 日起，气象部门实行 24 小时主要负责人领班制度，全程跟踪台风动态，做好“莫拉克”的监测、预警工作。中央气象台每 1 小时报告台风定位和预警信息，沿海 7 省（自治区、直辖市）及内陆相关省启动了气象监测应急预案，确保每 10 分钟进行一次地面观测、每 6 小时一次高空观测。

8 月 4 日 10 时，国家减灾委、民政部紧急启动国家救灾预警响应，并向上海、浙江、福建、广东、广西、海南 6 省（自治区、直辖市）民政部门和合肥、长沙、南宁、中央救灾物资储备库下发紧急通知，要求各地做好防灾救灾工作。

8 月 6 日上午，当“莫拉克”距离台湾基隆市约 600 公里时，中央气象台发布台风橙色警报，6 日下午中央气象台开始发布台风红色警报，8 日 2 时发布台风红色紧急警报。中央气象台提前 54 小时准确预报了“莫拉克”的登陆地点。经检验，中央气象台 24 小时、48 小时和 72 小时台风路径预报平均误差分别为 97 公里、149 公里和 251 公里，均好于日本和美国的平均水平。

8 月 6 日下午，国家防总、水利部召开防御第 8 号台风“莫拉克”异地视频会商会议，要求各有关省市和有关部门认真贯彻落实回良玉副总理重要批示精神，切实把各项措施落实到实处，并宣布启动防台风三级应急响应，对各项防御工作提出具体要求。水利部加强值班和会商，密切监视台风动向，根据台风发生、发展不同阶段的规律和特点，多次发出通知，传达中央领导批示精神，分阶段、有针对性地对防御工作提前作出部署。并派出 3 个工作组分赴浙江、福建和安徽等省，深入灾区一线，协助指导防台风工作。太湖流域管理局面对太湖及周边河网持续高水位、“莫拉克”台风登陆后有可能严重影响太湖防汛形势的严峻局面，启动防汛三级应急响应，召开 19 次会商会议，编报各类简报、汛情快报、水情信息等 16 期，下达 7 份调度指令，部署流域防汛防台风工作，并及时向新闻媒体通报流域汛情。

浙江省防汛抗灾指挥部于 8 月 5 日下午启动四级防台风预案，8 月 6 日又将响应等级提升为三级，要求台风影响地区各级党委、政府主要领导组织会商，明确防御目标和重点，发布人员梯次转移命令，组织指挥抢险救灾。浙江省副省长茅临生要求浙江各地以“不死人、不伤人”为目标，立足正面袭击准备，全面做好台风防御工作。福建省委书记卢展工、省长黄小晶作出批示，对台风防御工作提出明确要求。福建省防汛抗灾指挥部立即组织有关部门开展会商，分析风情、雨情、汛情，研判灾情，提前部署台风防御工作。

2）第二阶段（加强为台风后）

——启动救灾应急响应，紧急转移高风险区群众

8 月 5 日下午，“莫拉克”在台湾以东洋面加强为台风。

按照国家防总、水利部的统一部署，各有关省市积极组织危险区群众进行紧

急避险。在这次台风防御工作中，福建、浙江、江苏、上海、安徽、江西等省市共及时组织涉海、涉江、涉河、涉湖船只回港避风 11.35 万艘（条），组织群众安全转移 151 万人，有效避免了人员伤亡。防御期间，浙江省 1.3 万多名山洪与地质灾害预警员及时进岗到位，认真做好巡查、预警工作，并按预案转移危险区群众。福建、安徽、江西等省切实加强山洪灾害巡查、预警，及时转移受威胁人员，确保群众生命安全。

8 月 6 日 16 时，国家减灾委、民政部紧急启动国家救灾应急四级响应，并联合财政部派出 4 个工作组分赴浙江、安徽、福建、江西四省，协助地方开展救灾工作。上述四省紧急启动救灾应急预案，密切关注台风活动趋势，认真组织转移危险地带的群众，及时开展“莫拉克”台风的防范和应对工作。浙江省民政厅紧急启动三级响应，派出 3 个工作组赶赴温州、台州、丽水指导抗灾救灾工作，同时下发紧急通知，要求各地及时启动救灾应急预案，加强值班，深入排查安全隐患，及时转移安置危险地带群众。福建省民政厅启动三级应急响应，取消休假，全员在岗，集结机动力量，随时待命，加强对传统意义上的安全区域的防范。安徽省民政厅紧急启动省救灾应急预案四级响应，下发紧急通知，要求各地做好信息报送、灾害预警、转移安置和物资调运工作。

浙江省各级民政部门对有关福利机构、敬老院和避灾安置场所进行检查，确保安全。截至 7 日 18 时，浙江近 3 万艘渔船回港避风或到安全区域，转移海上人员 24 万人，疏散景区人员 5 万余人。苍南县利用学校、乡村办公场所、宗祠、老年活动中心等设立 179 个避灾安置场所，覆盖 30 个乡镇 188 个村组，能容纳 5 万多人，生活设施和各类物资较为齐全。截至 8 日 15 时，温州市共计转移 11 万多人，其中苍南县转移 4 万多人。

福建省紧急安排 300 万元救灾应急资金，将各级储备的 2 万顶救生帐篷、16 万件（床）棉衣被提前运送到台风可能影响的地区。8 月 7 日18 时，福建全省 4.8 万艘渔船全部进港避风，安全转移海上人员 25 万多人。宁德市财政紧急安排 50 万元救灾应急资金，紧急组织转移危险区域人员，近海作业渔船全部回港避风，对全市 1300 多处地质灾害隐患点进行拉网式排查。

3）第三阶段（台风登陆后）

——迅速组织开展抢险救援和灾害救助工作

“莫拉克”在穿过台湾岛和台湾海峡后，于 9 日 16 时 20 分在福建省霞浦县沿海再次登陆，登陆时中心附近最大风力有 12 级（33 米/秒）。“莫拉克”台风横扫福建东北部和浙江东部地区，带来狂风暴雨，福建宁德、浙江温州和台州等地发生严重内涝。

8 月 11 日，回良玉副总理亲临浙江省重灾区温州市，实地查看灾情，慰问受灾群众，指导抗灾救灾工作。

8 月 11 日，财政部、民政部针对“莫拉克”台风灾害，紧急向浙江省安排中央救灾应急资金 2000 万元，向福建省安排 2200 万元，协助做好受灾群众生活救助工作。

水利部、太湖局加强和江苏、浙江、上海等省市会商。科学调度望虞河、太浦河等防洪排涝工程，加大向长江、黄浦江及杭州湾排水力度，全力降低太湖及周边河网地区水位。8 月 7 日至 13 日台风影响期间，累计出湖水量 2.5 亿立方米，太湖上游 7 座大型水库最大拦蓄水量 2.4 亿立方米，有效缓解了太湖的防洪压力。

浙江、福建灾区各级党委、政府积极落实各项救灾措施，及时转移安置危险地区的群众，组织人力物力抢修受损电力、通信、交通等基础设施，迅速投入抢险救援工作。以浙江省平阳县为例，全县共安排救灾资金 120 万元保障受灾群众基本生活，配备抢险船只 21 艘、挖掘机 32 台、运输车辆 197 辆及其他物资，组织 302 支 3400 多人的应急队伍投入抗灾救灾，全县 1.5 万多人坚守在防御台风一线。

4）第四阶段（停止编号后）

——有序开展灾后重建和恢复生产各项工作

8 月 11 日晚上“莫拉克”在黄海减弱为热带低压，12 日凌晨 2 时中央气象台对其停止编号。“莫拉克”给浙江、福建两省农村住房造成较大破坏。

8 月 28 日，财政部、民政部针对“莫拉克”台风灾害，向浙江省安排中央恢复重建资金 1700 万元，协助地方做好灾区民房恢复重建工作。浙江省有关保险公司按照“农户优先、有利农户”的原则，主动组织开展查勘定损理赔工作，累计向 3600 余户倒房户支付 1100 多万元理赔款。福建省按照“政府补助、农房保险、自己筹措、亲戚互助”的原则，多渠道筹集重建资金，有序开展民房恢复重建工作。

针对大范围内涝给农业生产造成的损失，浙江省宁波、台州、温州等地农业技术部门派出数千名农业技术干部和农技人员帮助受灾农户及时抢收抢种、排涝施肥、加强灾害畜禽疫病防治工作。浙江、福建重灾区交通、电力、通信等部门也积极行动，调集人员、工程车辆和设备，积极组织开展灾后公路、电网、电信基站等损毁基础设施抢修和恢复工作，及时恢复灾区通航、通车、通电和通信。浙江省电力公司针对“莫拉克”台风启动四级应急响应，台风强度减弱后立即转入灾区抢修工作，出动抢险小分队 276 支 1 万人次，动用车辆 1800 余台，全力抢修电网，迅速恢复正常供电。

从“莫拉克”台风整个应急处置过程来看，各受灾地区、各有关部门灾前部署及时全面，灾中应对果断有力，灾后恢复高效有序，在人力可控范围内减少了损失，有力地抗击了台风灾害。有三条经验值得借鉴：一是及时组织群众科学转移有序避险。台风往往具有不可抗性，保障群众生命安全最有效的措施就是组织群众转移避险。沿海地区对灾害高风险区人员、船只实行网格化管理，对渔船和避灾人员进行全面核查，分类统计，逐一明确转移对象、时间、地点和负责人，采取条块结合，分线指导，大大提高了防灾避险效率，有效减少人员伤亡。二是充分发挥各方防灾救灾合力。各受灾地区在灾前积极组织力量防御台风，灾后第一时间展开抢险救援和灾害救助，为减少人员伤亡和保障受灾群众基本生活争取了主动；各相关部门按照应急预案，各司其职，各负其责，积极投入台风防御抢险救灾；灾区群众积极开展自救互救，形成了防灾救灾的强大合力。三是充分发挥基层防御台风的主体作用。对于台风防御和抗灾救灾工作而言，基层是一线，乡镇、村组是主体，只要基层干部、群众镇定有序，能够在交通、通信、电力中断的情况下，按应急预案防灾避灾、自救互救，就可大大减少人员伤亡和财产损失。

"莫拉克"台风是2009年登陆我国强度最大、影响范围最广、持续时间最长的一次台风灾害，福建、浙江等受台风影响省市以及国家各有关部门高度重视，部署周密，组织有力，反应及时，纵横联动，多措并举，形成合力，最大限度地减轻了生命和财产损失。

参考文献

[1] 朱艳. 突发事件应急管理生命周期研究 [J]. 中国新技术新产品，2012，1：251.
[2] 冯娜. 水泥混凝土路面设计软件开发与研究 [D]. 南京：东南大学，2005.
[3] 姜安鹏，沙勇忠. 应急管理实务——理念与策略指导 [M]. 兰州：兰州大学出版社，2010.
[4] 左雄. 突发气象灾害应急管理研究与实践 [M]. 兰州：兰州大学出版社，2010.
[5] 魏礼群. 2010 中国应急管理报告 [M]. 北京：红旗出版社，2010.

第7章　突发事件预防与应急准备

对单个突发事件来说，不是社会的常态，某一次应急处置也不是政府工作的常态，对一个政府机关来说也是如此。但是，就整个社会和整个政府工作而言，突发事件不可避免要发生的，不是此时发生就是彼时发生，不是此地发生就是彼地发生，不是此政府机关应对，就是彼政府机关应对。从系统、全面和长久性看，突发事件并不是“百年不遇”的怪现象，而是一个经常和必然要出现的正常现象。

基于此，应对处置突发事件，就应当成为政府工作的一项必不可少的经常性内容，即实现非常态向常态的转变。预防与应急准备是整个危机管理过程的第一个阶段，目的是为了有效地预防和避免危机事件的发生。在某种程度上，危机状态的预防以及危机的预防比单纯的某一特定危机事件的解决显得更加重要，因为，如果能够在危机未产生之前就及时把产生危机的根源消除，均衡的社会秩序就能够得以有效保障，可以节约大量的人力、物力和财力。美国应急管理署(Federal Emergency Management Agency，FEMA)，将预防作为工作原则之一[1]。FEMA中，预防或缓解被认作是全面应急管理的里程碑。另外从公共危机管理的发展趋势来看，其重心从灾后应对转向灾前准备，进而转向风险管理，即由被动响应变为主动防御，由主动变为风险消除。因此，与危机过程中的其他阶段相比较而言，预防与应急准备是一种经济又简便的方法，需要我们在日常的应急管理活动中给予足够的重视[2]。

7.1　风险评估

人类社会已经进入风险社会，在全球化发展背景下以及由人类实践导致的全风险占据主导地位的社会发展阶段中，各种风险对人类的生存和发展存在着严重威胁。党的十六届六中全会明确提出了把“完善应急管理体制机制，有效应对各种风险”作为“完善社会管理、保持社会安定有序”的重要内容，初步确立了我国应急管理的体制，从而把应急管理提到了一个新的高度。探索研究符合实际的风险管理模式，提升风险管理能力，是当前我国应急管理乃至整个政府管理工作中的一项重要课题。风险管理作为21世纪的核心技术之一，作为一种更主动、更积极、更前沿的管理手段，将在提高危机防范水平、应急管理能力中起到越来越基础的作用。

风险管理是通过识别和分析风险发生的可能性大小和造成后果的严重程度，评估决定哪些风险需要处置以及如何处置的过程。风险评估是整个风险管理步骤的关键环节，在合理利用相关方法和技术的基础上通过科学、全面的风险评估，为有效地进行风险管理和风险处置提供了基础依据和行动指南，同时要认识风险和价值，也必须在风险管理的整体框架下了解风险管理的一般步骤和过程，全面整合的视角下进行风险的有效评估与管理。

风险管理的基本步骤一般包括风险管理准备、风险识别、风险评估和风险处置四个基本环节，并在各环节中动态进行风险沟通、风险监测与更新[2]。

1）风险管理准备

首先，通过分析自身情况以及社会、经济和环境等因素，明确需求，制定风险管理目标，建立风险评估标准，包括技术、经济、法律、社会等方面的标准，并考虑可行性的权衡，最后，做好风险管理计划，包括风险管理的组织与工作机制、实施过技术等保障。

2）风险识别

系统查找隐患和薄弱环节，分析各种风险来源和可能产生的后果，从而识别出首要风险。风险识别要回答几个基本问题：可能发生什么（what）？为什么会发生（why）？怎样发生（how）？主要受影响对象是什么（whom）？

3）风险评估

风险评估包括风险分析和风险评价两方面。风险分析是结合风险源自身特点、受灾承受能力、管理者的风险控制能力等因素，分析风险发生的可能性大小和造成程度，从而确定风险级别。风险评价是将风险等级和预先设定的风险评估标准对各种风险进行综合排序，确定管理优先级，为进一步的行动提供依据。

4）风险处置

根据风险评估结果，选择风险处置的策略，包括接受风险、降低风险、规避风险和转接风险。风险接受的策略应用于可接受范围之内的低风险，主要采取监控措施。风险降低是通过针对性的处置措施，减小风险可能性和可能造成的严重后果。风险规避是通过放弃某些可能引致风险的行为，消除风险的原因和避免造成严重后果。风险转移则通过法律、协议、保险或者其他途径，部分或全部转移责任或损失的策略，其中保险是较常见的办法。

5）风险沟通

由于风险涉及风险引致者、风险承受者、风险管理者等多个利益相关方，任何一方的行动都会产生影响，因此他们之间的信息沟通至关重要。不但要在政府组织内部建立信息沟通和沟通机制，还必须加强政府、专家、社会组织、媒体和公众之间的交流，建立面向社会、多方参与的风险管理模式。

6）风险监测与更新

风险监测与更新贯穿于风险管理的全过程，包括对风险本身的监测与更新，以及对风险管理过程、内容与效果的监测与更新。

7.2　应急避难所建设

应急避难所是预先经科学划定并进行规范化管理，在重大突发事件中能给城市居民提供基本生活保障，可用于躲避重大突发事件的安全避难所。应急避难所是由政府建立的，是重大突发事件应急的空间资源储备[3]。

作为国家、地区综合减灾体系的重要组成部分，应急避难所建设对于突发事件中居民安全避难、震后有效救援以及恢复重建等都有十分重要的意义。

建设避难所已经成为应对当前频发突发性事件的重要举措，而应急避难所的规划是其中重要一环，科学合理的规划是应急避难所发挥其最大功能的重要依据。

应急避难所规划的主要原则：

（1）就近便民原则。避难人员应就近按规划确定的避难所避难。避难所在规划时就应该在科学、合理上做到就近便民。

（2）适用性原则。不同级别的避难所应有相应的面积、服务半径及基础设施。具体如表 7-1 所示。

表 7-1　避难所的适用面积、服务半径及基础设施[4,5]

避难所分类	适用面积/m^2	服务半径/m	基础设施
紧急避难所	＞1	270～350	消防用水
临时避难所	＞2	350～800	a. 临时水电、卫生等设施 b. 消防用水 c. 广播设施 d. 临时发电设施 e. 接受灾区外救援信息 f. 夜间照明

续表

避难所分类	适用面积/m²	服务半径/m	基础设施
中长期收容所	>3	<2000	a. 临时水电、卫生等设施 b. 广播设施 c. 临时发电设施 d. 接受灾区外救援信息 e. 安置的组合屋或货柜屋 f. 基础维生素系统

(3) 安全性原则。避难所在规划时就要进行综合安全评价，确保其选址的科学合理，应当避开地震断层、岩溶塌陷区、矿山采空区等地区以及地震次生灾害源；优先选择一些空旷、交通环境好、消防治安等条件好、灾时便于搭建临时帐篷等进行救灾的地域。

(4) 便于救援原则。避难所日常可以用于教育、体育、文娱和其他生活、生产活动，一旦发生突发事件时转换为避难所。

(5) 便于救援原则。避难所应有足够的空间，以保证各类救灾物资的装卸、堆放。工作与生活场所、各类道路均应有明确的标志，防火隔离带与相关配套设施也要齐全，以确保救援工作有序进行。

(6) 深入人心原则。通过平时的应急宣传教育与避灾演习，使广大公众掌握安全避难的方法、措施与注意事项，确保其在突发事件情况下能够通过避难路线到达指定的避难所进行避难。另外，公众还要有自觉遵守与避难相关的法律法规和规章制度的意识。

(7) 灵活性原则。由于大部分灾害具有突发性和与其他次生灾害并发、连发的特点，造成实际灾情与规划设定的灾情不符，故在避难所规划时就要有应对临时突发情况的备选方案。

7.3 应急物资储备

古语云“兵马未动，粮草先行”，合理储备应急物资资源是保障应急管理顺利开展的基础。一个地区的应急能力是由该地区减灾的硬件、软件及其相互关系决定的。因此，应急物资准备不仅是资源准备，更是应急管理能力的准备。根据在突发事件应对活动中作用的不同，应急物资可分为应急期间需要的处置突发公共事件的专业应急物资，在突发公共事件发生后用于救济的基本生活物资及人民生产生活息息相关的重要物资三大类。《突发事件应对法》第三十二条初步建立了应急物资储备制度。我国应急物资储备体系主要由实物储备与能力储备两个部分构成。

1．实物储备

实物储备是指中央及各级地方政府、军队、企业、民间为了应对突发事件，按照一定的储备数量，全部以实物的形式将应急资源储备在各个仓库。

1）政府储备

目前，中央和省级灾害应急救助预案已颁布实施，93％的地（市）和 82％的县（市）都出台了应急救助预案。国家在天津、沈阳、哈尔滨、合肥、郑州、武汉、长沙、南宁、成都和西安等建立 11 个中央级救灾物资储备库。全国 31 个省（区、市）和新疆建设兵团建立了省级救灾物资储备库，救灾仓库建设面积 13.7943 万平方米（含中央级物资储备库），库容 36.8623 万立方米。251 个地（市）和 1079 个县（市）也建立了相应的物资储备库和储备点。政府救灾物资储备体系在应对自然灾害等突发公共事件方面正在发挥着积极重要的作用，在一定程度上解决了受灾群体的生活问题，为在短时间内恢复正常的生产、生活奠定了坚实的基础[6]。

2）军队储备

一直以来，军队都担负着军事物资储备的任务，在资源储备上有着良好的基础和丰富的经验。遇到突发事件时，可以先借用应急资源储备，把应对未来战争的装备资源储备和当前的应急资源储备有机统一起来，使其战时能应战，平时能应急，发挥装备资源储备的最大效能，满足军队多方需求[6]。

3）企业储备

通过签订协议或合同等手段由生产或销售企业代储，利用其经营、生产条件进行应急资源保障。适用于企业储备的资源主要有以下类别：一是所需应急资源中较为通用且市场上资源充足随时可以买到的资源器材；二是市场流通量大，但储存困难或易过期变质的装备资源。

4）个人储备

家庭和个人储备一些必要的个人生活必需品类应急资源，主要有：一定数量的食品、水，必要的御寒衣物，手机、收音机等通信工具以及用于自救互救的小铁铲、改锥等小工具，一定要放置在防震安全、易于取放的地方[7]。

2. 能力储备

1）生产能力储备

生产能力储备是指政府确定一定生产能力的企业作为储备企业，在发生突发事件时，迅速生产应急物资。生产能力储备主要适用于不易长期储存，或者储存需要太大空间的物资，并且转产时间短、生产不需要很长周期的情况。生成能力储备需要注意以下几点。

（1）需要建立生产储备企业的申报制度。建议由应急物资储备领导小组结合当地的情况，向该地区符合储备条件的企业发布生产能力储备的具体产品品种和规模，由企业资源申报储备的产品及其数量。

（2）对于生产能力储备企业，应当由当地财政给予一定补贴，在生产能力储备协议中明确财政补贴的计划。

（3）储备企业应当履行如下的义务：根据当年储备计划平时应备有30％的成品保有量可随时应急调用；一旦突发事件需要，企业应优先服从统一调配；储备企业应定期上报储备品种及各类生产数量。

（4）应急储备领导小组对储备企业的监管责任。应急物资储备领导小组应该定期对储备企业上报的储备品种生产数量进行核查；还应当定期或者不定期到储备企业进行实地检查，对检查中发现问题、出现质量事故、不能按要求做好储备工作的企业，有权取消其承担储备的资格[7]。

此外，还应当建立应急物资生产厂家和供应商名录，签订紧急购销协议，逐步建立起完善的救灾物资供应渠道。

2）人才、技术能力储备

人才、技术储备是指储备相关的关键技术、专业人才，一旦需要某种特殊的应急资源，可以迅速组织专业人才，应用关键技术进行生产，很快满足应急处置的需求。人才、技术储备适用于平时生产数量少、在应急处置中消耗量小、成本较高且专业性很强的特殊应急资源。

要注意收集和储备对于应急资源研制、生产和使用起着关键作用的专业技术人才信息，特别是对于那些数量少、分布较分散及一般技术人员不能替代的特种科技、信息技术人才，如危险化学品应对专家、爆破专家、信息技术专家、网络系统维护人才等，应作为人才储备的重点，并建立与专家的日常联系和信息沟通机制，可以通过建立一个专门储备人才和技术的数据库的形式来实现[6]。

综上所述，应急物资资源准备体系由实物储备与能力储备组成。两者相互联系，互为补充，是物资准备体系的重要组成。但体系的完善仍需开放化的储备方式。参照日本、德国等国的做法，国家储备由政府、社会机构（如协会、企业联盟等）和企业共同承担。除政府建立储备外，对部分品种采取立法强制或通过向企业提供低息甚至贴息贷款等方式，促使和鼓励企业进行储备，我国应当建立多元化的应急物资储备方式。一是实现政府储备与企业储备相结合；二是实现实物储备和生产能力储备相结合。实现物资储备主体的多元化，完善应急物资资源准备体系。

7.4　应急人力资源的组建

应急人力资源准备，也称应急队伍准备，是指为处理各种突发事件，保证应急救援体系的有效运行，从整体上对应急人力资源的组建、管理、培训演练所做的准备。

美国将突发事件分为五级，第五级为最轻微的事件，第一级为最严重的事件。应急队伍包括应急管理队（Incident Management Team，IMT）和应急救援队（如消防队、城市搜救队和医疗队等），并根据突发事件的复杂性也分为五级，具备不同的应急能力。美国应急管理的核心理念是“专业应急”，即应急管理中各个角色必须具备相应的专业能力而政府的领导层主要进行政策、策略以及涉及全局的重大决策。应急管理队 IMT 要求有全面、综合的应急能力，可以妥善处置各类突发事件。政府对应急管理队的各个职位、各个级别都设定了相应的培训要求和考核、资格认定机制。美国应急管理规定第三级及以上的突发事件应急需要相应的应急管理队进行指挥。因此，政府专门建立应急管理队，并按照应急指挥体系组织构建设置其中的职位，发生突发事件时部署到各级应急指挥岗位[8]。

借鉴国外的经验，根据《突发事件应对法》第二十六条规定：“县级以上人民政府应当整合应急资源，建立或者确定综合性应急救援队伍。人民政府有关部门可以根据实际需要设立专业应急救援队伍。”“县级以上人民政府及其有关部门可以建立由成年志愿者组成的应急救援队伍。单位应当建立由本单位职工组成的专职或者兼职应急救援队伍。”基于突发公共事件性质的不同和种类的多样，为应急突发公共事件，一般应当组建以下几个方面的应急队伍。

1）管理人员队伍

突发公共事件的突发性、高度不确定性、复杂性、紧急性、灾难性等特点，决定了对突发公共事件的处理必须及时、准确、果断，这就需要一个能够及时集中、分析、处理各种与危机相关信息并作出决策的管理人员队伍。因此，组建一支统一高效、业务精通、素质过硬的管理人员队伍是应对突发公共事件的首要任务。管理人员队伍按照组织体系、职责的不同，主要分布于领导机构、办事机构、工作机构、地方机构、各企业事业单位不同的组织中。

2）专业救援队伍

现代突发公共事件的各种特点，决定了对突发公共事件的处理不是一个部门和一个人员能够完成的工作，为了正确、及时地应对和处置突发公共事件，必须组建一支反应迅速、机动性高、业务精通、突击强力的专业救援队伍，这是处理突发公共事件的基础，专业救援队伍按照突发公共事件的性质不同，应组建公安（消防）、医疗卫生、地震救援、海上搜救、矿山救护、森林消防、防洪抢险、核与辐射、环境监控、危险化学品事故救援、民航事故、基础信息网络和重要信息系统事故处置，以及水、电、油、气等抢险救援队伍。专业救援队伍的组建，应当按照“一队多用、专兼结合、军民结合、平战结合”的原则，按照处理突发公共事件的特点进行[9]。

3）中国人民解放军、武装警察部队

根据《国家突发公共事件总体应急预案》中规定的“中国人民解放军和中国人民武装警察部队是处置突发公共事件的骨干和突击力量”，可以看出，中国人民解放军和中国人民武装警察部队不仅是保卫国家、维持正常社会秩序的中坚力量，还是处置突发公共事件的骨干和突击力量。

4）专家组

鉴于突发公共事件的突发性和复杂性，对突发公共事件的处理，需要具有专业的现代科学技术知识和管理手段人才，因此各级应急管理机构应当建立各种专业人才库，根据实际情况需要聘请有关专家组成专家组，为应急管理提供决策建议，在必要时可以让他们参加突发公共事件的应急处置工作。

5）非政府组织和志愿者队伍

非政府组织和志愿者队伍是应对突发公共事件的主要力量，他们不仅在直接处理突发公共事件中起到很大作用，还在宣传、培训公众，提高公众自救、互救能力方面发挥重要作用。有些非政府组织和志愿者队伍中有很多专业人士，他们对危机的处理有一定的经验与专业知识，因此各级政府应动员非政府组织及志愿者队伍积极参与应急救援工作。

加强应急志愿者队伍建设，首先要组织协调各级政府和相关部门在技术装备、培训应急预案演练、人身意外保险等方面提供支持和帮助；其次应依托社区、乡村、学校、企业等基层单位及共青团组织，组建一批专业、层次丰富、为公众服务的应急志愿者队伍；最后积极开展应急志愿者队伍的培训和演练，实现应急管理的社会化。

当然，除了上述这几支队伍外，在处置有些突发公共事件时，还可以发动和组织其他相关的应急队伍，例如在防汛抢险工作中，除了专业抢险队伍外，还可以组织群众抢险队、民兵连等组织参加。此外，2009 年国务院提出了《国务院办公厅关于加强基层应急队伍建设的意见》，并制定了建设目标：通过三年左右的努力，县级综合性应急救援队已基本建成，重点领域专业应急救援队伍得到全面加强。且随着应急管理重心的不断下移，基层应急救援队伍必定会成为以后应急救援力量的主体，因此，我们在应急队伍的组建中尤其要注重基层应急队伍的参与[10]。

7.5　应急信息资源准备

应急信息资源准备是在应急准备阶段通过分析应急管理全局的信息需求，对应急信息进行收集、整理、储存操作的一系列活动，为突发事件应急管理实践提供必要的信息支持，以期减除灾害风险，降低灾难损失。因此，应急信息资源准备要解决的关键问题是信息需求分析，只有弄清楚信息需求，才能进行有效的信息准备。

从应急管理的实际需要出发，突发事件的相关信息包括：突发事件信息、预案及法律法规信息、储备资源信息、案例知识信息、专家支持信息。

1）突发事件信息

突发事件的相关属性信息和伴随信息，如突发事件形成的原因、前兆、开始时间、持续时间、发生地点、影响范围、破坏强度、传播速度、动态变化情况等信息。突发事件是实时发生发展的，突发事件信息必须规范、标准化以加速数据处理速度，用通用格式传递数据将正确的信息传递给正确的组织。

2）预案和法律法规信息

应急预案是指为了应对突发事件而预先作出的科学而有效的计划和安排。完整的预案体系包括各级政府的总体预案、各级政府的部门预案、组织及家庭个人应急预案。

应急管理法律法规信息由国家突发事件应对法和各专项法律及中央部门、地方政府出台的相关法规构成。法律法规在危机管理中起到准绳的作用，依法管理是保证应急管理高效、科学、公平的依据。

3）储备资源信息

储备资源信息由物资信息、人员信息和应急避险场所信息构成。包括救灾可调用的救援力量、物资储备、财力信息、避难场所、疏散路线等。储备资源信息一般分为中央级（区域性）、省级、市级和县级四级管理，统一调度。

4）案例知识信息

案例知识信息由发生过的应急管理实践案例、抢险救灾业务知识、应急管理常识、社会经济基础数据构成。没有总结就没有进步，将突发事件的处理总结梳理成特定的模式，修订有针对性的预案，同类突发事件的应对有经验可循，自然得心应手。

知识和常识在应急管理中的作用在于减少遇险人数，并使其能转变为抢险救灾人员，一本指南的作用是难以估计的。基础数据在辅助信息分析中起载体和限制作用。表 7-2 为应急管理重要的常态信息。

表 7-2　应急管理重要的常态信息[11]

信息类型	信息源
人口统计数据，社会与经济信息	国家和地区的统计年鉴 地方的各类统计报表
疾病的发病率和死亡率	卫生部的统计资料 地方的统计资料 医院的统计资料 当地医生的统计资料
营养状况，包括营养失调的状况、饮食习惯等	卫生部、大学的调查 国际组织的调查 当地 NGO 的相关项目
水资源状况	水利部的资料 国际组织的调查 当地 NGO 的相关项目
气候和降雨量	气象分析 当地民众积累的气象习俗
交通运输状况	交通部的资料 当地在经济方面的运算量统计

5）专家支持信息

专家支持信息的作用在于为应急管理工作提供决策咨询和技术支撑。专家在应急管理中承担着理论方法创新和相关人才培养的任务，其掌握的专业知识是不可替代的。合理利用专家信息使危机决策效率提高，事半功倍。

以上五类信息配合应急管理组织体系网络构成了目前应急管理主流的“一网五库”，但都还没有形成很好的利用和维护机制，如何让这些网络数据库运转起来，并真正为应急管理所用是时下理论和实践都要探讨的论题（表 7-3）。

表 7-3　应急信息需求分类

信息类别	所回答问题	具体信息举例	信息源
危机事件信息	事件进展情况	时间、地点、损失	现场简报
预案和法律法规信息	如何处理危机	各种预案、防震减灾法	预案法规库
储备资源信息	有哪些资源解决危机	储备目录、库存量	储备数据库
案例知识库	我们知道什么	时间案例、指南、手册	案例知识库
专家支持信息	专家知道什么	咨询报告、科技通报	专家库

7.6　应急通信

《突发事件应对法》第三十三条规定：国家建立健全应急通信保障体系，完善公共通信网，建立有线与无线相结合、基础电信网络与机动通信系统相配套的应急通信系统，确保突发事件应对工作的通信畅通。

突发事件是不断演变的。这就需要应急管理者进行动态的决策，不断地根据事件的发展发出各种指令，进行应急资源调配。通信就起着信息桥梁的作用，是决定应急决策是否及时和准确的关键因素。“9·11”事件后，警察和消防队伍冲进被撞击的世贸大楼进行救援。由于高温燃烧，玻璃钢体的大楼逐渐倾斜。外面的救援人员万分焦急，却无法和里面的人取得联系，因为内外的通信工具不兼容，导致 300 多名最初响应者不幸遇难。

通信工具除了要兼容之外，还要高中低档搭配。在某些情形下，越是先进的、技术含量高的设备，可能受到外界的局限性就越大。

7.7　应急知识培训与教育

应急知识教育与培训可以在很大程度上提高公众的安全防范能力，而公众的安全防范能力在很大程度上可以避免很多灾害的发生。掌握一些综合的防灾知识是广大公众进行自我保护的有效途径。应急知识与培训的主要内容包括如下。

1）危机意识

居安思危，加强预防意识是防震减灾工作的重要原则，理性的国民危机意识是公共危机管理的基础。国民危机意识的强弱直接关系到政府危机管理的效果。对一个国家而言，理性的国民危机意识是一种宝贵的精神财富，也是整个社会危机管理的基础[11]。

对公众开展的危机意识教育应该主要包括：危机的关注意识、危机的防范意识、危机的道德意识、危机的科学意识、危机的心理承受意识等[12]。

2）应急技能

掌握基本的应急技能，能够在突发事件中增强公众的求生意识，使公众学会在各种恶劣条件下进行自救、互救，或积极寻求援助，最大限度地保护生命，摆脱困境。主要的应急技能可参考广东省人民政府应急管理办公室门户网[13]。

《突发事件应对法》规定，居民委员会、村民委员会、企业事业单位应当根据所在地人民政府的要求，结合各自的实际情况，开展有关突发事件应急知识的宣传普及活动和必要的应急演练。对广大公众进行必要的应急知识教育与培训，成为当前应对突发公共事件的有效途径。其主要形式包括如下。

(1) 学校教育。各级各类学校应当把应急知识教育纳入教学内容，对学生进行应急知识教育，培养学生的安全意识和自救与互救能力。把学校作为应急知识教育的基础阵地，将危机教育纳入相应的课程体系，真正做到危机教育从娃娃抓起。

(2) 专题讲座。社区、相关企事业单位作为整个社会的基本构成单位，其防范能力的强弱对减灾工作的开展起着至关重要的作用。可以以社区或企事业单位为单元，定期或不定期的举办应急知识专题讲座，丰富社区公众的应急知识，使其能在第一时间进行应急自救，最大限度地减少灾害造成的损失。专题讲座具有针对性强、效率高等特点。

(3) 新闻媒体。突发事件应对法规定，新闻媒体应当无偿开展突发事件预防与应急、自救与互救知识的公益宣传。新闻媒体要提高应急宣传教育与培训的自觉性和积极性，充当应急知识教育与培训的排头兵。

(4) 网络。利用现代网络技术，通过建立广大公众喜闻乐见的高水平、高质量的应急教育宣传网站，实现应急信息的充分共享与互动。网站内容建设上，应有针对性地选择一些公众感兴趣的、趣味性的、实用性强的；网站教育形式上，可以通过动漫等形式来传递相关的应急知识，或者以往的经验和教训。

从以往的经验来看，网站的建设是比较容易的，但是网站知名度的提升和网站的推广却容易被忽视[12]。

（5）模拟应急演习。应急知识教育不是纸上谈兵，相关应急单位可以连同社区或者走进高校、企业等进行应急演习，有利于降低突发事件的可能性，促进公众与组织的沟通与合作，增强组织、公众在突发事件中的反应能力[13]。

（6）设立应急宣传日或应急宣传周。在宣传日或者宣传周期间，开展多方面的社会宣传，让公众参观灾害遗址，进行防灾减灾重要性教育，让应急意识深入人心。

除了以上宣传方式外，还可以通过社区板报、橱窗、影像制品、电子媒体等进行广泛的宣传教育。同时，应该提高应急知识教育与培训的有效性，其主要取决于受众人群对宣传知识的掌握程度和受众人群的比例。

7.8 应急演练

在突发事件处置过程中，应急管理实践是对应急预案的最佳检验。但是，突发事件的发生并非经常性的。而且，实战成本过高且不具有可逆性。因此，应急预案更多地要通过演练来进行检验。

一般而言，如果相当长的时间内没有应急活动，一个组织的应急计划需要进行演练。当应急预案进行重大修改之后，应急演练也十分必要。应急演练的益处包括：检查预案的有效性，发现应急响应中存在的问题；磨合应急相关部门，增强彼此的信任与默契；向公众宣传应急预案，进行公关安全教育，提高公共安全意识；检验有关部门的应急行动程序，提高应急行动技能；检验多部门联动的能力，评估彼此之间协调的有效性。

应急演练的过程可以分为六个阶段：需求确定、分析、设计、实施、总结、改进。

（1）所有的演练都来源于需求，包括检验和评估应急规划、程序和体系。应急演练的动因也可能是评估应急组织的绩效或者检验应急技术、装备的性能。演练管理者必须尽早与利益相关者商讨，以获取更多的支持。

（2）在应急演练需求确定之后，有关部门对需求进行分析，并据此确定演练的目标及预期的结果。演练的目的与动机确定之后，应急管理部门应考虑的因素包括：场景，即演练的故事情节；时间；规模；地点；参演人数与结构；费用；装备；参与部门的备勤情况；天气情况；后勤保障；法律法规等。

（3）所谓的“设计”，就是决定应急演练的类型与规模，并编写演练计划。设计的内容包括：确定适当的演练方式；制定演练场景；选择、任命导演人员；确定演练控制需求；决定协调制度；确定管理及后倾需求。

（4）在实施阶段，参演人员要根据演练计划的规定，逐阶段地完成演练的各项任务。在演习开始之前，应急管理部门要向参演人员简要、准确地通报演练的目的及预期结果、安全问题及制度安排、沟通程序与政策、突发情况的处置、事后总结的地点等。导演在确认沟通系统良好、参演人员到位后，宣布演习开始。在演练过程中，导演按照计划控制演习过程。当然，导演也可以根据实际需要，临时改进演习进程，确保预期目标得以实现。在演练任务完成后，导演宣布演习结束。

（5）演练结束后，在总结阶段，参演人员应聚集在一起，讨论演练的过程，向演练管理部门提出问题和建议。这是一个演练评估的过程，内容包括：分析演练过程、查找差距、解决问题、提出改善型建议等。在此基础上，导演或导演指定人员完成演练报告。

（6）演练管理人员根据参演人员的建议，采取相应的措施，矫正演练所暴露出来的问题。这包括修正应急预案，也包括未来举行新的演练，检查改进的结果。

演练的规模和复杂程度决定了演练规划制定人员及参演人员的数量。为了使演练真实、有序，演练要有指定的管理者或管理团队。其主要责任是：确定演练的目标及预期结果；确定演练的范围；进行演练规划；准备演练文件；任命导演人员；监督演练的过程；促进或监督演练总结；编写演练报告；落实演练结果。

应急预案的编制在突发事件的管理中起着十分重要的作用，但这并不等于有了应急预案就一劳永逸。由于应急预案是在突发事件发生过程后应对和恢复的全部行动蓝图，需要认真贯彻执行，所以不允许任何重大的纰漏和失误，否则可能造成重大的损失。应急预案要彻底有效地执行就需要经历多次预案演练，查漏补缺，完善方案，以提高各级管理人员、应急救援人员的指挥水平和专业技能。表 7-4给出了应急演练的重要问题。

表 7-4　应急演练的重要问题[14]

问题	事务
理念	确定需求、指定演练管理团队、明确目标、争取社会支持、制定演练计划等
时间	演练起始时间、持续的时间段、白天或夜间等
地点	演练在哪里举行、占据多大空间等
规模	多少人及机构参加演练及管理等
人员	谁参加演练、谁控制演练进程等
机构	哪些机构参与、是否需要支持机构、组织限制是什么等
费用	准备预算
装备	例如，特殊效果装备

续表

问题	事务
后勤状态	确保所有参演单位处于备勤状态，有能力处置演练期间发生的突发事件等
天气状况	制订方案，防止天气状况不佳
管理	提供管理支持、提供公共信息、考虑保险问题等
后勤	食宿、交通、卫生间、消费品等
法律	法律要求
设计	确定演练类型、场景，选择导演人员等
伤亡模拟	确定伤亡人数、伤者类型、道具、材料等
文件	导演须知、手机使用政策、媒体发布信息、会议记录等
演练实施	沟通监察、跟踪演练进程等
演练结束	损失控制监察、进行简短总结等
评估	详细评估演练
后续	根据演练结果，对应急管理进行改进

7.9　案例分析

2010 年 3 月 28 日 14 时 30 分，位于中国山西省乡宁矿区的华晋焦煤有限责任公司王家岭煤矿发生透水事故。当班下井 261 人，升井 108 人，153 人被困井下。经过八昼夜的抢险救援，于 4 月 5 日成功救出 115 人；直至 4 月 26 日，最后一名被困工人遗体找到，事故抢险救援工作才正式结束；事故共造成 38 名工人遇难。国务院事故调查组已正式成立，并开始对事故展开调查。仔细分析新闻媒体发布的信息，不难看出，这起事故的发生及抢险救援过程具有非常典型的当代中国特色。分析这起事故的发生及抢险救援过程，有助于了解当前中国事故灾难应急准备的现状，反思存在的问题，可为进一步完善中国事故灾难应急准备体系提供一些有益的启示[15]。

结合本次事故的发生和抢险过程，可以发现我国事故灾难应急准备体系方面需要进一步加以改进的一些薄弱环节。

（1）从应急“准备/预防、预警、响应和恢复”全过程来看，事发企业在预防和预警方面都存在疏忽。该矿施工过程中未严格执行煤矿防治水规定等法规，掘进工作面探放水措施没有落实；为了赶工期、赶进度，当班安排 14 个掘进队同时作业，作业人员过度集中；施工安全措施没有落实，工作面出现透水征兆后，没有发布预警并及时撤人和采取有效应对措施等[16]。这类现象在中国许多企业普遍存在，因而重特大事故频发且后果严重。为此，应该将事故灾难纳入“应急准备/预防、预警、响应和恢复”全过程进行管理。

(2) 从应急能力的角度来看，此次事故几乎动用了国内最先进的抢险排水资源，但在大功率排水泵的安装和管道铺设、被困人员探测等方面仍有很大的差距，延缓了抢险救援的进程。有必要在抢险救援装备技术、安装工艺、专业队伍技能、培训演练等方面进一步完善。

(3) 从应急准备体系建设规划的角度，我国还没有建立各类应急能力的建设标准及评估方法，也没有明确的应急准备体系建设规划编制要求及指导规划编制的方法。因而，很容易造成应急能力建设的不平衡，布局不合理，出现能力缺失或者重复建设现象。应该进一步加强和规范应急准备体系的建设规划和实施。

(4) 从应急准备活动的持续改进过程来看，从国家到企业都还没有建立起应急准备自发持续改进的机制，大多数应急准备活动还是即兴式、政府号召式或事故（事件）推动式。如应急预案，虽然在政府的大力推动下，预案的数量不少，但其质量普遍不高，大多没有建立持续改进的机制。

(5) 从应急准备的基础层面来看，应急相关的法律还不完善，社会公众的公共安全意识和应急准备自觉性不高，没有形成积极主动的应急准备文化。特别是在当前高风险行业农民工比重大、工人劳动和安全权益缺乏有效保障机制的情况下，更应该强化全社会的安全意识和培育积极主动的应急准备文化。

例如：在基层生产单位（掘进队或车间等）应建立工人安全与应急志愿组织，以经验丰富的老工人为骨干，通过定期培训、演练和检查，提高事故预防和自救互救能力；同时应进一步强调现场作业人员拒绝违章指挥与冒险作业的法定权利。

参考文献

[1] 薛澜，张强，钟开斌. 危机管理：转型期中国面临的挑战 [M]. 北京：清华大学出版社，2003：56.

[2] 姜安鹏，沙忠勇. 应急管理实务——理念与策略指导 [M]. 兰州：兰州大学出版社，2011.

[3] 吴宗之，蔡嗣经，蒋仲安. 基于模糊集值理论的城市应急避难所适应能力评估方法研究 [J]. 安全与环境学报，2005，6：1.

[4] 李传贵，张晓锋. 城市灾害与应急避难场所规划问题分析 [J]. 安全，2006，5：6.

[5] 蒲德群，刘西拉. 特大城市安全设施：应急避难所的建设 [J]. 四川建筑科技研究，2007，2：155.

[6] 邵宏，赵道致，李华，等. 应急资源的多元信息化储备 [J]. 未来与发展，2008，8：21-26.

[7] 张红. 我国应急物资储备制度的完善 [J]. 中国行政管理，2009，3：44-47.

[8] 陈涛. 标准化的应急指挥体系与专业化的应急队伍 [J]. 中国应急管理，2009，2.

[9] 沈红. 政府危机管理机制研究 [M]. 石家庄：河北人民出版社，2006：76-78.

[10] 雷晓康，希恒. 突发公共事件的危机管理 [M]. 西安：陕西人民出版社，2006：137-139.

[11] 张成福，唐钧，谢一帆. 公共危机管理理论与实务 [M]. 北京：中国人民大学出版社，2009：334-336.

[12] 肖鹏军. 公共危机管理导论 [M]. 北京：中国人民大学出版社，2006：255.

[13] 广东省人民政府应急管理办公室门户网. 你准备好吗. http://www. gov. cn/yjgl/2005-08/03/content _ 19186. htm [2010-4-12].

[14] 陈立梅. 突发公共事件应急管理宣传教育对策研究 [J]. 南京邮电大学学报（社会科学版），2007：21-22.

[15] 秦启文. 突发事件的预防与应对 [M]. 北京：新华出版社，2008：124-125.

[16] 王宏伟. 应急管理导论 [M]. 北京：中国人民大学出版社，2007.

[17] 李湖生，刘铁民. 从“3. 28”王家岭煤矿透水事故抢险救援反思中国事故灾难应急准备体系 [J]. 中国安全生产科学技术，2010，6（3）：6-12.

[18] 国家安全监管总局国家煤矿安监局. 关于华晋焦煤有限责任公司王家岭矿“3·28”透水事故的通报，安监总明电 [2010] 13 号. http://www. chinasafety. gov. cn/newpage/Contents/Channel _ 6288 /2010 /0331 /89000 /content _ 89000. htm [2010-03-30].

第8章 突发事件监测与预警

从《中华人民共和国突发事件应对法》中有关突发事件信息监测与预警的条款可以看出：突发事件信息监测与预警的主要作用是采集、储存、分析、传输有关突发事件的信息，并加强跨部门、跨地区的信息交流与情报合作。目前，政府和社会在突发事件应急管理的过程中越来越深刻地意识到突发事件信息监测与预警的重要性。关口前移是国家和政府突发事件应急管理的发展趋势，而对突发事件进行监测预警可以防止人们在危机来临时不知所措。因此，突发事件信息的监测和预警就是实现关口前移的必然途径。

8.1 监测预警概述

监测是突发事件应急管理的第一步，同时也是突发事件信息预警和应急处置的基础。《突发事件应对法》第四十一条规定："国家建立健全突发事件监测制度。县级以上人民政府及其有关部门应当根据自然灾害、事故灾害和公共卫生事件的种类和特点，建立健全基础信息数据库，完善监测网络，划分监测区域，确定监测点，明确监测目标，提供必要的设备、设施，配备专职或兼职人员，对可能发生的突发事件进行监测。"若突发事件信息不畅、不全面、失真，必然会影响对突发事件的决策，妨碍突发事件的应急处置工作，因此，为了有效地应对自然灾害、事故灾害、公共卫生事件等突发事件，必须及时掌握有关信息，对可能发生自然灾害、事故灾害、公共卫生事件的各种现象进行监测。

突发事件的早发现、早报告、早预警是及时做好应急准备、有效处置突发事件、减少人口伤亡和财产损失的前提，因而近年来突发事件预警得到政府的普遍重视。突发事件预警是根据有关突发事件的风险评估结果，依据突发事件可能的危害程度、紧急程度和发展势态，确定相应预警级别，标示预警颜色，并向社会发表相关信息[1]。

8.2 监测预警的原则

1）及时性原则[2]

突发事件预测预警机制功能实现的前提是：在突发事件发生之前，识别存在的各种威胁。在此基础上，采取适当的措施发出警报，敦促社会公众采取行动，避免突发事件的发生或者最大限度地减轻突发事件的影响。预测预警机制如果不能及时发现潜在的风险并传递相关的事情，也就不能为提前采取相应措施赢得宝贵的时间，其存在也就失去了意义和价值。

《国家突发公共事件总体应急预案》规定："各地区、各部门要针对各种可能发生的突发公共事件，完善预测预警机制，建立预测预警系统，开展风险分析，做到早发现、早报告、早处理。"这就体现了及时性的原则。

2）准确性原则

准确性原则要求突发事件预测预警必须从客观实际出发，尊重历史和现实资料，分析突发事件相关因素之间的本质联系以及突发事件的演化、发展趋势，进行准确的预测和警报。警报一旦发出，公众采取应对措施，这产生了一定的成本。如果预警不准确，付出的成本就不会带来预期的收益。长此以往，公众对预测预警的信任度就会降低，进而导致人们对预警信息的熟视无睹，预测预警机制将名存实亡。

3）全面性原则

全面性原则要求预警信息覆盖所有的利益相关者，而不能出现挂一漏万、顾此失彼的现象。在突发事件中，损失的降低程度通常与获得警报的人数成正比。为此，在预警信息的传播中，我们要调用多样化的信息传递渠道，不仅要运用现代化的信息手段，如电话、广播、互联网、手机等，也要兼顾传统的预警方式，如高音喇叭、鸣锣敲鼓、奔走相告等。同时，传播预警信息要特别关注弱势群体，如鳏寡孤独者、残疾人、语言不通的外国人、老人、妇女、儿童等。

能否落实突发事件预测预警机制建设的上述三个原则，直接影响着预测预警的效果。我们可以用这样一个公式来表述，即

$$预测预警的结果=及时性\times准确性\times全面性$$

换言之，预测预警的效果与其及时性、准确性和全面性成正比。预测预警越及时、越准确、越全面，则预测预警的效果越好。

此外，突发事件预测预警机制的构建要特别注意处理好以下三个方面的关系：

一是政府主导与公众参与的关系。在中国这样一个政府主导的社会中，应急管理预测预警机制的构建和运行都离不开政府，但是，预测预警机制要为社会公众的参与预留一定的空间。社会公众的参与不仅可以分担政府在预测预警的负担，而且还可以促进人防与技防相结合，提高预测预警的效率。

党中央指出，要"建立健全社会预警体系和应急救援、社会动员机制，提高处置突发事件能力"。

二是以人为本与依靠科学的关系。预测预警必须依靠科学，但更要以人为本。科学是手段，人的需要才是目的。在构建预测预警机制时必须以公众的需要为中心，以最终效果为导向。预测预警多一些人性化的关怀，预警的效果将会更加突出。比如，《国家突发公共事件总体应急预案》规定："预警信息的发布、调整和解除可以通过广播、电视、报刊、通信、信息网络、警报器、宣传车或组织人员逐户通知等方式进行，对老、幼、病、残、孕等特殊人群以及学校特殊场所和警报盲区应当采取有针对性的公告方式。"

三是常态与非常态的关系，在平常状态下为迎接非常态的挑战做好全面的准备。

8.3　监测预警流程

突发事件信息监测包括对突发事件信息的采集、研判和编报三个主要环节，如图 8-1 所示。突发事件信息监测贯穿于"平时"和"战时"两种状态当中。在"平时"状态下，突发事件信息监测主要是对监测范围内进行 24 小时全天候监测，以及进行日常数据的管理工作。当某个信息指标，即突发事件的征兆超过警戒值时将会发出预警信号，并进入"战时"状态。

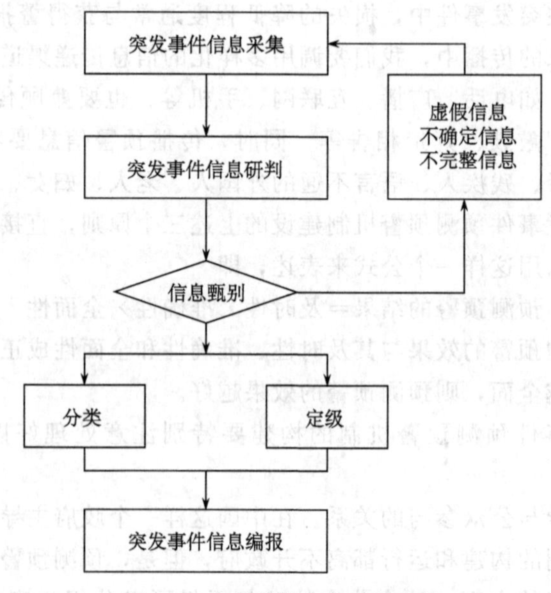

图 8-1　突发事件信息监测流程

突发事件预警首选是对危险要素的持续监测并对警兆进行客观分析，作出科学的风险评估。如果风险评估的结果显示突发事件不会发生，则返回继续监测；

如果风险评估的结果显示突发事件可能发生，则向社会公众发出警示信号；当社会公众采取有效的响应行动，预警结束。如图 8-2 所示。

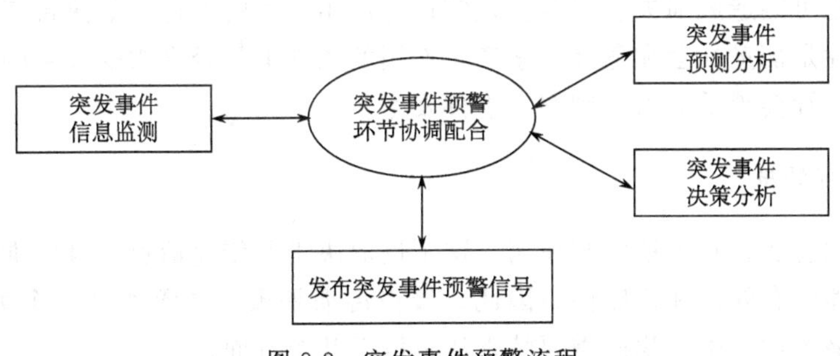

图 8-2　突发事件预警流程

1）突发事件预警中的信息监测

突发事件预警中的信息来源于突发事件信息监测。

2）突发事件预警中的信息分析

突发事件预测贯穿于整个应急管理的监测与预警活动中。对突发事件的预测主要是对预测得来的信息进行鉴别、分类、定级和分析。

3）突发事件预警中的信息输出

突发事件预警的最终目的就是及时向应急管理机构和社会公众发出预报，使他们采取正确的措施避免或缓解突发事件的发生。当发出预警信号后，就进入应急管理中的应急处置环节，此时也就意味着突发事件预警的结束。

无论是突发事件预警中的信息监测、信息分析还是预警信号的发布，任何突发事件预警的功能实现都需要预警管理中各环节的紧密配合和相互协调。为了避免预警管理中各环节产生混乱，政府有必要建立突发事件预警系统，采取现代计算机和各种先进的信息化系统将突发事件预警管理的各个环节紧密联系在一起，为避免或缓解突发事件的发生提供坚实的保障[3]。

8.4　监测预警重点

1. 开展风险评估

突发事件风险评估是预测预警的重要内容，是承上启下的环节：一方面，它是对人们通过科学监测手段获得的数据的加工与处理；另一方面，它是人们作出报警决策的基础和依据。

一般认为，突发事件的风险由危险要素与脆弱性两个因素共同决定。其中，危险要素是可能造成损失、对社会正常运行产生干扰的事件，如热带气旋、滑坡等。脆弱性是衡量社会在危险要素产生作用的条件下是否会遭受危害的指标。如果风险大于社会承受能力，则突发事件发生。

2. 正确发布警报

预测预警能否真正地发挥作用，这不仅取决于所传递信息自身的准确性，也取决于传播的有效性和快捷性。因此，警报传播是预测预警的又一个关键环节。在警报传播的过程中，我们需要特别注意以下几个方面。

1）警报传递信息

警报所传递的信息要充分考虑到人的特定需要，实现以受众为导向。但是，受众的情况千差万别，拥有不同的教育水平、不同的经济实力、不同的民族身份和信仰、不同的语言、不同的健康状况、不同的灾害经历等，这些都应成为警报传播过程中要特别关注的内容。

警报的语言必须简洁、清晰、易懂，避免使用冗长、晦涩的专业语言；警报的内容一定要表述清楚可能发生的突发事件将带来的威胁和影响，考虑到受众的价值判断与利益权衡等因素，对社会公众采取有针对性的相应措施提出建议；警报发布的对象仅限于可能受到突发事件影响地区的公众，以免出现警报扰民的现象；警报的发送应该考虑与其受众的文化、社会、性别、语言、教育程度等背景的差异，做到有的放矢。因此，我们需要研究人们获取警报的具体途径以及不同的群体阐释警报的方式，在警报传播的过程中充分考虑到人的特定需要。

2）警报传递手段

警报传递手段必须是有效的，应具备以下特征：第一，多样性。警报传播媒介既包括报纸、广播、电视、网络等大众传媒，也包括奔走相告等人际传播方式，还可以借助无线电爱好者等特殊群体的特殊传播渠道。当然，我们也可以多种手段并用。第二，针对性。警报传播要针对不同的群体采取不同的手段，如在广播、电视信号无法接收的情况下，可以采取发警报或奔走相告的方式。第三，全覆盖性。警报的传播要确保可能受到突发事件影响的所有公众都能知晓警情。通常，应急部门应保持对特定群体发布警报手段的稳定性和经常性，使其能够密切关注相关信息。第四，互动性。警报传递手段最好具备双向可达性，以便于社会公众及时反馈警报接收信息。

人们在选择警报传递的手段时可考察以下几个指标：一是精确性，即是否可将警报传递给精确锁定的受众，而不影响其他的公众；二是渗透力，警报引起风险承受主体的关注程度；三是具体程度，即警报描述威胁、脆弱性等内容的详细程度；四是易被扭曲的程度；五是传播速度；六是发送和接受的资源需求。

3）警报传递制度

通常，警报信息传递要由社会公众所信赖的权威机构完成，如气象局发布天气灾害预警、卫生局发布公共卫生事件预警等。但是，非政府组织、志愿者机构等社会力量经过必要培训后，也可以在警报传递的过程中发挥十分重要的作用。他们具有庞大的组织、联系网络，能够及时地将警报传递给自己的成员；他们具有很强的亲和力，能够使传播的信息为广大社会公众所理解和接受。

一般而言，政府要负责警报原始信息的发布，以保证信息的真实性和权威性，杜绝流言和谣言。在警报传播过程中，多个主体可以参与其中。但是，政府必须制定相关法律，约束其他主体的传播行为，严禁故意发布虚假警情或故意夸大、缩小警情，避免有人趁机造谣惑众。

不仅如此，突发事件发生变化，警报也要相应地进行调整。对此，我国突发事件应对法规定："发布突发事件警报的人民政府应当根据事态的发展，按照有关规定适时调整预警级别并重新发布。有事实证明不可能发生突发事件或者危险已经解除的，发布警报的人民政府应当立即宣布解除警报，终止预警期，并解除已经采取的有关措施。"

3. 促使公众采取响应行动

社会公众根据所接收的警报采取必要的响应行动，减少了突发事件所造成的损失，预测预警的目的才最终达到。也就是说，预测预警既要通过警报给特定的社会公众以一定的刺激，也需要社会公众对警报作出相应地反应。在"卡特里娜飓风"中，美国气象部门对风速、降雨量等预测得很准确，并在几个小时之前就已经发生预警，但是，由于种种原因，公众和政府对飓风预警响应不足，最终导致了一千多人丧生的巨灾。

社会公众对警报作出适当响应的概率受两个因素的影响：一是对警报可靠性的评判；二是对风险的认知。如果公众认为警报不可靠，那么，他们就不会采取行动；如果公众低估或高估了风险的严重性，那么，他们就会响应不足或响应过度。

为了增强警报的可靠性，首先需要确保警报的原始发布由公众所信赖的权威机构完成，并在警报传递的过程中注意维护其真实性，防止被扭曲。其次，由于突发事件风险具有高度的不确定性和动态演变性，错误警报的发布与传播在所难免。但是，有关部门必须尽最大努力，减少错误警报的发生概率，并进行持续性的改善，以保持社会公众对于预警的信任。

同时，为了提高社会公众对风险的认知能力，我们必须加强公共安全教育，增强社会公众的应急意识和应急技能，具体措施包括：使社会公众掌握有关警报传播的知识和鉴别警报来源可靠性的技能；在学校教育中设立公共安全课程，增强社会公众的风险意识，等等。

此外，社会公众在突发事件预警后的响应能力还取决于应急准备响应计划的完备程度。应急计划，即应急预案必须具有针对性、可操作性和持续改进性，否则就不能发挥作用。

具体而言，所谓针对性，是指灾害准备与响应计划是根据某个单位或社区的具体需求、参照风险评估的结果而编制的；所谓可操作性，是指灾害准备与响应计划具有较高的应用价值，可以在接到警报后明确“什么事”、“怎么办”、“找谁办”等基本问题，并经常性地举行演练以验证计划的有效性；所谓持续改进性，就是指不断地对已发生的灾害事件及响应行动进行分析和总结，并将所得出的经验和教训纳入应急准备与响应计划。

在预测预警的响应行动中，社区的作用十分重要。社区要经常进行响应能力的估评，开展志愿者培训活动和社区公共安全教育，不断提高社区应急响应能力。

8.5 案例分析

1）气象灾害监测与预警

2009 年，全国气象部门加强气象监测预警工作，积极应对各种气象灾害，大力提高气象灾害监测、预报、预警、服务水平，应急管理能力得到进一步加强。

从气象监测入手，加强监测预警效果。2009 年，从年初的干旱到新中国成立 60 周年庆典等重大活动的气象服务特别工作状态，从应对台风和暴雨（雪）到重大地质灾害和事故灾难应急救援气象应急服务，从气象部门流感防范到内部重大突发事件处置，中国气象局均以监测为先导，预警为载体，适时启动应急预案。全年中国气象局共启动应急预案 15 次，应急时间达 83 天，派出现场工作组 12 个，应急监测处置能力明显增强。

加密观测和监测，随时提供监测报告。为使气象应急的监测预警更有效，中国气象局在全国建立了天气监测网，在此基础上建立了区域气象监测网，用于应急加密监测。全年以《中国气象局值班快报》形式共向国务院应急办报送监测预警信息 550 期，其中 32 期有国务院领导同志的重要批示（37 人次）。落实重大气象服务保障任务 242 期。

加强气象部门应急预案体系建设，依照规定要求开展监测预警。《国家气象灾害应急预案》于 2009 年 12 月 11 日以国务院办公厅文件下发全国执行，至此全国气象部门“横到边、竖到底”的预案体系初步建立。为使全国气象部门的监测预警规范统一，收集了省级及其以上的 157 项气象应急预案进行了分类整理和汇编，编印《气象部门应急预案》上下册，分发全国气象部门使用。为提高气象监测预警信息服务的科学性、时效性和主动性，组织完成了中南海自动气象站建设，首次为中南海实时提供了气象监测和全国城市天气预报信息服务。

监测预警离不开人员素质的提高。加强气象监测预警应急培训，提高应急人员素质是气象监测预警不可分割的内容，年内举办了分管应急管理工作的处级领导人员培训班，各省（区、市）气象局、各直属单位 50 位同志参加了学习。开展了面向地县级气象部门从事应急管理、防灾减灾工作的相关人员的突发事件应急管理远程培训，增强基层气象应急人员的应急工作意识，提升了监测预警应急管理水平。举办了全国省级气象部门应急值守培训班，全国 40 位省级气象应急值守人员参加了学习，交流了一线应急值守人员工作的好经验好做法。使气象应急管理人员明确了监测预警的标准和程序，懂得了自己的岗位职责，全面掌握了各类气象应急事件的监测预警的主要内容，提高了突发事件总体应对能力[4]。

2）甘肃省舟曲县灾后恢复重建滑坡灾害监测预警系统

2010 年 8 月 7 日 22 时许，甘南藏族自治州舟曲县突降强降雨。县城北面的罗家峪三眼峪泥石流下泄由北向南冲向县城造成沿河房屋被冲毁，泥石流阻断白龙江，形成堰塞湖。舟曲县城不可能整体迁移。舟曲县的重建肯定是原址原建。舟曲大部分地方都是高坡陡崖，交通不便，自然条件恶劣。特殊的地质环境孕育了众多地质灾害点。为保障人民群众生命财产安全，在舟曲灾后恢复重建中，滑坡灾害监测预警系统起着非常关键的作用。

甘肃省舟曲县灾后恢复重建滑坡灾害监测预警系统是一个集结构分析计算、计算机技术、通信技术、网络技术、传感器技术等高新技术于一体的综合系统工程。它的作用是成为一个功能强大，并能真正长期用于结构损伤和状态评估，满足位移监测需要，同时又具有经济效益的结构健康安全监控系统。监测的内容和任务包括：

（1）针对甘肃省舟曲县不同地质灾害点具体特征、影响因素建立较完整的监测剖面和监测网使之成为系统化、立体化的监测系统。

（2）及时快速地对不同地质灾害点的现状作出评价，并进行预测预报。将可能发生的危害降到最低限度。

（3）能够为各个滑坡体建立起地表位移变化、内部位移变化和水位变化的系统监测网络，建立管理平台。各级地质环境监测主管部门都能实时的了解滑坡体的安全状况以便及时采用相应的管理措施。

（4）监测滑坡体地表形变区的位移变化动态、内部位移变化的动态和滑坡体内部水位变化动态对其发展趋势作出预测预报[5]。

参考文献

[1] 汪永清. 中华人民共和国突发事件应对法解读［M］. 北京：中国法制出版社，2007：93.
[2] 姜平. 突发事件应急管理［M］. 北京：国家行政学院出版社，2011.
[3] 姜安鹏，沙忠勇. 应急管理实务——理念与策略指导［M］. 兰州：兰州大学出版社，2011.
[4] 魏礼群. 2010 中国应急管理报告［M］. 北京：红旗出版社，2010.
[5] 上海华测导航技术有限公司. 甘肃省舟曲县灾后恢复重建滑坡灾害监测预警系统［J］. 数字通信世界，2012，8：64-65.

第 9 章　突发事件应急处置管理

突发事件的处置是应急管理的核心环节。采取了严格的防范措施，有时并无法完全避免突发事件的发生。当突发事件发生后，需要在精心准备的基础上，根据突发事件的特点、性质和危害程度，及时组织相关部门，调动各种应急资源，对突发事件进行有效的处置，以降低突发事件对社会公众生命、健康与财产危害程度，消除突发事件带来的各种影响[1]。

9.1　突发事件应急处置原则

应急处置是应急管理最重要的实施阶段。尽管我们采取了严密的防范措施，但是并不是所有的危机都能够通过舒缓和准备得以避免。面对突发事件，如何在准备的基础上，及时组织相关部分，调动各方面应急资源，采取有效手段应对，从而尽快控制事态发展，最大限度地减少突发事件造成的损害，尽快进入恢复重建阶段。

总结国内外突发事件处置的实践经验，突发事件处置应遵守以下六条基本原则。

1）安全第一、以人为本

应急处置最重要原则是保证人的生命安全。坚持以人为本，就是无论在什么情况下都要确保人的生命安全和健康，绝对不能拿生命当儿戏。在应急处置过程中，最重要的目标和举措都要首先确保人的生命安全。同时，也要特别注意保护应急队伍自身的安全。实际上在极端危难的情况下，保护不了自己的安全，就无法救护别人。每一个应急指挥员，都有责任保障救援队伍的安全，任何一级指挥员都没有权力因为财产等物质原因让应急人员冒生命危险。在保障应急抢险人员安全方面，我们有惨痛的教训，如在“6·16”某染织厂特大火灾救援活动中，在大火已被扑灭后，消防队员和企业职工进入厂房清理现场，厂房突然坍塌，造成 90 多人死亡，100 多人重伤的严重后果。最近几年也曾发生过几起类似的事件[2]。

2）统一指挥、协调一致

应急指挥要求参与应急救援的各个单位服从应急指挥部的统一指挥协同，统一号令，步调一致，令行禁止；应急指挥最基本功能就是统一协调执行应急救援任务各单位之间的活动，使各参与单位既能充分发挥自己的作用，又能相互配合，提高整体效能。一般情况下，在同一时间、地区执行应急任务的各专业队伍都应紧密配合执行主要任务的队伍行动；尤其是在跨行业、跨领域、跨地区乃至跨国界的重大事故灾难中，更应强调在一个共同的指挥系统内实现高度统一协同指挥[3]。

3）社会动员，协调联动

突发事件常常涉及范围广、社会影响大，超出某个部分或地方政府的控制能力，需要开展社会动员、实现协调联动。一是整合政府、企业和社会各方面的力量，形成共同处置突发事件的格局，发挥整体效能；二是突发事件发生地政府与周边地区政府建立协同响应的应急关系，实现应急联动，统筹调动人力、物力、财力等各方面资源；三是要充分发挥武装力量在应急处置中的先锋突击队作用，体现军民结合、平战结合的精神。

4）属地管理，先期处置

突发事件应急处理必须坚持属地管理为主，及时地展开先期处置，防止事件进一步升级，尽可能地减少突发事件给人民的生命财产安全带来危险和损失。属地身处突发事件的事发地，熟悉当地情况；属地可以在第一时间内赶到突发事件事发现场，有助于把突发事件消除在萌芽状态。

5）依靠科学，专业处置

在应急处置过程中，要充分应用现代科技成果，避免不顾科学的蛮干。同时，也要充分利用专业人员的专业知识、专业能力、专业装备，实现专业处置。突发事件应急处置往往是综合性的，但处置必须尊重科学，体现专业处置的原则。否则，突发事件的危害就有可能进一步升级，甚至危及应急救援者生命安全。切尔诺贝利核电站泄漏事故发生后，苏联政府派出国防部与内务部所属军队36万人进行灾害处置，参加灭火及消除核污染的行动。内务部所属的消防人员由于缺乏核辐射防护知识和装备，伤亡严重。在防化部队、工程部队和国土防空部队投入救灾行动后，这种被动局面才得以扭转。特别是防化部队具有专业化的防化、防辐射技能，并且配备了齐全的防化装备，在事故的处理中起到了重要的作用。这一事例说明，必须坚持“科学应急”的原则，充分发挥应急专家和应急专业人员的作用，使突发事件处置能够科学、有序地进行，进而减少不必要的生命、财产损失。

6）控制局面、防止危机

突发事件的后果与影响往往难以预料，应急处置稍有不慎，就可能改变事件的性质，造成失控状态，甚至演变为危机，对人民的生命财产安全造成严重威胁，使政府处置危机时面临更紧迫的时间压力和复杂多变的局面，给应急恢复重建带来更大困难和更高成本。因此，在整个应急响应过程中，必须防止危机出现，各项处理措施要坚决果断，要尽快使应急救援队伍达到现场并迅速展开行动[3]。

9.2　突发事件应急处置流程

为了科学、高效地处置突发事件，必须为突发事件处置确立工作流程。流程可以归纳为九个重要环节。

1）接警初步研判

应急管理部门及 110、119、120、122 等单位的值班人员，在接到事发地有关部门或社会公众的报警后，应详细询问，记录包括事件发生的时间、地点、性质、规模及人员伤亡或财产损失情况等。然后，根据突发事件的严重程度，及时向相关领导报告。有关领导在接到报告后，应尽快、尽早组织相关工作人员，对突发事件的级别和管辖范围进行初步的研判。如果突发事件超出自身管辖范围时，应迅速向上级机关报告。

突发事件处于不断的演变之中，具有高度不确定性。因此，突发事件初始阶段的研判往往并不准确。它需要领导干部具有把握全局、审时度势、高瞻远瞩的素质和决断力。一般情况下，在突发事件损失情况不明的情况下，对级别的判断应本着“就高不就低”、“宁可信其有，不可信其无”的原则。

2）属地先期处置

我国应急管理体制的特点之一是坚持属地管理为主。无论是哪一级的突发事件发生，事发地人民政府在迅速上报的同时，应派人员迅速赶往突发事件现场，核实、观察突发事件的情况和发展态势，并就近组织应急资源进行先期处置，防止突发事件扩大升级。与此同时，现场工作人员边处置、边汇报，不断将突发事件的最新信息传递给应急管理部门。

在先期处置的过程中，应急管理人员应该先避险，再抢险，组织事发现场周围的社会公众进行有效地应急疏散。在确保突发事件不会对周围社会公众造成新的损害后，现场应急管理人员开展抢险救援。在遇险群众危在旦夕的情况下，应急管理人员也可同时进行周边公众的疏散和抢险救援，但前提是确保周边公众不会受到伤害。

3）启动应急预案

当突发事件的级别被确定后，按照分级响应的原则，拥有相应管辖权的地方政府应启动应急预案，调集应急救援队伍、应急救援物资，派出应急协调人员和专家赶赴突发事件现场，并成立突发事件现场指挥部。相关部门应全力保障救援队伍和救援物资到达事发现场。当然，在突发事件继续扩大升级的情况下，所启动预案的级别应相应地做出调整。

4）现场指挥协调

现场指挥部应由有关部门、军地领导、专家学者联合组成，履行对突发事件处置进行协调的职能。现场指挥部应根据突发事件的现状和趋势，科学、合理、果断地确定应急救援方案。现场指挥部一经成立，就必须被赋予现场救援的完全管辖权。各级领导可对现场指挥提出建议。

5）展开应急救援

在应急救援的过程中，各相关部门应各司其职、密切协作，有关队伍服从指挥、相互配合。公安干警应封锁现场，设立警戒区域，进行交通管制，维护现场秩序，确保道路交通畅通，并防止刑事犯罪发生；医疗卫生部门应派出医护人员赶赴现场，救治、转运伤员；环保部门应对事故现场进行环境监测；专业救援队伍应携带专业救援装备赶赴现场救援。需要说明的是，应急救援必须对现场的危险源进行监测，保护受困人员和救援人员的安全，防止次生、衍生灾害发生。

6）适时扩大应急机制

在进行突发事件处置时，如果事态升级，难以遏制，突发事件现场指挥部应启动扩大应急机制，及时向上级部门请求支援，加大应急救援队伍、装备、物资、技术等方面的投入力度，防止突发事件的进一步恶化。

7）加强信息沟通

突发事件现场指挥部将突发事件的发展情况和处置的信息及时上报给有关政府领导。同时，还应建立新闻发言人制度，将处置的最新信息发布给社会公众，以避免谣言和流言，做好社会舆论的引导工作。

8）进行临时恢复

应急救援活动结束后，环保部门和卫生防疫部门要对灾区进行监测，防止流行病等次生、衍生灾害的发生。同时，有关部门要清理现场和废墟，进行人员清点和撤离，解除警戒，开展善后处理和事故调查。

9）救援行动结束

应急预案关闭，应急救援行动结束。当突发事件的威胁和危害得到控制或消除后，履行统一领导职责及组织处置工作的应急管理部门，应当即刻停止已采取的应急处置措施。

9.3　突发事件处置的主要措施

突发事件处置的目的是为处置与救援工作的顺利开展创造条件，维护公共安全和社会秩序。突发事件的处置必须依照相关法律规定，坚持依法处置。我国相关法律法规对此给出了明确的规定。

1. 自然灾害、事故灾难和公共卫生事件处置的措施

我国《突发事件应对法》第四十九条规定：自然灾害、事故灾难或者公共卫生事件发生后，履行统一领导职责的人民政府可以采取下列一项或者多项应急处置措施：

（1）组织营救和救治受害人员，疏散、撤离并妥善安置受到威胁的人员以及采取其他救助措施。

（2）迅速控制危险源，标明危险区域，封锁危险场所，划定警戒区，实行交通管制以及其他控制措施。

（3）立即抢修被损坏的交通、通信、供水、排水、供电、供气、供热等公共设施，向受到危害的人员提供避难场所和生活必需品，实施医疗救护和卫生防疫以及其他保障措施。

（4）禁止或者限制使用有关设备、设施、关闭或者限制使用有关场所，中止人员密集的活动或者可能导致危害扩大的生产经营活动以及采取其他保护措施。

（5）启用本级人民政府设置的财政预备费和储备的应急救援物资，必要时调用其他急需物资、设备、设施、工具。

（6）组织公民参加应急救援和处置工作，要求具有特定专长的人员提供服务。

（7）保障食品、饮用水、燃料等基本生活必需品的供应。

（8）依法从严惩处囤积居奇、哄抬物价、制假售假等扰乱市场秩序的行为，稳定市场价格，维护市场秩序。

（9）依法从严惩处哄抢财物、干扰破坏应急处置工作等扰乱秩序的行为，维护社会治安。

（10）采取防止发生次生、衍生事件的必要措施。

2. 社会安全事件处置的措施

我国突发事件应对法第五十条规定：社会安全事件发生后，组织处置工作的人民政府应当立即组织有关部门并由公关部门针对事件的性质和特点，依照有关法律、行政法规和国家其他有关规定，采取下列一项或多项应急处置措施。

（1）强制隔离使用器械相互对抗或者以暴力行为参与冲突的当事人，妥善解决现场纠纷和争端，控制事态发展。

（2）对特定区域内的建筑物、交通工具、设备、设施以及燃料、燃气、电力、水的供应进行控制。

（3）封锁有关场所、道路，查验现场人员的身份证件，限制有关公共场所内的活动。

（4）加强对易受冲击的核心机关和单位的警卫，在国家机关、军事机关、国家通讯社、广播电台、电视台、外国驻华使领馆等单位附近设置临时警戒线。

（5）法律、行政法规和国务院规定的其他必要措施。

9.4 案例分析

1. 事件简介

2002年10月23～26日的莫斯科人质事件牵动了整个世界的神经，这是“9·11”后世界范围内最大规模的恐怖主义事件。在短短的60个小时内，700多名人质的安危、车臣问题的走向、普京的执政地位都吸引着世人的关注。但与许多人在危机之初预见的不同，普京并没有以“和平”的方式向恐怖分子妥协，并没有因暂时的退让而后患无穷。尽管武力行动付出了血的代价，但危机在短短的60个小时内就得以解决，充分反映出俄罗斯的突发事件应急处理机制在实战当中发挥了应有的功效。

2. 事件处置

1）决策核心：临危不乱、指挥若定

俄罗斯总统在国家政治结构与危机处理中发挥着决定性的作用，普京总统在此次危机中反应快速、行动果断，表现出了高超的危机处理能力。恐怖事件发生之后，普京总统相继采取了一系列危机处理行动：

（1）迅速召集强力部门领导人紧急会议，讨论解决之策。

（2）取消与德国总理施罗德的会谈，宣布不参加在墨西哥举行的亚太经合组织首脑会晤，坚守在克里姆林宫办公室，紧密关注事态的发展。

（3）迅速对危机根源做出判断，确定人质事件是由“国外恐怖中心策划的”。这一措施初看起来有些不着边际，但却隐含着普京总统深刻的战略考虑：首先可在一定程度上将人质事件与车臣问题剥离开来，从而减轻在车臣问题上所面临的压力；其次可把车臣问题与国际恐怖主义进一步紧密捆绑，从而获得广泛的国际支持；第三可借机寻找车臣问题背后的“黑手”，为今后断绝车臣武装分子的后路埋下伏笔。

（4）在面临国内和国际不绝于耳的“和解”呼声的压力下，坚定地表示既要最大可能地保证人质安全，又“绝不向恐怖活动低头”，从一开始就明确了要用武力解决人质危机的各项准备。这在很大程度上稳定了民众的情绪，将人们的注意力集中于单纯“人质事件”的解决上，避免了国内外对普京总统的危机应对能力、俄罗斯在车臣问题上的立场变化甚至俄罗斯国家命运的无端揣测。

（5）在危急关头果断决策，做出以武力解决人质事件的决定。此次人质事件涉及近千人的生命，而恐怖分子又提出几乎不可能答应的无理要求，大多媒体及观察家对此事的解决表示悲观，普京也面临着上任后最严峻的一次考验。但普京镇定自若，果断决策，在 4 名人质遇害之时，果断下令特种部队出击，在最佳时机击溃恐怖分子，避免人员更大的伤亡。

2）行动部门：早做预案、行动迅速

莫斯科发生劫持人质事件后，俄罗斯危机处理机制的支持与保障系统紧急启动：

（1）联邦安全局和内务部宣布实施应对突发事件的“雷雨”计划，要求所有官员立即到所在部门报到。

（2）俄罗斯政府紧急成立了由莫斯科市长卢日科夫和各有关部门领导人参加的解救人质指挥部，卢日科夫和联邦安全局副局长普罗尼切夫亲自领导解救人质的行动。

（3）俄罗斯的“阿尔法”反恐怖小组和联邦安全局反有组织犯罪局的人员立即赶往事发地点，占领有利位置，并进入临战状态。

（4）俄罗斯的警察和军队封锁了通往事发现场的道路，紧急疏散文化宫附近楼房的居民和一家医院的病人；内务部长格雷兹洛夫也召开内务部紧急会议，研究如何解救被扣人质，同时向内务部所属内卫部队下达命令，要求内卫部队加强对重要设施和所有运输干线的警卫与监视，防止武装匪徒从车臣潜入俄其他地区及类似事件的发生。警方奉命更加严格地检查旅客的身份证和行李。与此同时，各重要基础设施的负责人也已接到通知，加强守卫，以防不测事件发生。车臣首府格罗兹尼也加强了对车臣政府大楼和重要设施的警卫。

（5）俄罗斯国家杜马召开紧急会议，讨论解救人质问题。一些杜马代表亲临现场，并参与到与绑匪的谈判当中。俄罗斯议会上院——联邦委员会主席米罗诺夫表示可依法根据总统的要求在莫斯科实施“紧急状态”，从而为此次反恐行动提供了充分的法律保障。

（6）“阿尔法”反恐小组临危受命，再建奇功。“阿尔法”小组成员个个训练有素、武艺超群，在近年来的反恐怖作战中屡建奇功：1996 年，车臣匪首拉杜耶夫率领 600 余名匪徒冲入基兹利亚尔市，把三千多名医生、护士及市民掠为人质。“阿尔法”担任强攻突击群的第二梯队，负责最后解救人质。经过殊死搏斗，人质终获自由；1997 年，阿尔法又成功挫败一起劫机案，全部 142 名乘客安然无恙；10 余天后，“阿尔法”挫败一起劫持瑞典外交官的人质事件，恐怖分子被击毙。在此次莫斯科的解救人质事件中，“阿尔法”又凭借平时的严格训练和近年来积累起来的实战经验，以最小的代价将人质解救出来。

近年来，俄罗斯饱受恐怖活动之苦，血的教训促使俄罗斯加强了对恐怖主义活动的防范与打击。从此次人质事件的迅速解决可以看出，俄罗斯有关强力部门早已对可能发生的恐怖主义事件有所预案并进行过强化训练，只有这样，才能在实战中有备无患、迅速制敌。

3. 情报宣传：及时准确、巧妙配合

在此次莫斯科人质事件中，俄罗斯的危机信息处理系统的作用主要表现在以下几个方面。

（1）及时准确地向普京传递情报信息。在 24 日凌晨普京召集的强力部门领导人紧急会议上，俄联邦安全局局长帕特鲁舍夫和内务部长格雷兹洛夫向普京汇报了人质事件的进展以及背景情况。之后，他们又数次直接觐见普京，向他汇报事态的最新进展。

（2）加强与各种政治社会力量的沟通，缓解社会紧张状态。10 月 25 日，普京在会见国家杜马议会党团领导人时指出，保证被劫持人质的生命安全是当前唯一的主要任务。各党派对此必须采取协调一致的立场。普京说，目前局势非常复杂，各党派应该抛开各自的利益和争论，全社会应保持统一和团结。

在与全俄穆斯林大会领袖的会见中，普京又明确表示打击车臣恐怖主义不等于与全俄 1300 万穆斯林为敌，呼吁俄罗斯各个民族应共同应对恐怖主义的威胁。

在 25 日的电视讲话中，普京总统甚至告诫民众，不要因人质事件而不断增加“反车臣情绪”。他说：“我刚得到内政部的一份令人担忧的报告，越来越多的人想要对居住在俄罗斯领土上的少数车臣人制造威胁。我们不允许任何负面影响的事情发生，也不允许任何挑衅性行为。我们必须避免非法的行动。”

（3）普京数次发表电视讲话，直接阐述面临的形势与自己的立场，安抚社会情绪。

（4）加强对媒体的管理，避免因失实报道而扰乱人心。恐怖事件发生后，俄政府一方面允许媒体对事件的处理进行现场报道，以避免因信息封锁而导致流言四起、人心惶惶。另一方面，又根据《俄罗斯联邦反恐怖主义斗争法》的规定，对媒体进行了相应管理，防止失实信息激化公众情绪。俄共主席久加诺夫也呼吁大众媒体不要对此次人质事件及相关局势大加炒作，媒体不要因为狂热从而使局势恶化。他还提醒说，“我们生活在多民族国家里，在这种状况之下，每个用词都要慎之又慎。”

4. 反恐机制：养兵千日，用兵一时

俄罗斯联邦反恐危机处理机构由总统统一领导，俄联邦政府是领导反恐、保障反恐所需的必要力量、资金、资源的主要主体，联邦权力执行机关依据俄联邦法律及其他法规在自己的职权范围内参与反恐。直接参与反恐的联邦执行权力机关主要有：俄联邦安全局、俄联邦内务部、俄联邦对外情报局、俄联邦保卫局、俄联邦国防部和俄联邦边防局等。在反恐怖行动中：

俄联邦安全局及其在俄联邦各主体的地方机构负责实施反恐行动，预防、调查和打击具有恐怖主义性质的犯罪和带有政治目的的犯罪活动，也从事预防、调查和打击国际恐怖主义的活动，并根据刑事诉讼法对此类犯罪进行刑事调查。

俄联邦内务部对具有恐怖主义性质的、追求个人私利的犯罪进行预防、调查和打击。

俄联邦对外情报局和其他俄联邦对外情报机构负责保障俄联邦境外机构的安全，以及这些机构工作人员与家属的安全，并搜集有关外国与国际恐怖组织的资料。

俄联邦保卫局负责保障受国家保卫的重要设施、机构的安全。

俄联邦国防部负责保卫大规模杀伤性武器、导弹与枪支、军火和爆炸物，负责保卫军事目标，在反恐行动中还负责保障俄联邦国家海运和领空的安全。

俄联邦边防局负责预防、调查和打击企图穿越俄联邦边境的恐怖分子，打击非法通过俄边境运送武器、爆炸物、毒药、放射物质和其他可能用于恐怖活动物品的企图；负责在反恐行动中在俄联邦领海和专属经济区参与保障国家海运的安全。俄联邦政府可决定其他参与预防、调查、制止恐怖活动的联邦权力执行机构。

为协调各“反恐”机构的行动，根据俄联邦总统或俄联邦政府的决定可成立联邦或地方级的反恐小组。联邦级反恐小组负责解决以下任务：

制定国家在反恐领域的其他政策，就如何提高调查与消除恐怖主义产生以及形成恐怖活动根源的工作效率提出建议；对俄境内恐怖主义的发展状况进行分析研究。

协调俄联邦执行权力机关的反恐行动，目的是达到预防、调查和打击恐怖活动，以及查清和消除促进恐怖活动产生的原因。

参与起草俄联邦在反恐领域的国际条约，就俄联邦在反恐领域如何完善立法提出建议。

为直接处理反恐行动，根据俄联邦政府的决定，由俄联邦安全部门或俄联邦内务部人员组成行动小组，在具体的反恐行动中，哪个部门的职能占主导，就由这个部门的人员组成。

俄联邦主体和俄联邦地区可成立行动小组，它的人数和组成取决于地方特点和在俄联邦这些主体（地区）恐怖活动的性质。俄联邦主体（地区）的反恐行动小组由在具体反恐行动中发挥主要职能的部门负责领导工作，如恐怖活动的性质发生变化，根据跨部门反恐委员会主席的决定，可以替换反恐行动小组的领导。

反恐行动小组工作细则由跨部门反恐委员会主席批准的条款确定，反恐行动小组条款在联邦反恐委员会制定的法规基础上制定。所有参与反恐行动的军人、工作人员、专家在行动开始后都受反恐行动小组领导人领导。根据恐怖活动的社会危害规模、其带来的损失程度，可任命联邦反恐委员会主席为反恐行动小组领导人，根据俄联邦总统的决定，可任命联邦权力执行机构领导人担任协调反恐行动的行动指挥部领导。反恐行动小组领导人确定进行反恐行动的区域范围，决定使用开展反恐行动的人力与资金。任何其他人，不论官职大小，不得干涉反恐行动小组的领导事务。

在反恐怖行动的危机处理过程中，俄罗斯还对媒体处理给予了特别的关注。《俄罗斯联邦反恐怖主义斗争法》规定，在进行反恐行动时，关于恐怖活动信息公开的形式和内容由反恐行动小组的领导人或行动小组中负责社会联系的代表决定。不得传播以下信息：暴露反恐行动中采用的技术手段和策略；不利于进行开展反恐行动的信息、对反恐行动区和区域之外人员生命安全构成威胁的信息；宣传或支持恐怖主义与极端主义的信息；有关特种部队成员、反恐行动小组成员和对反恐行动提供帮助的人员的信息。

莫斯科人质事件的成功解决表明，在恐怖主义已经成为人类社会安全共同敌人的今天，加强反恐机制等危机处理机制的建设尤为必要，“养兵千日，用兵一时”，只有及早加强危机处理机制的建设，才能在危机来临之时，临危不乱、化解危机[4]。

参 考 文 献

[1] 姜平. 突发事件应急管理 [M]. 北京：国家行政学院出版社，2011.

[2] Fun R. Decision Making in Crises；The Piper Alpha Disaster，from ManagingCrises：Threats，Dilemmas，opportunitier，ed. Oriel Rosrnthal（Charlesc. Thomas Publisher，Ltd.，2001），109.

[3] 刘铁民. 重大事故应急处置基本原则与程序 [J]. 中国安全生产科学技术，2007，3（3）：3-6.

[4] 桂维民. 应急管理 100 例 [M]. 北京：中共中央党校出版社，2007.

第 10 章　突发事件的恢复重建

突发事件的发生干扰了社会生产生活秩序，给社会公众的生命、健康和财产造成了巨大的损失。突发事件事态得到有效控制后，应急管理从以应急处置为主的阶段转为恢复重建为主的阶段。我们建立健全突发事件的恢复机制，不仅要尽快恢复灾损设施、实现社会生产与生活的复原、将灾害影响降到最低，还要贯彻可持续发展的理念，把恢复重建作为增强社会防灾、减灾能力的契机，整体提升全社会抵御风险的水平[1]。

10.1　恢复重建概述

恢复重建是消除突发事件短期、中期和长期影响的过程。从字面上看，它主要包括两类活动：一是恢复，即使社会生产生活运行恢复常态；二是重建，即对于因灾害或灾难影响而不能恢复的设施等进行重新建设。

恢复重建主要包括四种活动：

（1）最大限度地限制突发事件影响的升级；

（2）弥合社会、感情、经济等方面的创伤与损失；

（3）抓住机遇，进行调整，满足人们对社会、经济、自然、环境等方面的需要；

（4）减少未来社会所面临的风险。也就是说，恢复重建调整，满足人们对社会、经济、自然、环境等方面的需要，要尽量减轻灾害对社会生产生活的影响，使社会生产生活复原，推动社会进一步发展，提高社会的公共复原，提高社会的公共安全度。

从总体上看，突发事件的影响主要可分为四类：社会影响、经济影响、环境影响和心理影响。

1）社会影响

恢复重建需要恢复社会生活秩序，为人民群众提供基本的民生保障，使整个社会呈现常态运转的态势，如恢复医疗卫生设施、为灾民提供必要的生活用品等。在此过程中，一是要保障灾后需求将通货膨胀的重要物资的供应，如药品等；二是要防止次生、衍生灾害的发生；三是特别关注老人、儿童、残疾人等弱势群体的需要。

2）经济影响

突发事件对经济的直接影响非常大，间接影响往往难以评估。比如，“9·11”事件使美国作为世界投资“安全岛”的形象大打折扣。在国内消费信心指数下降的情况下，如果国外投资者纷纷撤资，那么，美国经济将发生“血崩”。同时，由于恐怖袭击，美国的民航、保险、旅游、餐饮等行业受到了致命的打击。

3）环境影响

突发事件的环境影响包括人工环境影响和自然环境影响。人工环境的角度的恢复重建要完成的任务包括：恢复或重建水、电、气、热、通信、交通等基础设施及服务支撑体系的问题，使其优先得到解决；恢复或重建关键性的公共设施，特别是从功能及象征意义两个角度来看特别重要的设施，如灾区的地标性建筑；修复或重建居民住房，尽快使灾民安居乐业；修复或重建商业设施或工业生产设施，确保商业和工业生产运转的持续性，保持受灾地区的经济活力和发展的连续性；恢复或重建农村基础设施，确保农业生产的顺利进行。

自然环境的角度的突发事件的影响主要包括：第一，生物多样性和生态系统受到严重的影响。突发事件甚至可能会令某些物种濒临灭绝，使一些珍稀动物失去栖息地和赖以维持生命的食物。第二，废物的处理及污染的管理是一个必须面对的挑战。此外，社会在灾后持续运转的过程中不断产生的废物和垃圾也必须及时地得到科学的处理。

4）心理影响

突发事件往往会给一定数量的社会公众造成负面的心理影响，甚至造成严重的心理创伤。对此，有关部门在恢复重建的过程中，要为这部分社会公众提供心理咨询服务。开展心理危机干预，进行心理辅导。

10.2　恢复重建的原则

综合起来讲，突发事件的恢复重建应遵循以下五个原则。

1）政府主导，公众参与

在突发事件的恢复与重建过程中，政府要发挥主导作用，组织、协调有关部门，调动各种资源，尽快恢复灾区的生产、生活秩序，消除灾害所带来的影响。同时，政府在恢复重建阶段要积极开展社会动员，鼓励灾区社会公众展开灾后的自救互助，号召其他地区的社会公众向灾区捐款捐物。

2）全面恢复，突出重点

恢复重建不仅要整体规划，全面消除灾害对社会、经济、环境乃至社会公众心理的影响，也要分步实施，着重恢复对灾区复原至关重要的生命线系统。

3）公平公正，关注弱者

在恢复重建中，一定要遵循公平公正的原则，对灾区社会公众进行援助。不同的地区、不同的人群面对同样的灾害，因为脆弱性高低不同，其受损程度是不同的。因此，老人、儿童、残疾人等弱势群体，经济欠发达地区，受灾严重地区在恢复重建中应该得到更多的救助。

4）生产自救，多样补偿

在恢复重建中，灾害损失补偿是非常必要的。要鼓励灾区民众自力更生，自觉地展开生产自救，不要一味依赖政府救助。同时，要启动社会化的补偿机制，通过商业保险、社会保险等多样化的补偿形式，使灾区尽快地恢复生产、生活秩序。

5）防灾减灾，寻求发展

在恢复重建的过程中，不仅要消除一次突发事件的消极影响，还要总结经验、汲取教训，增强防灾减灾的能力建设。同时，还要善于抓住机遇，放眼未来，使灾害成为灾区经济社会发展的新起点。

10.3　恢复重建的流程

一般地说，恢复重建的流程要经过以下五个阶段，如表 10-1 所示。

表 10-1　恢复重建的流程[1]

阶段	任务
准备阶段	建立突发事件恢复重建领导小组，主要负责对受灾地区的状况进行全面的评估，并作出损失评估报告
计划阶段	恢复重建领导小组根据第一阶段损失评估情况，制订具有针对性的恢复重建计划，并向执行部门和社会公众公布
实施阶段	为恢复重建动员、准备、整合各种资源，实施恢复重建计划
验收阶段	对恢复重建工作进行验收和评估
反思阶段	站在应急管理整体的高度，对恢复重建工作进行反思，并将经验及教训纳入未来防灾、减灾的规划中

突发事件的恢复重建机制具有以下七大功能：信息收集与评估，组织安排，资源动员，计划、管理与预算，管制与批准，协调与组织之间的关系，监督与评估。如表 10-2 所示。

表 10-2　恢复重建机制的七大功能[1]

功能种类	第一阶段（灾害发生后 1～3 周）	第二阶段（灾害发生后 3～12 周）
信息收集与评估	根据事先计划进行损失评估；确定物理、社会、经济和环境影响；确定所需灾害援助的水平与类型，确认可获取的资源；明确获得援助的目标与政策	持续评估损失，确认需求的援助的来源
组织安排	创设临时的恢复任务团队；管理集结的志愿者和捐款物品的整合	建立恢复协调组织；招募或雇用所需人员；制订地方恢复计划，实施计划中有关灾害恢复的内容
资源动员	加速灾害救援；恢复社区重要服务与设施；与地方承包商合作	明确已获得的资源；确认可能获得的外援和投资的来源；协调本地与外来的资源
计划、管理与预算	评估、修订现有计划；制定恢复灾损房屋、设施和系统的社区计划；获得空地；实现处于危险状态的财产和设施的安全化	制定社区发展的总体计划；充实该计划，并获得必要的许可；获得拨款以实施该计划
管制与批准	审核、修改、实施现行的建筑标准、许可程序与土地使用控制措施；评估特别许可的必要性	获得特别许可的批准；获得新建项目的拨款
协调与组织之间的关系	协调主要社区服务组织活动；建立地方、地区及上级政府之间的联系；建立新的协调机制；与地方及国家的宗教组织合作以获得资助；形成相互信任的群体以帮助公民满足尚未满足的要求	申请上级政府帮助
监督与评估	建立监督与反馈机制；拓展与地方民间群体、非营利群体的联系，帮助公民满足住房及其他方面的需求	确定数据需求；将规划研究的结果纳入修订的应急准备计划；审核所有的援助来源；评估组织变革需求；建立和实施审计制度

10.4　案例分析

突如其来的“5·12”汶川特大地震，给成都人民生命财产造成了巨大损失，全市所有19个区（市）县不同程度受灾，其中都江堰市、彭州市被国家确定为极重灾区，崇州市、大邑县被确定为重灾区。全市共有4307人遇难，282万人受灾，67万户房屋损毁，1790公里公路、135座桥梁、451个卫生机构和434万平方米的学校校舍受到不同程度的损害，都江堰青城山世界自然文化遗产等自然景观和重要文物遭到破坏，直接经济损失达1247亿元，灾后重建任务十分艰巨。

按照党中央、国务院关于灾后重建“三年目标任务两年基本完成”的要求和四川省灾后重建工作部署，成都市全市上下在全国人民的深切关怀和无私支援下，在市委、市政府的坚强领导下，坚定不移地用统筹城乡发展的思路和办法推进灾后重建，决战决胜阶段各项工作进展顺利。截至2010年6月30日，全市纳入国家规划的3147个灾后重建项目，累计完成投资763.1亿元，占估算总投资的86.4%。其中，完工2373个，占总数的75.4%；在建732个，占总数的23.3%；未开工42个，占总数的1.3%。

目前灾后重建的进展

1）城乡住房重建情况

成都市坚持把城乡住房重建作为灾后重建的首要任务，综合运用重建支持政策，充分运用农村产权制度改革成果，注重发挥市场机制的基础作用和群众的主体作用，又好又快地推进城乡住房重建。农村住房重建完工13.6万户，完工率99.6%；入住105 672户，入住率77.3%；城镇住房重建完工3.9万户，完工率90.3%；24亿元农房重建补助资金和8.7亿元维修加固补助资金全部发放到农户，城乡住房维修加固全部完成；“三清一还耕”取得初步成绩，共还耕宅基地51 752亩，完成任务总量的78.15%；拆除板房97 716套，完成任务总量的64.34%；拆除自建过渡房24 276套，完成任务总量的81.64%。

2）公共设施重建情况

成都市坚持把公共服务设施重建摆在优先位置，同步推进公共服务硬件设施和服务能力建设，整体提升了灾区公共服务水平。169所中小学校重建全部完成；239个医疗卫生重建项目，竣工232个并投用208个，重灾区82个乡镇卫生院全部建成投用；公共文化设施重建基本完成，伏龙观古建筑群维修加固工作全面完成，二王庙古建筑群保护维修工程加快实施。

3）基础设施重建情况

成都市坚持把基础设施重建摆在重要位置，多方筹集资金，集中力量攻坚，基础设施重建项目进展顺利，提升了灾区基础设施承载能力。投资130亿元的成灌快铁建成投运；878 个总长 2113 公里的公路重建项目，总投资 37 亿元，累计完成投资 35 亿元，1358 公里建成通车，646 公里基本具备通车条件；111 项水利重建项目累计完工 88 个，完成投资 15.4 亿元，完成 7 处堰塞湖排险和 65 座水库除险加固，建成重建安置点污水处理设施 148 个；电力和通信设施重建基本完成。

4）产业恢复重建情况

成都市坚持把产业重建作为增强灾区造血功能的重要支撑，强化政策引导和支持，推进一、三产业融合，大力发展生态特色农业，灾区经济全面超越震前水平，产业结构明显优化，二、三产业比重快速攀升。399 个工业重建项目全部开工，完成率 94.7%；19 个旅游重建项目开工 18 个，完工 3 个；4 个重灾时限商贸服务设施恢复重建项目开工 62 个，开工率 96.9% ；完成投资 11 亿元，占规划总投资的 98.2%；83 个农业重建项目开工 76 个，完工 35 个，完工率 42.2%。

5）生态恢复重建情况

成都市坚持把生态恢复重建作为提升灾区可持续发展的战略基础，生态恢复项目完成投资 5.99 亿元，占估算投资的 51.2%，完成林草植被恢复 5.9 万亩，大熊猫栖息地植被恢复 10.2 万亩，分别占规划任务的 68%和 23%，灾区生态环境逐步恢复。

6）精神家园重建情况

成都市针对此次地震累计开展心理抚慰 27.2 万人次，治愈创伤后应激障碍、焦虑及抑郁人数 1198 人。再生育工程深入实施，497 名妇女成功怀孕，出生健康婴儿 424 名。志愿服务和“新家园、新生活、新风尚”文明活动深入开展。

此外，380 个援建项目总投资 137 亿元，累计开工 374 个、完工 328 个；到位资金 122.6 亿元，完成投资 118.5 亿元[2]。

参考文献

[1] 王宏伟. 突发事件应急管理、预防、处置与恢复重建 [M]. 北京：中央广播电视大学出版社，2009.

[2] 魏礼群. 2010 中国应急管理报告 [M]. 北京：红旗出版社，2010.

第四篇　微　观　篇

第11章 微观优化理论

11.1 概 述

优化理论与方法是一门应用性很强的学科，用于研究某些基于数学描述问题的最优解。美国工程院哈佛大学何毓琦教授指出“任何控制与决策问题本质均归结为优化问题”。工程中很多的实际问题在进行数学建模后，都可以抽象为一个组合优化问题。通过求解该类问题，可以为决策者提供最佳选择或最佳信息，即针对给出的实际问题，从众多的方案中选出最佳方案。最优问题最早可以追溯到古希腊时代的极值问题，如谷物的堆砌问题、等周问题等。但由于缺乏合适的计算工具和系统的理论指导，一直没有得到应有的发展。在20世纪40年代末，优化逐渐成为一门独立的学科。一方面，需要为实际生产中涌现的复杂优化问题提供快速而实用的优化算法；另一方面，包括泛函分析在内的数学理论的发展也进一步奠定了优化方法的理论基础。而计算机的出现则为各种优化算法的快速实现提供了更为快捷的实现途径，这些因素促使优化逐渐成为一门应用广泛、生机勃勃的学科[1]。

11.1.1 相关概念

优化是人们在工程技术、科学研究和经济管理等诸多领域中经常遇到的问题，在计算机科学、运筹学、人工智能等领域中占有十分重要的地位，是指在合理的事件范围内为一个优化问题寻求最优可行解的过程，其中优化问题的可行解之间是可以进行量化比较的。

1）优化技术介绍

具体来说，最优化问题就是在给定的约束条件下，使系统（或函数）的某些最优性度量得到满足，使系统（函数）的某些性能指标达到最大或最小。需求问题最优可行过程的第一步是对问题进行描述和建立问题的数学模型，即用数学方程式和不等式来描述说明所求的最优化问题，其中包括目标函数和约束条件，而识别目标、确定目标函数的数学表达形式尤为重要。

2）变量的确定

变量是优化问题或系统中待确定的某些关键变量。变量数和约束条件的多少直接决定优化问题的规模大小，一般工程上最优化问题属于中小规模的优化问题，而生产计划、调度问题中变量数可达几百个、几千个，属于大规模优化问题。

3）约束条件

目标函数求解时的某些限制条件称为约束，如可用资源的有限性、变量取值范围的限定以及所求问题的技术标准要求，此外，还应满足物理系统的基本方程和性能方程。给出的约束条件越接近实际情况，则所求得的最优化问题的解也越接近于实际的最优解。约束条件可分为等式约束和不等式约束。

4）目标函数

最优化是有一定的标准或评价方法的，而目标函数则是评价优化效果标准的数学描述，通常用 $f(x)$ 表示。最优化常指最小和最大化两类问题。由于函数的最大化等价于其负值的最小化，因此最小化和最大化问题在实际求解过程中没有本质区别。最优化问题的一般形式可以归结为

$$\begin{cases}\min f(x)\\ \text{s. t. } g(x)=0\\ h(x)\geqslant 0\\ x\in A\end{cases} \tag{1}$$

其中，x 是决策变量，A 为解的可行域，$f(x)$为目标函数，$g(x)=0$ 为等式约束，$h(x)\geqslant 0$ 为不等式约束。使目标函数取得最优值的解成为最优解，记为

$$x^{*}\in a,\ \text{s. t.}\qquad f(x^{*})\leqslant f(x)\quad \forall x\in a \tag{2}$$

5）解之间的距离测度函数

设<A，f>是某优化问题的一个实例，定义 $Dist: A\times A\longrightarrow R^{+}$ 为计算该优化问题中的两个解之间的距离测度函数。距离测度函数的定义与优化问题决策变量的表示有很大关系，与优化算法的性能也有非常大的关系。

6）解的邻域

设<A，f>是优化问题的一个实例，$Dist$ 为解之间距离测度函数。A 上的

一个映射 N_e：$x\in A\longrightarrow N_e(x)\in 2^A$ 成为邻域映射，其中 2^A 表示 A 的所有子集组成的集合。也就是对任意一个 $\nu\in A$，集合 $N_e(\nu)\subseteq A$ 被称为 ν 的邻域，N_e：$x\in N_e(\nu)$称为 ν 的一个邻居。对于任意给定的数学表述为

$$N_e: A\longrightarrow 2^A$$
$$\nu\longrightarrow\{x\in A\mid Dist(x,\nu)\leqslant\varepsilon\} \tag{3}$$

邻域的构造也依赖于问题决策变量的表示，邻域的结构在优化算法中起着非常重要的作用。有了邻域的定义以后，就可以定义局部、全局最优的概念了。

7) 局部最优

设<A，f>为某优化问题的一个实例，N_e 为邻域函数。对于确定的 N_e，若 N_e 满足 $f(x^*)\leqslant f(x)$，$\forall x\in N_e(x^*)$，则称 N_e 为在 A 上局部最优。

8) 全局最优

设<A，f>是某优化问题的一个实例。若 N_e 满足 $f(x^*)\leqslant f(x)$，$\forall x\in A$，则称 N_e 为在 A 上全局最优。

9) 可接受解

设<A，f>是某最优化问题的一个实例。N_e 为在 A 上局部最优。对于给定 $\varepsilon\in R^+$，集合 $C=\{x\in A:\ |f(x)-f(x^*)|\leqslant\varepsilon\}$ 被称为可接受解的集合。可接受解在优化问题中很重要。因为在非常多的实例中，有限的时间内保证搜索到全局最优几乎是不可能的。在这种情况下，优化的目的往往是搜索一个满足条件的可接受解[1]。

11.1.2　优化算法

解决优化问题的优化算法可以分为经典优化算法和启发式优化算法。经典优化算法始于 1947 年美国数学家 Dantzig 提出的单纯形法，此算法是求解线性规划问题的一种较为方便的方法。随着社会的发展，实际问题越来越复杂。经典算法无法满足实际问题的需要。受到大自然的启发，人们从大自然的运行规律中找到了许多解决实际问题的方法，对于那些受到大自然的运行规律或者面向具体问题的经验、规则启发出来的方法，人们常常称之为启发式算法（heuristic algorithm）。

在优化理论研究领域中，一个最有趣的研究成果是 Wolpert 和 Macready 在 1997 年在 *IEEE Transactions on Evolutionory Computation* 上发表的题为“*No*

Free Lunch Theorems for Optimization”的论文，指出：无免费午餐定量，即NFL定量。NFL定量可以描述为：对任意给定的两种算法A和B，则对于所有可能的问题集，它们的平均性能是相同的[2,3]。

11.2 启发式算法

启发式算法是一种在可接受的计算费用内去寻找最好的解的技术，但它不一定能保证所得解的可行性和最优性，甚至在多数情况下，无法阐述所得解和最优解的近似程度。下面，介绍几种常见的启发式算法。

11.2.1 人工神经网络

人工神经网络模型是基于生物学中的神经网络的基本原理而建立的一种模仿人脑工作方式的计算模型，可被视为一种具有大量连接的并行分布式处理器，它可以通过学习获取知识并解决问题，并且将知识分布存储在连接权中（对应生物神经元的突触）。

图11-1表示了McCulloch和Pitts所提出的认知网络，又为MP模型，其模拟了神经网络汇总一个神经元交给哪个处理信息的过程。在这个神经元模型中存在三个基本要素：

（1）w_i，…，w_n 为一组连接权重，神经元收到几个信息，则表示神经元对接受到第几个信息的认知能力。

（2）一个求知单元，用于求取各输入信息的线性加权和。

（3）一个非线性激励函数 $f(z)$ 起非线性映射作用并限制神经元的输出幅度在一定范围内。

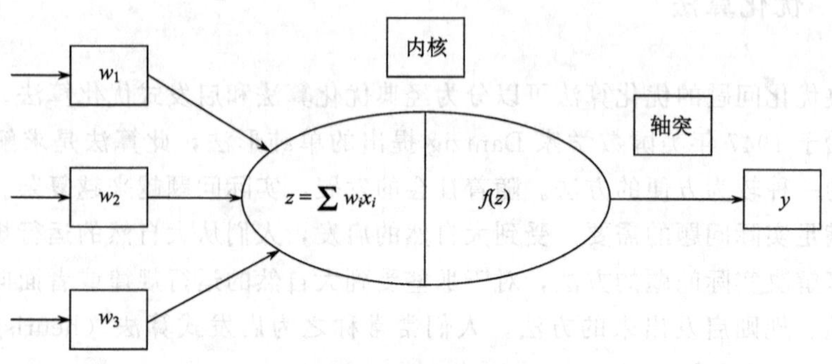

图11-1 神经网络模型

MP 模型中的激励函数采用的是阈值函数，故输出函数定义如下：

$$y = f(z) = \text{sgn}\left(\sum_{i=1}^{n} w_i x_i - \theta\right) \tag{4}$$

其中，θ 为阈值。除了阈值函数以外，神经网络中常采用的激励函数还有分段线性函数与 Sigmoid 函数，其中 Sigmoid 函数具有平滑、单调和渐近性，经常用于不同函数的非线性映射问题汇总。

在实际问题中，采用人工神经网络常常需要考虑的问题包括：应该建立什么样的网络模型；如何确定适当的权重；采用何种学习方法才能使神经网络具有高度的智能性而正确地去求解问题。

11.2.2　遗传算法

遗传算法（genetic algorithm，GA）是 20 世纪 60 年代，由美国密歇根大学（University of Michigan）的 J. H. Holland 教授首先提出的，1975 年出版的专著 *Adaption in Natural and Artifical Systems* 标志着遗传算法的诞生。自 1985 年召开的一次国际遗传算法学术会议以来，在一些以机器学习、人工智能、神经网络等为主体的国际学术会议上，均有遗传算法分组会议，且遗传算法理论及应用方面的专著也相继出版，其中，D. E. Goldberg 的著作 *Genetic Algorithms in Search，Optimization，and Machine Learning* 是最有影响的专著之一，此书总结了遗传算法研究的主要成果，包括算法及其应用都作了全面、系统地论述。近年来，遗传算法已经成为人工智能研究的一个重要分支，在很多领域得到了应用[4,5]。

11.2.3　免疫算法

生物免疫系统是一个高度进化的生物系统，它旨在区分外部有害抗原和自身组织，从而保持有机体的稳定。从计算角度看，生物免疫系统是一个高度并行、分布、自适应和自组织的系统，具有很强的学习、识别和记忆能力。

免疫系统具有如下特征：

（1）产生多样抗体的能力。通过细胞的分裂和风化作用，免疫系统可产生大量的抗体来抵御各种抗原。

（2）自我调节机构。免疫系统具有维持免疫平衡的机制，通过对抗体的抑制和促进作用，能自我调节产生适当数量的必要抗体。

（3）免疫记忆功能。产生抗体的部分细胞会作为记忆细胞被保存下来，对于今后侵入的同类抗原，相应的记忆细胞会迅速激发而产生大量的抗体。

免疫算法（immune algorithm，IA）正是受生物免疫系统启发，在免疫学理论基础上发展起来的一种新兴的智能计算方法。它利用免疫系统的多样性产生和维持机制来保持群体的多样性，克服了一般寻优过程尤其是多峰函数寻优过程中难以处理的“早熟”问题，最终求出全局最优解。与其他智能算法相比，IA的研究起步较晚，其发展历史只有短短二十几年。Farmer 等于 1986 年率先提出基于免疫网络学说构造的免疫系统的动态模型，并探讨了免疫系统与其他人工智能方法的联系，从而开创了免疫系统的研究。

1. 免疫算法的流程

免疫算法的具体实现步骤如下（图 11-2）：

（1）分析问题。对问题及其解的特性进行分析，设计解的合适表达形式。

（2）产生初始抗体。随即产生 N 个个体并从记忆库中提取 m 个个体构成初始群体，其中 m 为记忆库中个体的数量。

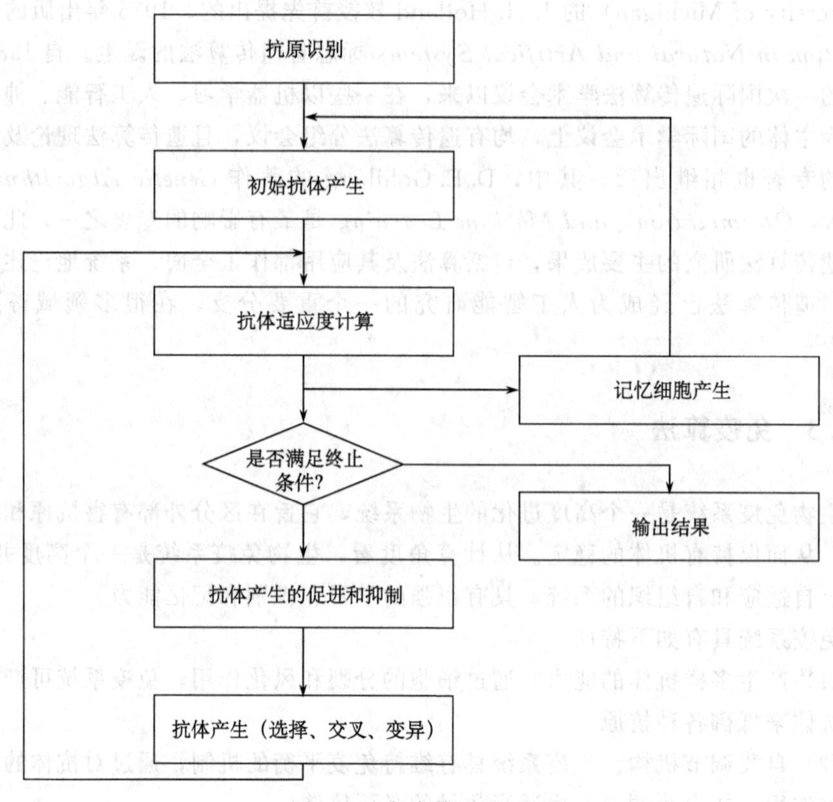

图 11-2　免疫算法流程图

(3) 对上述群体中各个抗体进行评价。

(4) 形成父代群体。将初始群体按期望繁殖率 P 进行降序排列，并取前 N 个个体构成父代群体；同时取前 m 个个体存入记忆库中。

(5) 判断是否满足结束条件，是则结束。反之，则继续下一步操作。

(6) 新群体的产生。基于步骤 (4) 的计算结果对抗体群体进行选择、交叉、变异操作得到新群体，再从记忆库中取出记忆的个体，共同构成新一代群体。

(7) 转去执行步骤 (3)。

2. 初始抗体群的产生

如果记忆库非空，则初始抗体群从记忆库中选择生成。否则，在可行解空间随机产生初始抗体群。

3. 解的多样性评价

(1) 抗体与抗原间亲和力。抗体与抗原之间的亲和力用于表示抗体对抗原的识别程度。

(2) 抗体与抗体间亲和力。抗体与抗体之间的亲和力反映了抗体之间的相似程度。

(3) 抗体浓度。抗体的浓度即群体中相似抗体所占用的比例。

(4) 期望繁殖概率。在群体中，每个个体的期望繁殖概率由抗体与抗原间亲和力和抗体浓度两部分共同决定。个体适应度越高，则期望繁殖概率越大；个体浓度越大，则期望繁殖概率越小。这样既鼓励了适应度高的个体，同时抑制了浓度高的个体，从而确保了个体多样性。

免疫算法在抑制高浓度个体时，与抗原亲和度最高的个体也可能因其浓度高而受到抑制，从而导致已求得的最优解丢失，因此采取精英保留策略，在每次更新记忆库时，先将与抗原亲和度最高的若干个体存入记忆库，再按照期望繁殖概率将剩余群体中优秀个体存入记忆库。

11.2.4 模拟退火算法

模拟退火算法最早的思想是由 Metropolis 在 1953 年提出，此思想是模拟统计物理中固体物质的结晶过程。

退火是一种物理过程，一种金属物质在加热到一定温度后，它的所有分子在状态空间 D 中自由运动。随着温度的下降，这些分子逐渐停留在不同的状态。在温度最低时，分子重新以一定的结构排列。统计力学的研究表明，在温度为 T 的情况下，分子停留的状态满足玻尔兹曼概率分布

$$\Pr(\bar{E}=E(r))=\frac{1}{Z(T)}\exp\left(-\frac{E(r)}{kT}\right) \tag{5}$$

其中，$E(r)$是状态 r 的能量，$k>0$ 为玻尔兹曼常量，$\bar{E}$ 为分子能量的一个随机变量，$Z(T)$为概率分布的标准化因子：

$$Z(T)=\sum_{s\in D}\exp\left(-\frac{E(s)}{kT}\right) \tag{6}$$

模拟退火算法的流程如下：

(1) 开始。任选一个初始解 x_0；$x_i=x_0$；$k=0$；$t_0=t_{\max}$(初始温度)。

(2) 若在该温度达到内循环停止条件，则转到步骤(3)；否则，从邻域 $N(x_i)$中随机选一个 x_j，计算 $\Delta f_{ij}=f(x_j)-f(x_i)$；若 $\Delta f_{ij}<0$，则 $x_i=x_j$；重复步骤(2)。

(3) $t_{t+1}=d(t_k)$；$k=k+1$；若满足停止条件，终止计算；否则，回到步骤(2)。

(4) 结束。从数学模型角度出发，可把模拟退火算法描述为：在给定邻域结构后，模拟退火过程是从一个状态到另一个状态不断地随机游动。

模拟退火算法也需要人工调整很多参数，比如起始温度、温度下降的方案。确定温度时的迭代长度及终止规则等。人为因素有可能导致计算结果的差异，所以要通过大量的数值模拟计算，从而选择比较好的参数搭配。

对于优化问题，可以类比成退火过程。如果把解类比为状态，最优解类比为退火过程中能量的最低状态，而代价函数类比为能量。由公式的概率分布中具有最大概率的状态。或者说，在一个给定的温度，搜索从一个状态随机地变化到另一个状态。每一个状态到达的次数服从概率分布。当温度很低时，以概率 1 停留在最优解。在退火的过程中，如果搜索到好的解则接受；否则，以一定的概率接受不好的解。从而实现多样化或变异的思想，达到跳出局部最优解目的[6,7]。

11.3 群体智能

群体智能（swarm intelligence，SI）的概念最早由 Beni、Hackwood 在分子自动机系统中提出的[8]。分子自动机中的主题在一维或二维网格空间中与相邻个体相互作用，从而实现自组织。1999 年，Bonabeau、Dorigo 和 Theraulaz 在他们的著作 *Swarm Intelligence：From Natural to Artifical Systems* 中对 SI 进行了详细的论述和分析，给出了 SI 的一种不严格定义：任何一种由昆虫群体或其他动物社会行为机制而激发设计出的算法或分布式解决问题的策略均属于 SI[9]。

11.3.1 蚁群算法

蚁群算法（ant colony optimization，ACO）是意大利 Dorigo 等于 1991 年创立的，是继神经网络、GA、IA 之后的又一种新兴的启发式优化算法。在进行大规模优化时能在庞大的解空间中寻找接近全局最优解，在解决组合优化问题方面显示出较好的效果[10,11]。

1. 基本蚁群算法的原理

当蚂蚁在寻找食物时，每个走动的蚂蚁都会在其经过的路上释放一些信息素(pheromone)，那么在较短路径上的信息素会很快地增加，每条路径上信息素的数量，会反映出其他蚂蚁选择该路径的概率。最终，所有的蚂蚁将选择最短的路径。在初始化参数和信息素之后，ACO 算法反复地在主循环中迭代：先令所有蚂蚁分别构造出一条路径即可行解；再可以使用局部搜索算法对这些路径加以改进，这个是可选的；最后更新信息素。最后一步更新信息素涉及两个方面：信息素的蒸发；反映蚂蚁搜索经历的信息素更新。

2. 蚂蚁的路径选择

蚂蚁在各节点间移动时，会在各节点留下不同的信息素，以此影响下一批蚂蚁的移动方向。设 $\tau_{ij}(t)$ 为 $t(t=0, 1, 2, \cdots)$ 时刻各节点的信息素，初始时刻各节点上的信息素为 $\tau_{ij}(0)=\mathrm{const}$（const 为较小的常数）。在时刻 t 将生成的 N 只蚂蚁放到节点上，然后每只蚂蚁根据下一级节点上的信息素和启发式因子独立地选择下一级某一节点，直到不能向前移动为止。在时刻 t，蚂蚁 k 从节点 i 转移到节点 j 的状态转移概率

$$P_{ij}^{k}(t)=\begin{cases}\dfrac{[\tau_{ij}(t)]^{\alpha}[\eta_{ij}(t)]^{\beta}}{\sum\limits_{s\subset \mathrm{allowed}_k}[\tau_{is}(t)]^{\alpha}[\eta_{is}(t)]^{\beta}}, & m\subset \mathrm{allowed}_k \\ 0, & \text{其他}\end{cases} \tag{7}$$

其中，α 为信息启发式因子，表示轨迹的相对重要性，反映蚂蚁在选择的过程中所积累的信息在蚂蚁选择时所起的作用，其值越大，则该蚂蚁越倾向于选择其他蚂蚁的选择，蚂蚁之间协同性越强；β 为启发式因子，表示能见度的相对重要性，反映了蚂蚁在移动过程中启发信息在蚂蚁选择时的受重视程度，其值越大，该状态转移概率就越接近贪心规则。

3. 信息素更新(增加更新策略)

信息素更新策略是蚁群算法的关键步骤之一，信息更新过快将导致算法陷入

局部最优甚至停滞，信息素更新过慢则收敛速度缓慢，无法搜索到最优解。如果一次迭代的结果优于当前的最好解，则用其替换当前解。之后，在下一次迭代前，蚂蚁要对其经过的各节点信息素进行更新，即

$$\tau_{ij}(t+1)=(1-\rho)\cdot\tau_{ij}(t)+\Delta\tau_{ij}(t) \tag{8}$$

其中，ρ 表示信息素的挥发系数，$1-\rho$ 表示信息素的残留因子，$\Delta\tau_{ij}(t)$ 表示本次循环中节点上的信息素增量，它在一定程度上影响了算法收敛的速度[12]。

针对蚂蚁释放信息素问题，M. Dorigo 等曾给出 3 种不同的模型，分别称之为 ant cycle system、ant quantity system 和 ant density system，其计算公式如下。

1）ant cycle system

ant cycle system 模型中，$\Delta t_{ij}(t)$ 的计算公式为

$$\Delta t_{ij}(t)=\begin{cases}Q/L_k, & \text{第 } k \text{ 只蚂蚁从节点 } i \text{ 访问节点 } j\\ 0, & \text{其他}\end{cases} \tag{9}$$

其中，Q 是常数，表示蚂蚁循环一次所释放的信息素总量；L_k 为第 k 只蚂蚁经过路径的长度。

2）ant quantity system

ant quantity system 模型中，$\Delta t_{ij}(t)$ 的计算公式为

$$\Delta t_{ij}(t)=\begin{cases}Q/d_{ij}, & \text{第 } k \text{ 只蚂蚁从节点 } i \text{ 访问节点 } j\\ 0, & \text{其他}\end{cases} \tag{10}$$

3）ant density system

ant density system 模型中，$\Delta t_{ij}(t)$ 的计算公式为

$$\Delta t_{ij}(t)=\begin{cases}Q, & \text{第 } k \text{ 只蚂蚁从节点 } i \text{ 访问节点 } j\\ 0, & \text{其他}\end{cases} \tag{11}$$

上述三种模型中，ant cycle system 模型利用蚂蚁经过路径的整体信息（经过路径的总长度）计算释放的信息素浓度；ant quantity system 模型则利用蚂蚁经过路径的局部信息（经过各个节点间的距离）计算释放的信息素浓度；而 ant density system 模型则更为简单，将信息素释放的浓度取为恒值，并没有考虑不同蚂蚁经过路径长度的影响。一般情况下，选 ant cycle system 模型。

11.3.2 粒子群优化算法

粒子群优化算法（particle swarm optimization，PSO）是计算智能领域，除了蚁群算法、鱼群算法之外的一种群体智能的优化算法。该算法最早由 Kennedy 和

Eberhart 在 1995 年提出的。PSO 算法源于对鸟类捕食行为的研究，鸟类捕食时，每只鸟找到食物最简单有效的方法就是搜索当前距离食物最近的周围区域[1,13]。

PSO 算法首先在可解空间中初始化一群粒子，每个粒子都代表极值优化问题的一个潜在最优解，用位置、速度和适应度值三项指标表示该粒子特征，适应度值由适应度函数计算得到，其值的好坏表示粒子的优劣。粒子在解空间中运动，通过跟踪个体极值 *Pbest* 和群体极值 *Gbest* 更新个体位置，个体极值 *Pbest* 是指个体经历位置中计算得到的适应度值最优位置，群体极值 *Gbest* 是指种群中的所有粒子搜索得到的适应度最优位置。粒子每更新一次位置，就计算一次适应度值，并且通过比较新粒子的适应度值和个体极值、群体极值的适应度值更新个体极值 *Pbest* 和群体极值 *Gbest* 位置。

假设在一个 D 维的搜索空间中，由 n 个粒子组成的种群 $X=(X_1, X_2, \cdots, X_n)$，其中第 i 个粒子表示为一个 D 维的向量 $X_i=(x_{i1}, x_{i2}, \cdots, x_{iD})$，代表第 i 个粒子在 D 维搜索空间中的位置，亦代表问题的一个潜在解。根据目标函数即可计算出每个粒子位置 X_i 对应的适应度值。第 i 个粒子的速度为 $V_i=(v_{i1}, v_{i2}, \cdots, v_{iD})^{\mathrm{T}}$，其个体极值为 $P_i=(P_{i1}, P_{i2}, \cdots, P_{iD})^{\mathrm{T}}$，种群的全局极值为 $P_g=(P_{g1}, P_{g2}, \cdots, P_{gD})^{\mathrm{T}}$。

在每一次迭代过程中，粒子通过个体极值和全局极值更新自身的速度和位置，更新公式如下。

$$V_{id}^{k+1}=\omega V_{id}^{k}+c_1 r_1(P_{id}^{k}-X_{id}^{k})+c_2 r_2(P_{gd}^{k}-X_{gd}^{k}) \tag{12}$$

$$X_{id}^{k+1}=X_{id}^{k}+V_{id}^{k+1} \tag{13}$$

式中，ω 为惯性权重；$d=1, 2, \cdots, D$；$i=1, 2, \cdots, n$；k 为当前迭代次数；V_{id} 为粒子的速度；c_1 和 c_2 为非负的常数，称为加速度因子；r_1 和 r_2 为分布于[0, 1]之间的随机数。为防止粒子的盲目搜索，一般建议其位置和速度限定在一定的区间 $[-X_{\max}, X_{\max}]$、$[-V_{\max}, V_{\max}]$。

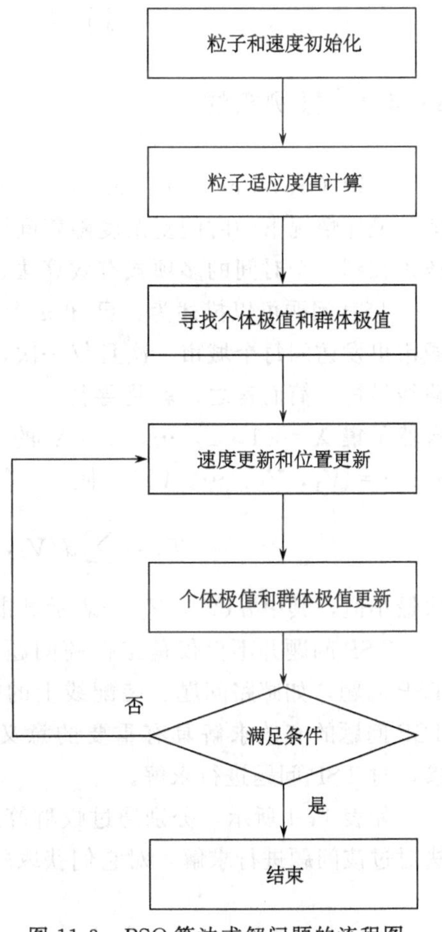

图 11-3　PSO 算法求解问题的流程图

PSO 算法求解问题的流程如图 11-3 所示。其中，粒子和速度初始化是对粒子位置和速度赋予随机值。根据初始粒子适应度值确定个体适应度值和群体极值。根据公式（12）与公式（13）更新粒子速度和位置。根据新种群中粒子适应度值更新个体极值和群体极值。

11.3.3 人工蜂群算法

人工蜂群算法（artificial bee colony algorithm，ABCA）是 Karaboga 于 2005 年提出的一种新颖的 SI 优化算法，主要模拟蜂群的智能采蜜行为，蜜蜂根据各自的分工进行不同的采蜜活动并实现蜂源信息的共享和交流从而找到问题的最优解[14]。

此外，还有人工鱼群算法[15]、人口迁移算法[16]等。

11.4 案 例 分 析

11.4.1 案例描述

TSP（traveling salesman problem，旅行商问题）是典型的 NP 完全问题，即其最坏情况下的时间复杂度随着问题规模的增大按指数方式增长，到目前为止还未找到一个时间的多项式有效算法。

TSP 问题可以描述为：已知 n 个城市相互之间的距离，某一旅行商从某个城市出发访问每个城市一次且仅一次，最后回到出发城市，如何安排才使其所走路线最短。简而言之，就是寻找一条最短的遍历 n 个城市的路径，或者说搜索自然子集 $X=\{1, 2, \cdots, n\}$（X 的元素表示对 n 个城市的编号）的一个排列 $\pi(X)=\{V_1, V_2, \cdots, V_n\}$，使

$$T_d=\sum_{i=1}^{n-1} d(V_i, V_{i+1})+d(V_n, V_1) \tag{14}$$

取最小值，其中 $d(V_i, V_{i+1})$ 表示城市 V_i 到城市 V_{i+1} 的距离。

TSP 问题并不仅仅是旅行商问题，其他许多的 NP 完全问题也可以归结为 TSP 问题，如邮路问题、装配线上的螺母问题和产品的生产安排问题等，使得 TSP 问题的有效求解具有重要的意义。这里，选取全国 31 个城市坐标作为背景，对 TSP 问题进行求解。

如表 11-1 所示，分别通过蚁群算法、遗传算法、粒子群算法和模拟退火算法对过该问题进行求解，对它们获取的最优解进行对比。

表 11-1　地址坐标

i	(U_i, V_i)	i	(U_i, V_i)
1	(1304，2312)	17	(3918，2179)
2	(3639，1315)	18	(4061，2370)
3	(4177，2244)	19	(3780，2212)
4	(3712，1399)	20	(3676，2578)
5	(3488，1535)	21	(4029，2838)
6	(3326，1556)	22	(4263，2931)
7	(3238，1229)	23	(3429，1908)
8	(4196，1044)	24	(3507，2376)
9	(4312，790)	25	(3394，2643)
10	(4386，570)	26	(3439，3201)
11	(3007，1970)	27	(2935，3240)
12	(2562，1756)	28	(3140.3550)
13	(2788，1491)	29	(2545，2357)
14	(2381，1676)	30	(2778，2826)
15	(1332，695)	31	(2370，2975)
16	(3715，1678)		

11.4.2　蚁群算法

1. 算法流程

根据蚁群算法解决 TSP 问题的基本原理及步骤，实现 TSP 问题求解大体上可以分为以下几个步骤，如图 11-4 所示。

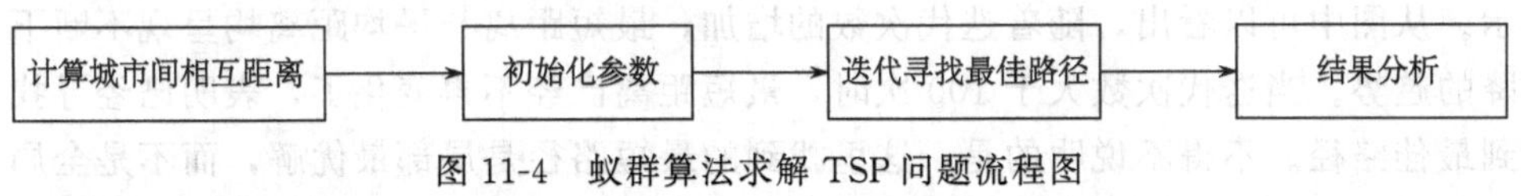

图 11-4　蚁群算法求解 TSP 问题流程图

2. 算法步骤描述

1）计算城市间相互距离

根据城市的位置坐标，计算两两城市间的相互距离，从而得到对称的距离矩阵。需要说明的是，计算出的矩阵对角线上的元素为0，但是启发式函数 $\eta_{ij}(t)=1/d_{ij}$。因此，为了保证分母不为零，将对角线上的元素修正为一个非常小的正数。

2）初始化参数

在计算之前，需要对相关的参数进行初始化。初始化参数如下。

蚂蚁数量：$m=50$；

信息素重要程度因子 $\alpha=1$；

启发函数重要程度因子 $\beta=5$；

信息素挥发因子 $\rho=0.1$。

3）迭代寻找最佳路径

首先构建解空间，即各个蚂蚁根据概率转移公式访问所有的城市，然后计算各个蚂蚁经过路径的长度，并在每次迭代后根据公式实时更新各个城市连接路径上的信息素浓度。经过循环迭代，记录下最优的路径及其长度。

4）结果分析

找到最优路径后，可以将之与其他方法得到的结果进行比较，从而对蚁群算法的性能进行评价。同时，也可以探究不同群的参数对优化结果的影响，从而找到一组最佳或者较佳的参数组合。

3. 算法仿真结果

根据上述步骤，应用Matlab软件进行仿真模拟，得到如图11-5所示的优化结果。

从图11-5中可以清晰地看到：从起点出发，每个城市都遍历一次，最终回到起点。最短路径为：15609.4771km。各代的最短距离与平均距离如图11-6所示。从图中可以看出，随着迭代次数的增加，最短距离与平均距离均呈现不断下降的趋势。当迭代次数大于100次时，最短距离已经不再变化了，表明已经寻找到最佳路径。不得不说明的是，这里找到的最短路径是局部最优解，而不是全局最优解。

最短距离：15609.4771km。

最短路径：

14→12→13→11→23→16→5→6→7→2→4→8→9→10→3→18→17→19→24→25→20→21→22→26→28→27→30→31→29→1→15→14

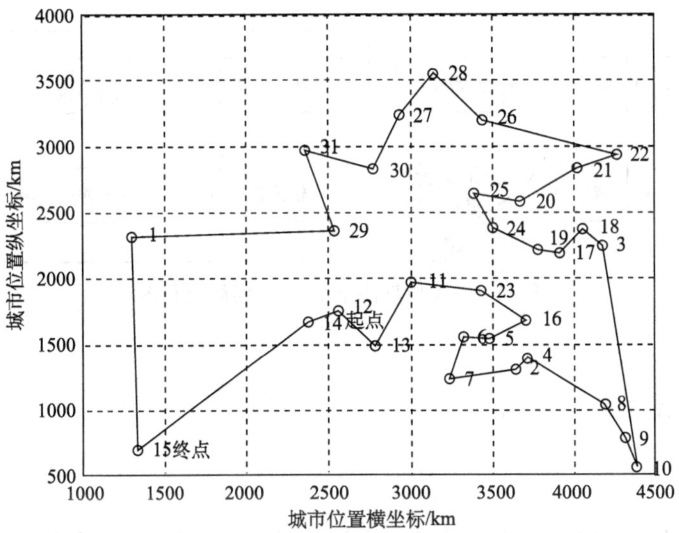

图 11-5　蚁群算法优化路径结果图

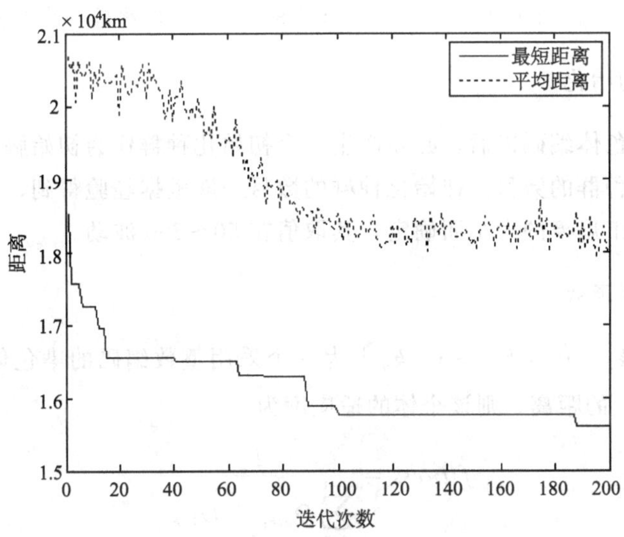

图 11-6　各代的最短距离与平均距离对比

11.4.3　遗传算法

1. 算法流程

遗传算法解决 TSP 问题的流程如图 11-7 所示。

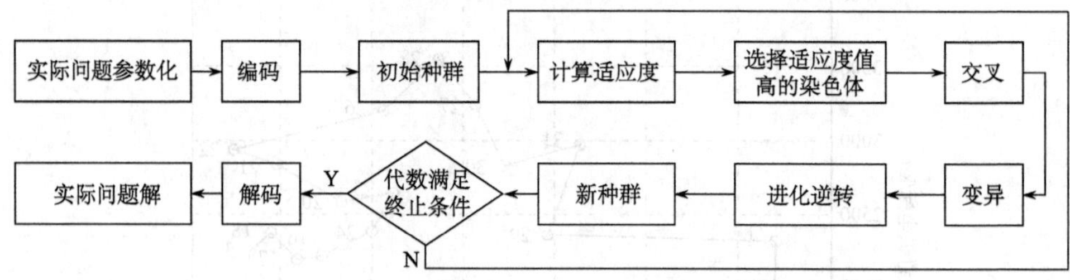

图 11-7　遗传算法求解 TSP 问题流程图

2. 算法流程描述

1）编码

采用整数排列编码方法。对于 n 个城市的 TSP 问题，染色体分为 n 段，其中每一段为对应城市的编号，如对 10 个城市的 TSP 问题 {1，2，3，4，5，6，7，8，9，10}，则 | 1 | 10 | 2 | 4 | 5 | 6 | 8 | 7 | 9 | 3 就是一个合法的染色体。

2）种群初始化

在完成染色体编码以后，必须产生一个初始化种群作为初始解，所以首先需要解决初始化种群的数目。初始化种群的数目一般根据经验得到，一般情况下种群的数量视城市规模的大小而确定，其取值在 50～200 波动。

3）适应度函数

设 | k_1 | k_2 | … | k_i | … | k_n | 为一个采用整数编码的染色体，$D_{k_ik_j}$ 为城市 k_i 到城市 k_j 的距离，则该个体的适应度为

$$fitness = \frac{1}{\sum_{i=1}^{n-1} D_{k_ik_j} + D_{k_nk_1}} \tag{15}$$

即适应度函数为恰好走遍 n 个城市，再回到出发城市的距离的倒数。优化的目标就是选择适应度函数值尽可能大的染色体，适应度函数值越大的染色体越优质，反之越恶劣。

4）选择操作

选择操作即从旧群体中以一定概率选择个体到新群体中，个体被选中的概率跟适应度值有关，个体适应度值越大，被选中的概率越大。

5）交叉操作

采用部分映射杂交，确定交叉操作的父代，将父代样本两两分组，每组重复一下过程（假定城市数为 10）。

产生两个 [1，10] 区间内的随机整数 r_1 和 r_2，确定两个位置，对两位置的中间数据进行交叉，如 $r_1=4$，$r_2=7$

9　5　1　3　7　4　2　10　8　6

10　5　4　6　3　8　7　2　1　9

交叉为

9　5　1　6　3　8　7　10　*　*

10　5　*　3　7　4　2　*　1　9

交叉后，同一个个体中有重复的城市编号，不重复的数字保留，有冲突的数字（带 * 位置）采用部分映射的方法消除冲突，即利用中间段的对应关系进行映射，结果为

9　5　1　6　3　8　7　10　4　2

10　5　8　3　7　4　2　6　1　9

6）变异操作

变异策略采用随机选取两个点，对其对换位置。产生两个 [1，10] 范围内的随机整数和，确定两个位置，将其对换位置，如

9　5　1　6　3　8　7　10　4　2

变异后为

9　5　1　7　3　8　6　10　4　2

7）进化逆转操作

为改善遗传算法的局部搜索能力，在选择、交叉、变异后引进连续多次的进化逆转操作。这里的“进化”是指扭转算子的单方向性，即只有经逆转后，适应度值有提高的才接受下来，否则逆转无效。

产生两个 [1，10] 区间内的随机整数 r_1 和 r_2，确定两个位置，将其对换位置，如 $r_1=4$，$r_2=7$

9　5　1　7　3　8　6　10　4　2

进化逆转后为

9　5　1　8　3　7　6　10　4　2

对每个个体进行交叉变异，然后带入适应度函数进行评估，选择出适应度大的个体进行下一代的交叉和变异以及进化逆转操作。循环操作：判断是否满足设

定的最大遗传算法代数，不满足则跳出适应度值的计算；否则，结束遗传操作。

3. 算法仿真结果

按照上述过程，通过 Matlab 仿真，得到如图 11-8、图 11-9 的结果。

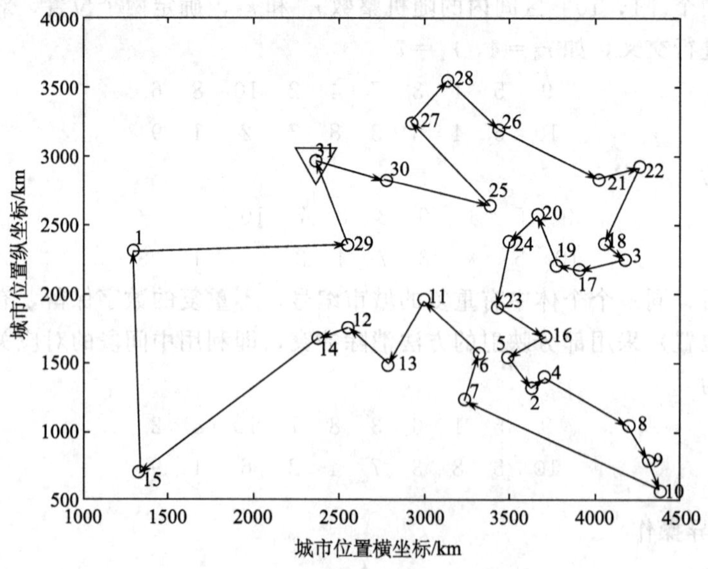

图 11-8 遗传算法优化路径结果图

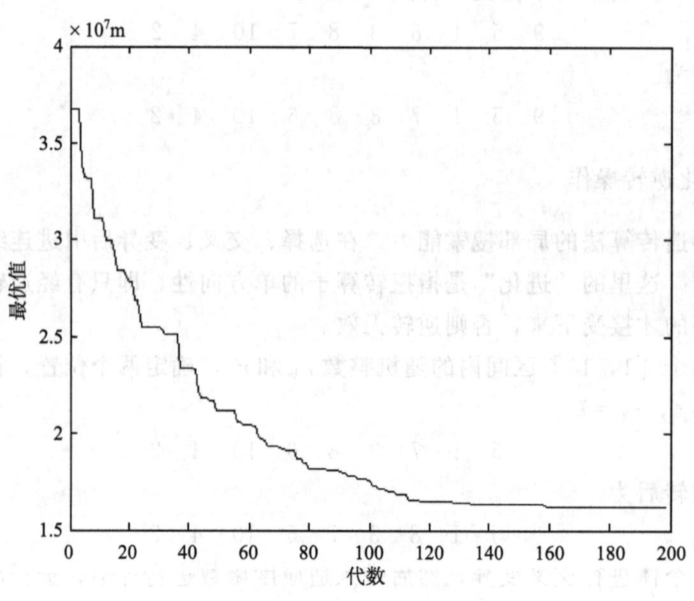

图 11-9 遗传算法优化过程图

最优路径：

31→30→25→27→28→26→21→22→18→3→17→19→20→24→23→16→5→2→4→8→9→10→7→6→11→13→12→14→15→1→29→31

总距离：16 220.9642km。

11.4.4 粒子群算法

1. 算法流程

基于粒子群算法求解 TSP 问题的流程如图 11-10 所示。

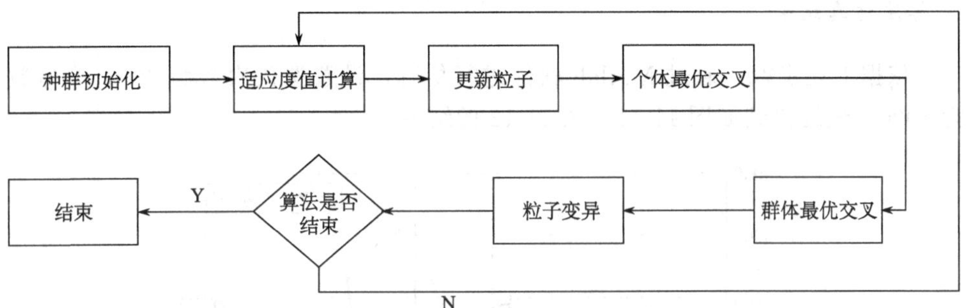

图 11-10　基于粒子群算法求解 TSP 问题的流程图

2. 算法流程实现

1）个体编码

粒子个体编码采用整数编码的方式，每个粒子表示历经的所有城市，比如当历经的城市数为 10，个体编码为［9 4 2 1 3 7 6 10 8 5］，表示城市遍历从 9 开始，经过 4，2，1，3，…最终返回城市 9，从而完成 TSP 遍历。

2）适应度值

粒子适应度值表示为遍历路径的长度，计算公式为

$$fitness(i) = \sum_{i,\ j=1}^{n} path_{i,\ j} \tag{16}$$

其中，n 为城市数量，$path_{i,j}$ 为城市 i，j 间路径长度。

3）交叉操作

个体通过和个体极值以及群体极值交叉来更新，交叉方法采用整数交叉法：

首先选择两个交叉位置，然后把个体和个体极值或个体与群体极值进行交叉。产生的新个体如果存在重复位置则进行调整，调整方法为用个体中未包括的城市代替重复包括的城市。对得到的新个体采用保留优秀个体策略，只有当新粒子适应度值好于旧粒子时才更新粒子。

4）变异操作

变异方法采用个体内部两位互换方法，首先随机选择变异位置，然后把两个变异位置互换。对得到的新个体采用了保留优秀个体策略，只有当新粒子适应度值好于旧粒子时才更新粒子。

3. 算法仿真结果

依据上述步骤，通过 Matlab 软件进行仿真，设置迭代次数为 200，个体数为 1000。最终得到如图 11-11，图 11-12 的结果。

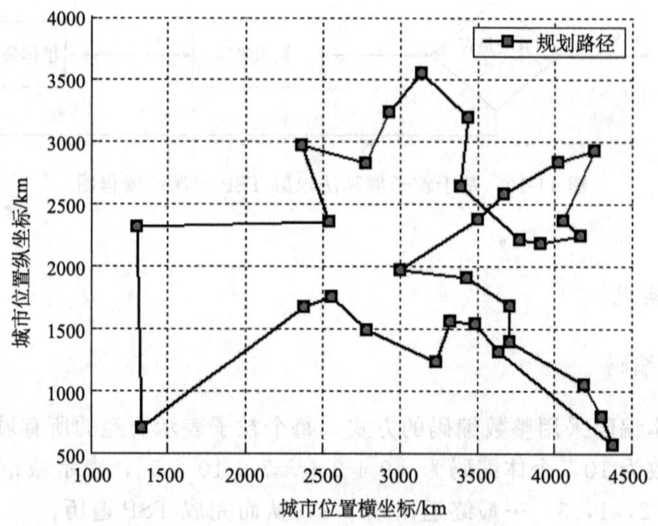

图 11-11　粒子群算法路径优化结果图

最优路径为：

7→6→5→2→10→9→8→4→16→23→11→24→20→21→22→18→3→17→19→25→26→28→27→30→31→29→1→15→14→12→13

最短距离为：

15 633km。

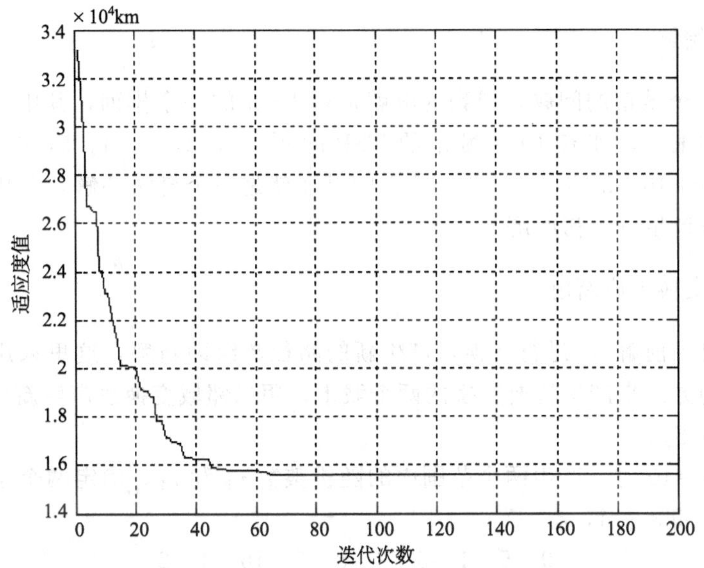

图 11-12　粒子群算法优化过程图

11.4.5　模拟退火算法

1. 算法流程

算法流程如图 11-13 所示。

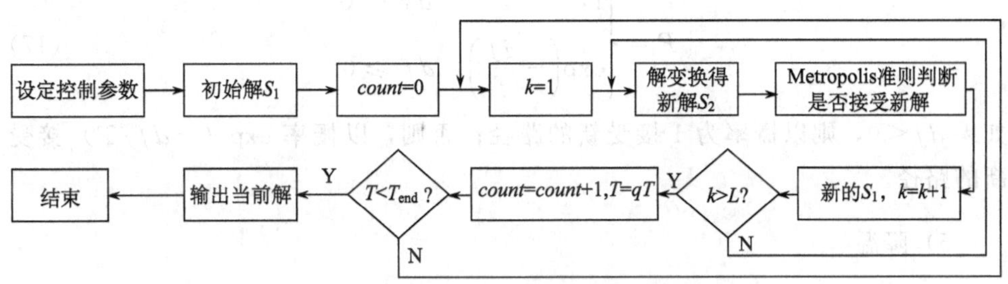

图 11-13　模拟退火算法求解 TSP 的流程图

2. 算法流程实现

1）控制参数的设置

需要设置的主要控制参数有降温速率 q、初始温度 T_0、结束温度 T_{end}、链长 L。

2）初始解

对于 n 个城市的问题，得到的解就是对 $1\sim n$ 的一个排列，其中每个数字为对应城市的编号，如有 10 个城市的 TSP 问题 {1，2，3，4，5，6，7，8，9，10}，则 | 1 | 10 | 2 | 4 | 5 | 6 | 8 | 7 | 9 | 3 就是一个合法的解，采用产生随机排列的方法产生一个初始解。

3）解变换生成新解

通过对当前解 S_1 进行变换，产生新的路径数组即新解，这里采用的变换是产生随机的方法来产生将要交换的两个城市，用二邻域变换法产生新的路径，即新的可行解 S_2。

例如 $n=10$ 时，产生两个范围内的随机整数 r_1 和 r_2，确定两个位置，将其对换位置，如 $r_1=4$，$r_2=7$

9　5　1　6　3　8　7　10　4　2

得到的新解为

9　5　1　7　3　8　6　10　4　2

4）Metropolis 准则

若路径长度以函数为 $f(S)$，则当前解的路径为 $f(S_1)$，新解的路径为 $f(S_2)$，路径差为 $df=f(S_2)-f(S_1)$，则 Metropolis 准则为

$$P=\begin{cases}1, & df<0\\ \exp\left(-\dfrac{df}{f}\right) & df\geqslant 0\end{cases} \tag{17}$$

如果 $df<0$，则以概率为 1 接受新的路径；否则，以概率 exp（$-df/T$）接受新的路径。

5）降温

利用降温速率 q 进行降温，即 $T=qT$，若 T 小于结束温度，则停止迭代输出当前状态，否则继续迭代。

3. 算法仿真结果

依据上述流程，通过 Matlab 软件进行仿真，初始温度 1000℃，终止温度 0.001℃，链长 500，降温速率 0.9。最终得到如图 11-14、图 11-15 的结果。

最优路径为：

27→29→13→7→6→5→4→2→10→9→8→16→3→17→19→23→11→12→14

→15→1→31→30→25→24→20→18→22→21→26→28→27

最短距离：

17 093.735km。

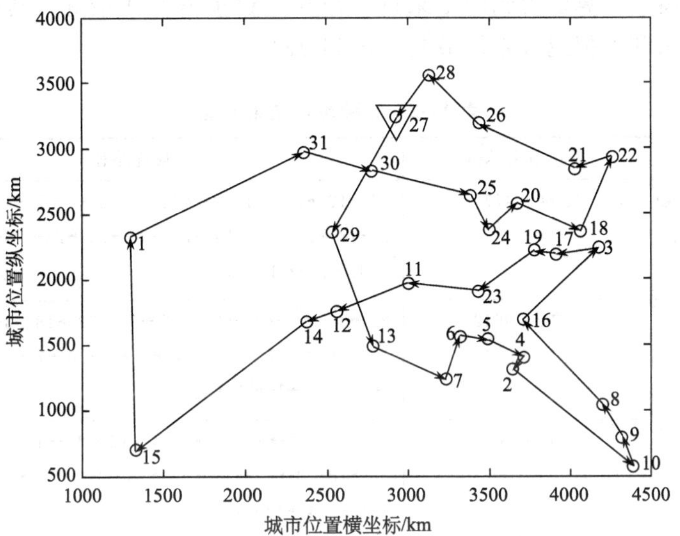

图 11-14　模拟退火算法路径优化结果图

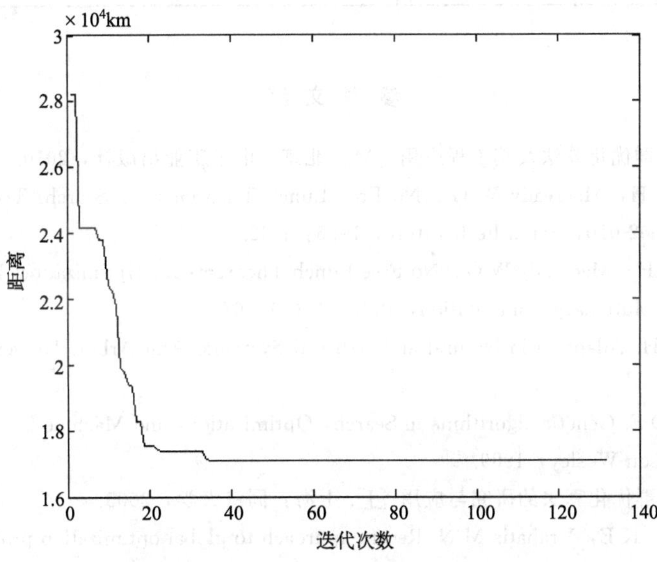

图 11-15　模拟退火算法优化过程图

11.4.6 算法比较

现在，将四种算法得到的结果进行对比，粒子群算法最好，其次是蚁群算法，遗传算法和模拟退火效果最差（表 11-12）。

表 11-2 四种算法结果最比

算法	最短距离/km	最优路径
蚁群算法	15 609.4771	14→12→13→11→23→16→5→6→7→2→4→8→9→10→3→18→17→19→24→25→20→21→22→26→28→27→30→31→29→ 1→15→14
遗传算法	16 220.9642	31→30→25→27→28→26→21→22→18→3→17→19→20→24→23→16→5→2→4→8→9→10→7→6→11→13→12→14→15→1→29→31
粒子群算法	15 633	7→6→5→2→10→9→8→4→16→23→11→24→20→21→22→18→3→17→19→25→26→28→27→30→31→29→1→15→14→12→13
模拟退火算法	17 093.735	27→29→13→7→6→5→4→2→10→9→8→16→3→17→19→23→11→12→14→15→1→31→30→25→24→20→18→22→21→26→28→27

参考文献

[1] 刘波. 粒子群优化算法及其工程应用 [M]. 北京：电子工业出版社，2010.

[2] Wolpert D H，Macready W G . No Free Lunch Theorems for Search. Technical Report SFI-TR-95-02-010，Santa Fe Insititure，1995：1-32.

[3] Wolpert D H，Macready W G . No Free Lunch Theorems for Optimization. IEEE Transactions on Evolutionary Computation，1997，1 (1)：67-82.

[4] Holland J H. Adaption in Natural and Artifical Systems. Ann Arbor. University of Michigan.

[5] Goldberg D E. Genetic algorithms in Search，Optimization，and Machine Learning. Reading MA：Addison-Wesley，1989.

[6] 康琦. 微粒群优化算法的研究与应用 [J]. 上海：同济大学，2005.

[7] Parsopoulos K E，Vrahatis M N. Recent approach to global optimization problems through particle swarm optimization [J]. Natural Computing，2002：235-306.

[8] Hackwood S，Beni G. Self-organization of Sensors for Swarm Intelligence. IEEE International Conference on Robotics and Automation. Piscataway，NJ：IEEE Press，1992，

819-829.

[9] Bonabeau E，Dorigo M，Theraulaz G. Swarm Intelligence：From Natural to Artifical Systems [M]. New York：Oxford University，1999.

[10] Dorigo M，Maniezzo V，Colorni A. The Ant System：Optimization by a Colony of Cooperating Agents. IEEE Transactions on System，Man，and Cybernetics：Part B，1996，26：29-41.

[11] 段海滨. 蚁群算法原理及应用 [M]. 北京：科学出版社，2005.

[12] 于小兵，郭顺生，杨明忠. 基于改进蚁群算法的虚拟供应链组建研究 [J]. 武汉理工大学学报（交通工程与科学版），2009，33（6）：1137-1143.

[13] 纪震，吴青华，廖惠连. 粒子群算法及应用 [M]. 北京：科学出版社，2009.

[14] 李晓磊，邵之江，钱积新. 一种基于动物自治体的寻优模式：鱼群算法 [J]. 系统理论工程与实践，2002，22（11）：32-38.

[15] 周永华，毛宗源. 一种新的全局优化搜索算法——人口迁移算法 [J]. 华南理工大学学报（自然科学版），2003，31（3）：1-5.

[16] 史峰，王辉，郁磊，等. MATLAB 智能算法 30 个案例分析 [M]. 北京：航空航天大学出版社，2010.

第 12 章　应急物资调度

12.1　研究目的与意义

目前，我国重大灾害救灾物资调度处于分散管理的状态，缺乏整体的规划和统一的指挥和协调部门。因而，我国在全面推进现代化建设的进程中，迫切需要强有力的灾害应急管理体系，为发展国家经济和保障人民安全保驾护航。在灾害应急管理中，物资调度管理是非常重要的一部分，可以为灾区民众提供切实的物资保障。尽管中国政府及相关组织有减灾防灾的预案，但目前所支出的成本巨大。在突发性自然灾害和人为灾害造成的巨大人员伤亡和财产损失中，由于应急调度造成的损失约占总损失的 15%～20%，如 SARS 造成的损失总额达 176 亿美元，其中应急调度的损失约 30 亿美元[1]。这是因为在灾难发生时，不可避免地需要大量的救援车辆的派遣，用以完成应急物资调运、发放等。因此，如何建立起一个救灾应急物资调度系统，把有限的资源规划出一个最佳的调运流程和策略，以最短的时间、运用相对经济的方式，准确地把救援物资调运到灾区，成为我国救灾工作研究的一项重要内容。所以，研究应急物资调度的问题具有重大的社会意义[2]。

灾害应急物资需求量大，应急物资供不应求，因此如何将救援物资尽快地送到各应急需求点是非常重要的一个课题。本章建立了不同约束条件下的重大灾害应急物资调度模型，从理论上丰富了重大灾害应急物资调度的内容，为重大灾害应急物资调度提供理论依据，实践上为重大灾害事件提供具体实用方法。

12.2　应急物资调度的研究现状

应急物资调度问题是研究当事故发生时，应急调度系统如何调度应急物资参与应急问题[3]。多年来，国内外学者对紧急情况下的物资调度问题进行了深入的探讨，并做了许多有意义的研究。文献［4］以应急时间最短为前提，建立了使出救点数目最少的二层优化数学模型，给出求解算法，并用数值算例验证了模型的合理性与算法的有效性。文献［5］建立了多目标数学模型，采用模糊优化方法给出了该问题的求解方法。文献［6］构建了在应急资源、应急时间和应急救援成本等多约束条件下的突发事件应急资源调度模型，并运用 PSO 算法对模型进行求解，从而实现应急资源的高效利用与合理调度。

文献［7］将组合点优化问题延伸到多受灾点，兼顾及时性与公平性，建立了一种以双层决策方法为基础的多受灾点应急资源配置模型，可以说是应急物资调度研究的一大跨越，并依据应急出救的就近原则，提出了一种多受灾点—多出救点应急资源配置动态优选策略，解决了多受灾点应急资源配置过程中出现的分配不均和资源竞争问题，可用于大规模突发事件应急物资的调度，但没有根据各受灾点的实际灾情给予灾情严重的受灾点以更大的优先权，而仅仅考虑公平性原则。

文献［8］提出了基于非合作博弈的应急资源调度模型和算法。在该调度模型中，各个事故点被视为博弈模型的局中人，可能的资源调度方案映射为策略集，将应急资源的调度问题转化为对非合作博弈调度模型的 Nash 均衡点求解问题，并对基本蚁群算法进行了改进，嵌入了 GA 的交叉操作和变邻域搜索策略，将其应用于求解该博弈模型的 Nash 均衡解。文献［9］借助模糊数学中的三角模糊数描述应急物资需求量，利用连续速度时间依赖函数模拟真实的动态路网交通状况，并考虑不同需求点的需求紧急程度差异，建立了针对性的应急物资配送动态调度的多目标数学模型。通过设计 PSO 算法，采用“离散—连续向量混合编码”方案和加权整合的适应值函数导向机制，结合连续更新的位置和速度操作策略，建立了针对这类含有离散和连续变量组合的优化模型的快速高效求解算法。文献［10］以最早应急时间为目标，研究了消耗速率为函数的连续型应急资源调度模型。文献［11］利用区间数的相关运算规则和多个区间数最大值的求法，给出了基于区间数的多资源连续消耗应急系统的应急时间最早开始与最晚结束的数学模型。文献［12］针对灾害链中多资源应急调度问题，建立了多资源多受灾点应急调度模型，设计了基于图论中网络优化和线性规划优化思想的启发式算法。文献［13］提出了基于代理的应急救助资源优化调度模型，模型中引入学习的概念，通过招投标过程积累经验信息，实现动态调度。文献［14］以连续性消耗应急过程为背景，运用 PSO 求解多目标的应急资源调度数学模型。考虑每个出救点应急资源的起始运输量，从应急系统施救成本费用和因施救不及时造成损失的双重角度构造模型的目标函数。文献［15］通过建立动态模型，研究了火灾发生前后应急资源的配置和调度问题。文献［16］将应急物流中的货物运输考虑成一个混合运输与车辆调度问题，混合运输问题解决从给定数量的供应点中计算出可以满足需要的最优路线数，车辆调度问题解决这些路线上分配到的卡车的数量，但忽视了应急运输的最终目标是提高运输速度、节约运输时间，使应急资源尽快到达目的地，而不是解决车辆的分配问题。文献［17］发展了救灾中的直升机派遣问题的数学模型，并给出了算法。文献［18］指出一个大规模的紧急突发事件有一个较长的时间，这需要巨大的快速消费品，其供应量将逐步增加与扩大其供应渠道。因此，在实际调度应急过程中，有三种供需关系快速消费品。首先，供不应求；其次，供求平衡；最后，供过于求。

12.3　确定性条件下的单目标资源调度研究

假设 S_1，S_2，…，S_i，…，S_m（$1 \leqslant i \leqslant m$）为 m 个应急服务设施点，R_1，R_2，…，R_j，…，R_n（$1 \leqslant j \leqslant n$）为受灾点，供应点 S_i 的最大可供应量为 $S_i^{\max}$，实际供应量为 S_i^{real}；需求点 R_j 的需求量为 r_j，从供应点 S_i 到需求点 R_j 的应急物资为 SR_{ij}，单位成本为 C_{ij}。现要求制定出最优的应急调度方案，即确定 S_i 应提供多少单位的应急物资到 R_j。

12.3.1　以应急成本为目标的确定性单目标模型

1. 建立模型

假设需求点 R_j 的需求量为实数 r_j，各供应点总的物资供应量 $\sum_{i=1}^{m} S_i^{\text{real}}$ 可满足各需求点的总需求量 $\sum_{j=1}^{n} r_j$。现从供应点 S_i 到需求点 R_j 的单位成本为 C_{ij}，要求制定出最优应急调度方案，即确定出从供应点 i 调度到需求点 j 的应急物资数量，使总成本最少，则可以构建如下的模型

$$\min \sum_{i=1}^{m} \sum_{j=1}^{n} SR_{ij} \cdot C_{ij} \tag{1}$$

$$\begin{cases} \sum_{i=1}^{m} SR_{ij} = r_j & \text{(2-1)} \\ \sum_{j=1}^{n} SR_{ij} \leqslant S_i^{\max} & \text{(2-2)} \\ SR_{ij} \geqslant 0 & \text{(2-3)} \end{cases} \tag{2}$$

其中，公式（1）是目标函数，表示应急物资的总成本最小；公式（2）是约束条件；其中式（2-1）表示分配到每个需求点的物资数量等于其需求量；式（2-2）表示各供应点应急物资供应量总和不能超过其最大供应量；式（2-3）表示从调度物资数量 SR_{ij} 为非负数。

2. 算例

现假设 3 个应急供应点的分别为 50、40 和 80；而 2 个应急需求点的需求量为 80、60。从供应点到需求点的单位成本如表 12-1 所示。

表 12-1　3 个供应点，2 个需求点的成本

需求点 / 供应点	R_1	R_2
S_1	2	3
S_2	2	1
S_3	4	2

根据上面的数据，建立如下的模型

$$\min(2SR_{11}+3SR_{12}+2SR_{21}+SR_{22}+4SR_{31}+2SR_{32})$$

$$SR_{11}+SR_{21}+SR_{31}=80$$

$$SR_{12}+SR_{22}+SR_{32}=60$$

$$SR_{11}+SR_{12}\leqslant 50$$

$$SR_{21}+SR_{22}\leqslant 40$$

$$SR_{31}+SR_{32}\leqslant 80$$

$$SR_{ij}\geqslant 0(0\leqslant i\leqslant 3,\ 0\leqslant j\leqslant 2)$$

通过 Matlab 进行求解，得到

$SR_{11}=50$，$SR_{12}=0$，

$SR_{21}=30$，$SR_{22}=10$，

$SR_{31}=0$，$SR_{32}=50$。

即应急需求点 1 所需的 80 个单位的应急物资应由应急供应点 1 提供 50 个单位，由供应点 2 提供 30 个单位；应急需求点 2 所需的 60 个单位的应急物资应由应急供应点 2 提供 10 个单位、供应点 3 提供 50 个单位。

12.3.2　以延误时间为目标的确定性单目标模型

1. 建立模型

假设应急供应点 S_i 到应急需求点 R_j 的应急时间为 t_{ij}，需求点 R_j 的应急物资时间目标值为 t_j，则延误时间为 $t_{ij}-t_j$，由于在相同延误时间下，延误的物资量越大产生的损失就越大，因此可把从出救点 S_i 到需求点 R_j 的物资延误时间记为 $SR_{ij}\times(t_{ij}-t_j)$，现要求制定出最优的物资调度方案，即确定出从供应点 S_i 调度到需求点 R_j 的应急物资数量，使应急物资总延误时间最少。

$$\min \sum_{i=1}^{m} \sum_{j=1}^{n} SR_{ij} \times (t_{ij} - t_j) \tag{3}$$

$$\sum_{i=1}^{m} SR_{ij} = r_j$$

$$\sum_{j=1}^{n} SR_{ij} \leqslant S_i^{\max}$$

$$SR_{ij} \geqslant 0 \tag{4}$$

模型中，式（3）是目标函数，表示应急物资总延误时间最小；公式（4）是约束条件。

2. 算例

现假设 3 个应急供应点的分别为 50、40 和 80；2 个应急需求点的需求量为 80、60，从供应点 S_i 到需求点 R_j 的时间如表 12-2。

表 12-2 供应点到需求点的时间

需求点 / 供应点	R_1	R_2
S_1	8	5
S_2	7	6
S_3	9	9

若需求点应急物资时间目标值为 $t_1=8$，$t_2=7$，则供应点 S_i 到需求点 R_i 总延误

$$\min(-2SR_{12} - SR_{21} - SR_{22} + SR_{31} + 3SR_{32})$$

$$SR_{11} + SR_{21} + SR_{31} = 80$$

$$SR_{12} + SR_{22} + SR_{32} = 60$$

$$SR_{11} + SR_{12} \leqslant 50$$

$$SR_{21} + SR_{22} \leqslant 40$$

$$SR_{31} + SR_{32} \leqslant 80$$

$$SR_{ij} \geqslant 0 (0 \leqslant i \leqslant 3, \ 0 \leqslant j \leqslant 2)$$

通过 Matlab 进行求解，得到

$$SR_{11} = 0, \ SR_{12} = 50,$$

$$SR_{21} = 30, \ SR_{22} = 10,$$

$$SR_{31}=50,\ SR_{32}=0。$$

即应急需求点 1 所需的 80 个单位的应急物资应由应急供应点 2 提供 30 个单位，由供应点 3 提供 50 个单位；应急需求点 2 所需的 60 个单位的应急物资应由应急供应点 1 提供 50 个单位、供应点 2 提供 10 个单位。

12.4　确定性条件下多目标资源调度研究

12.4.1　多目标优化问题概述

无论是科学研究还是工程应用上，多目标优化都是非常重要的研究课题。因为许多现实世界中的优化问题涉及多目标的同时优化。如下是多目标问题的一般描述。

给定决策向量 $X=(x_1,\ x_2,\ \cdots,\ x_n)$，它满足下列约束

$$g_i(X)\geqslant 0(i=1,\ 2,\ \cdots,\ k)$$

$$h_i(X)\geqslant 0(i=1,\ 2,\ \cdots,\ l) \tag{5}$$

设有 r 个优化目标，且这 r 个优化问题是相互冲突的，优化目标可以表示为

$$f(X)=(f_1(X),\ f_2(X),\ \cdots,\ f_r(X)) \tag{6}$$

寻求 $X^*=(x_1^*,\ x_2^*,\ \cdots,\ x_n^*)$，使 $f(X^*)$在满足约束的同时达到最优解。

在多目标优化中，对于不同的子目标函数可能有不同的优化目标，有的可能是最大化目标函数，也有的可能是最小化目标函数，归纳起来，主要是以下三种：

(1) 最小化所有的子目标函数。

(2) 最大化所有的子目标函数。

(3) 最小化部分子函数，而最大化其他子目标函数。

为了处理方便，一般来说，可以把各子目标优化函数统一转化为最小化或最大化。如将最大化转换为最小化，可以简单地用下列形式表示

$$\max f_i(X)=-\min(f_i(X)) \tag{7}$$

类似地，不等式约束

$$g_i(X)\leqslant 0(i=1,\ 2,\ \cdots,\ k) \tag{8}$$

可以按下列方式方便地转换为的形式

$$-g_i(X)\geqslant 0(i=1,\ 2,\ \cdots,\ k) \tag{9}$$

这样一来，任何不同表达形式的多目标优化问题都可以转换成统一的表达形式

$$\min f(X)=(f_1(X),\ f_2(X),\ \cdots,\ f_r(X)) \tag{10}$$

在多目标优化中，由于是对多个子目标的同时优化，而这些被同时优化的子目标之间往往又是相互冲突的，照顾了一个子目标的“利益”，同时必然导致其他至少一个子目标的“利益”受到损失。因此，通常情况下，对于多目标优化问题，没有绝对的或者说是唯一的最好解。

多目标优化中的最优解通常称为 Pareto 最优解，它是由 Vilfredo Pareto 在 1896 年提出的，因此被命名为 Pareto 最优解。

定义 给定一个多目标优化问题，它的最优解定义为

$$f(X^*)=\underset{X\in\Omega}{opt}f(X) \tag{11}$$

其中 $f:\Omega\to R^r$

这里为满足式可行解集，即

$$\Omega=\{X\in R^n \mid g_i(X)\geqslant 0,\ h_j(X)=0,\ i=1,\ 2,\ \cdots,\ k,\ j=1,\ 2,\ \cdots,\ l\} \tag{12}$$

称 Ω 为决策变量空间，向量函数 $f(X)$ 将 $\Omega\in R^n$ 映射到集合 $II\in R^r$，II 是目标函数空间[19~20]。

12.4.2 多目标资源调度研究

1）建立模型

假设应急供应点 S_i 到应急需求点 R_j 的应急时间为 t_{ij}，现从供应点 S_i 到需求点 R_j 的单位成本为 C_{ij}，需求点 R_j 的应急物资时间目标值为 t_j，则延误时间为 $t_{ij}-t_j$，现要求制定出最优的物资调度方案，即确定出从供应点 S_i 调度到需求点 R_j 的应急物资数量，使应急物资总延误时间最短和总成本最小。

$$\begin{cases}\min\sum_{i=1}^{m}\sum_{j=1}^{n}SR_{ij}\times C_{ij}\\ \min\sum_{i=1}^{m}\sum_{j=1}^{n}SR_{ij}\times(t_{ij}-t_j)\end{cases} \tag{13}$$

$$\sum_{i=1}^{m}SR_{ij}=r_j$$

$$\sum_{j=1}^{n}SR_{ij}\leqslant S_i^{\max} \tag{14}$$

$$SR_{ij}\geqslant 0$$

2）算例

假设 3 个应急供应点的物资分别为 50、40 和 80；2 个应急需求点的需求量为 80、60。从供应点到需求点的单位成本如表 12-1 所示，从供应点 S_i 到需求点 R_j 的时间如表 12-2 所示。要求实现总成本和总延迟时间最小，即

$$\begin{cases}\min(2SR_{11}+3SR_{12}+2SR_{21}+SR_{22}+4SR_{31}+2SR_{32})\\ \min(-2SR_{12}-SR_{21}-SR_{22}+SR_{31}+3SR_{32})\end{cases}$$

$$SR_{11}+SR_{21}+SR_{31}=80$$

$$SR_{12}+SR_{22}+SR_{32}=60$$

$$SR_{11}+SR_{12}\leqslant 50$$

$$SR_{21}+SR_{22}\leqslant 40$$

$$SR_{31}+SR_{32}\leqslant 80$$

$$SR_{ij}\geqslant 0(0\leqslant i\leqslant 3,\ 0\leqslant j\leqslant 2)$$

12.4.3　基于改进 PSO 的多目标求解

1. 惯性粒子群算法

为了改善基本粒子群算法的收敛性能，Shi 和 Eberhart 在 1998 年的 IEEE 国际进化计算学术会议上发表了题为 *A modified particle swarm optimizer* 的论文，引入了惯性权重，逐渐地大家都默认这个改进粒子群算法为标准的粒子群算法，即

$$v_{id}^{k+1}=wv_{id}^{k}+c_1r_1(p_{id}-z_{id}^{k})+c_2r_2(p_{gd}-z_{id}^{k}) \tag{15}$$

位置更新公式与基本粒子群算法的位置更新公式相同。惯性权重 w 起着权衡局部最优能力和全局最优能力的作用。

惯性权重 w 通常不是定值，而是设为一个随时间线性减少的函数，惯性权重的函数形式通常为

$$w=w_{\max}-\frac{w_{\max}-w_{\min}}{iter_{\max}}\times k \tag{16}$$

其中，$w_{\max}$为初始权重；$w_{\min}$为最终权重；$k_{\max}$为最大迭代次数；k 为当前迭代次数。

这个函数使得粒子群算法在刚开始的时候倾向于开掘，然后逐渐转向于开拓，从而在局部区域调整解。这些改进使得粒子群算法的性能得到很大的提高。

有时，惯性权重 w 还可以采用如下的两种形式：

$$w(k)=w_{\text{start}}-(w_{\text{start}}-w_{\text{end}})\left(\frac{k}{T_{\max}}\right) \tag{17}$$

$$w(k)=w_{\text{start}}-(w_{\text{start}}-w_{\text{end}})\left(\frac{k}{T_{\max}}\right)^2 \tag{18}$$

2. 带收缩因子的粒子群算法

Clerc 的研究表明使用收缩因子可以保证粒子群算法收敛。收缩因子是关于参数 c_1 和 c_2 的函数，一个简单的带收缩因子的粒子群算法定义为[21]

$$v_{id}^{k+1}=\chi[v_{id}^{k}+c_1 r_1(p_{id}-z_{id}^{k})+c_2 r_2(p_{gd}-z_{id}^{k})] \tag{19}$$

$$\chi=\frac{2}{|2-l-\sqrt{l^2-4l}|},\ l=c_1+c_2,\ l>4 \tag{20}$$

Clerc 的带收缩因子的方法中设 l 为 4.1，故收缩因子 χ 为 0.729。这相当于在速度更新公式中，使前次速度乘以 0.729，并在其他两项中乘以 0.729×2.05＝1.49445（还需乘以 0～1 的随机数）。

3. 改进粒子群算法

PSO 算法没有选择、交叉与变异等操作，算法结构简单，运行速度快。但是，PSO 在运行过程中，当某粒子发现一个当前最优位置，其余粒子将向其靠拢，如果该位置为一局部最优点，PSO 就不会继续搜索。算法陷入局部最优，出现了“早熟收敛”现象[23]。针对这个问题，本书一方面借鉴 Shi 等提出的惯性权值线性递减（linearly decreasing weight，LDW）策略，将学习因子也设置为线性递减[24,25]，即

$$w=w_{\max}-(w_{\max}-w_{\min})\left(\frac{n}{n_{iter\max}}\right) \tag{21}$$

$$c_1=(c_{1f}-c_{1i})\left(\frac{n}{iter_{\max}}\right)+c_{1i} \tag{22}$$

$$c_2=(c_{2f}-c_{2i})\left(\frac{n}{iter_{\max}}\right)+c_{2i} \tag{23}$$

其中，$w_{\max}$、$w_{\min}$分别为惯性权重 ω 的最大值、最小值；c_{1i}、c_{1f}、c_{2i}、c_{2f}分别为学习因子 c_1、c_2 的起始和终止值；n 为当前迭代次数；$n_{iter\max}$ 为最大迭代次数。

同时，为了对算法的收敛程度进行考察，定义了粒子群收敛程度 σ 来评估算法的收敛程度。一旦 σ 大于某个值，则算法将对 P_{gd} 进行变异，使得算法跳出局部最优，避免早熟收敛。通过这两个方面对算法进行改进，提出改进粒子群算法（extended PSO，EPSO）。

定义　设粒子群的粒子数目为 N，第 i 个粒子的适应度值为 f_i，当前粒子群的平均适应度为 f_{avg}，则当前粒子群的收敛程度

$$\sigma = \sqrt{\sum_{i=1}^{N}\left(\frac{f_i - f_{avg}}{\max\{1,\ \max\limits_{1\leqslant i\leqslant N}(f_i - f_{avg})\}}\right)^2} \tag{24}$$

σ 反映了算法执行的收敛程度，σ 越大，则算法处于随机搜索状态；σ 越小，则算法趋于收敛，可能出现早熟。通过参数 σ_c 来控制收敛程度 σ，如公式（25）所示。

$$p_m = \begin{cases} k & \sigma < \sigma_c \\ 0 & \text{其他} \end{cases} \tag{25}$$

通常，$\sigma_c \in [0.5,\ 2]$。p_m 为群体变异概率。对于 P_{gd} 的变异操作，将采用增加随机扰动的方法，即

$$P_{gd}^k = P_{gd}^k(1 + 0.5\eta) \tag{26}$$

其中，η 服从 Gauss（0，1）分布的随机变量[26]。

根据 PSO 算法的基本流程和上述改进策略，EPSO 算法步骤如下。

步骤 1　初始化算法参数。设定粒子群体规模 N，最大迭代次数 $n_{iter\max}$，惯性权重的最大值 $w_{\max}$、最小值 $w_{\min}$，学习因子的最大值 $c_{1\max}$、$c_{2\max}$、最小值 $c_{1\min}$、$c_{2\min}$，粒子位置的最大值 $p_{\max}$、最小值 $p_{\min}$，更新速度的最大值 $v_{\max}$、最小值 $v_{\min}$，收敛程度 σ_c，变异概率参数 k。粒子群当前最优解 x_{pbest}，对应的适应度值为 f_{pbest}；群体最优解 x_{gbest}，对应的适应度值为 f_{gbest}。

步骤 2　设定迭代次数 $n_{iter}=0$。在可行域内随机生成 N 个粒子，各个粒子的位置为 x_i（$i=1, 2, \cdots, N$），计算粒子 x_i 的适应度值，将适应度值最小的作为粒子当前的最优解 f_{lbest} 和全局最优解 f_{gbest}。

步骤 3　设 $n_{iter}=n_{iter}+1$。若 $n_{iter}>n_{iter\max}$，则算法转至步骤 7。

步骤 4　随机生成速度 v_i；通过公式（21）、公式（22）、公式（23）计算权重 w、c_1、c_2；通过第 11 章的公式（12）和公式（13）对当前粒子的速度和位置进行更新，得到新的粒子位置 x_i' 和速度 v_i'。若 $x_i'>p_{\max}$，则 $x_i'=p_{\max}$；若 $x_i'<p_{\min}$，则 $x_i'=p_{\min}$；若 $v_i'>v_{\max}$，则 $v_i'=v_{\max}$；若 $v_i'<v_{\min}$，则 $v_i'=v_{\min}$。

步骤 5　通过 x_i' 重新计算粒子的适应度值 f_i'。若 $f_i'<f_{pbest}$，则 $f_{pbest}=f_i'$，更新当前粒子群的最优位置 $x_{pbest}=x_i'$。若 $f_i'<f_{gbeest}$，则 $f_{gbest}=f_i'$，更新粒子群的最优位置 $x_{gbest}=x_i'$。

步骤 6　通过公式（24）计算收敛程度 σ。若 σ 满足公式（15），则通过公式（26）对 x_{gbest} 进行变异。算法转至步骤 3。

步骤 7　算法结束。

为了证明算法的有效性，表 12-3 给出的六个经典测试函数：Sphere 为简单

的单峰函数，在原点处达到最小值 0；Rosenbrock 为非凸的病态函数，在 $x_i=1$ 处达到最小值 0；Griewank 在原点处达到最小值 0；Rastrigrin 在原点处达到最小值 0，在原点附件有许多极小值点；Ackley 为多峰函数，在原点处达到最小值 0；Schaffers f6 在原点处达到最小值，在原点附近有许多极大值点[27]。

表 12-3 测试函数

函数	表达式	最大速度
Sphere	$f=\sum_{i=1}^{n}x_i^2$ $n=10,\ x_i\in[-100,\ 100]$	100
Rosenbrock	$f=\sum_{i=1}^{n}[100(x_{i+1}-x_i^2)^2+(x_i-1)^2]$ $n=9,\ x_i\in[-100,\ 100]$	100
Griewank	$f=\frac{1}{4000}\sum_{i=1}^{n}x_i^2-\prod_{i=1}^{n}\cos\left(\frac{x_i}{i^{1/2}}\right)+1$ $n=10,\ x_i\in[-600,\ 600]$	600
Rastrigrin	$f=\sum_{i=1}^{n}[x_i^2-10\cos(2\pi x_i)+10]$ $n=10,\ x_i\in[-10,\ 10]$	10
Ackley	$f=-c_1\exp\left(-0.2\sqrt{\frac{1}{n}\sum_{i=1}^{n}x_i^2}\right)-\exp\left(\frac{1}{n}\sum_{i=1}^{n}\cos(2\pi x_i)\right)+c_1$ $n=10,\ x_i\in[-100,\ 100]$	100
Schaffers f6	$f=0.5-\frac{\sin^2(x_1^2+x_2^2)^{1/2}-0.5}{(1+0.001\times(x_1^2+x_2^2))^2}$ $n=2,\ x_i\in[-100,\ 100]$	100

PSO、线性粒子群（linear PSO，LPSO）、EPSO 算法各自运行 20 次，取均值。算法的 $N=50$、$n_{iter\max}=200$；PSO 的 $c_1=c_2=1.49445$；LPSO 的 $w_{\max}=0.9$、$w_{\min}=0.4$；EPSO 的 $c_{1\max}=c_{2\max}=2$、$c_{1\min}=c_{2\min}=1$、σ_c 和 k 如表 12-4 所示。为了能够更加清楚地显示出三种算法的差异，六个函数值取对数显示，结果如图 12-1～图 12-6。最优值如表 12-4 所示。

表 12-4 三种算法的最优值比较

函数	理论最优值	PSO	LPSO	EPSO（σ_c，k）
Sphere	最小值，0	0.0395	0.0004	0（1.2，0.3）
Rosenbrock	最小值，0	13	9	6.2（0.8，0.3）

续表

函数	理论最优值	PSO	LPSO	EPSO (σ_c，k)
Griewank	最小值，0	0.1371	0.0812	0 (1.5，0.3)
Rastrigrin	最小值，0	10.5124	25.969	0.1 (1.2，0.3)
Ackley	最小值，0	2.6042	1.6463	1.1003e^{-007} (1.5，0.3)
Schaffers f6	最大值，1	0.9887	0.9984	0.9995 (1.5，0.3)

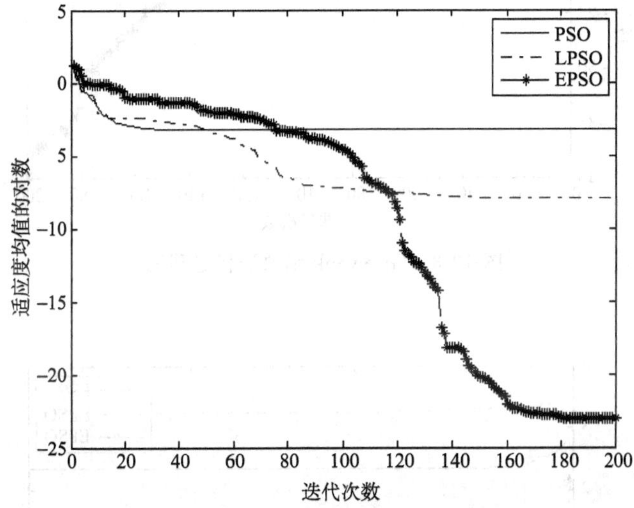

图 12-1　Sphere 函数迭代过程图

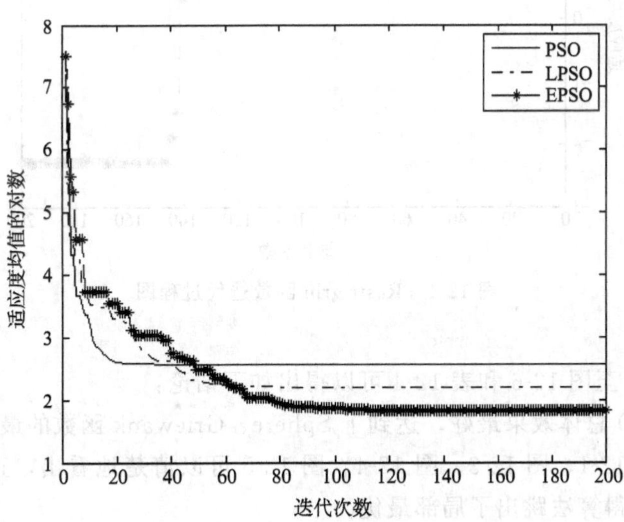

图 12-2　Rosenbrock 函数迭代过程图

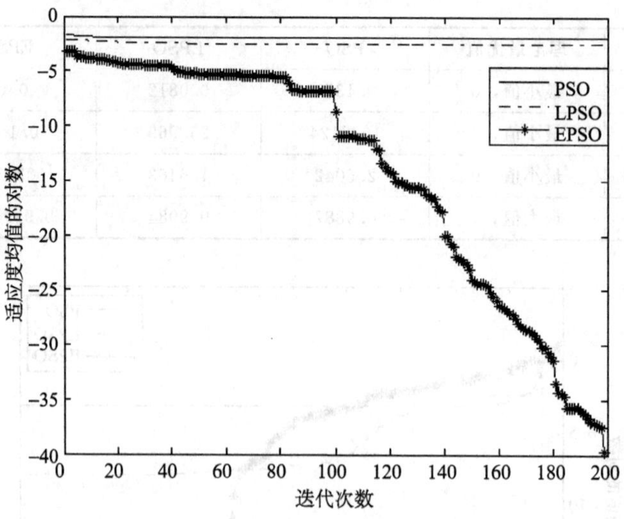

图 12-3　Griewank 函数迭代过程图

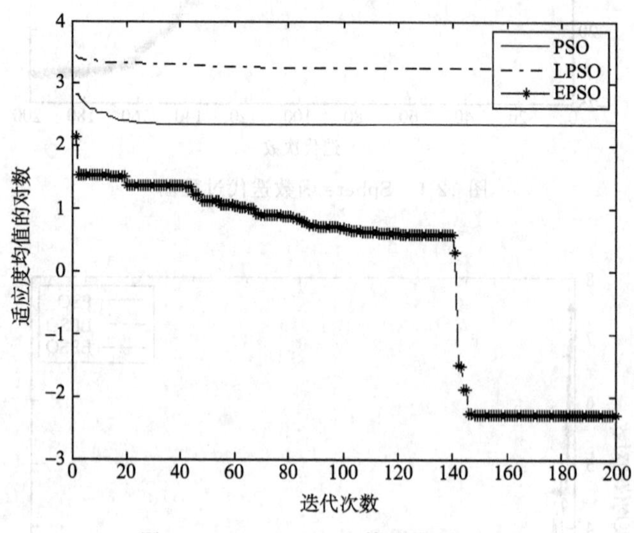

图 12-4　Rastrigrin 函数迭代过程图

从图 12-1 至图 12-6 和表 12-4 可以得出如下结论：

(1) EPSO 总体效果最好，达到了 Sphere、Griewank 函数的最优值。

(2) 从图 12-1、图 12-3、图 12-4、图 12-5 可以清楚地看出，正是 EPSO 的变异操作，使得算法跳出了局部最优。

(3) LPSO 的总体性能优于 PSO，但是在 Rastrigrin 函数上表现逊于 PSO。

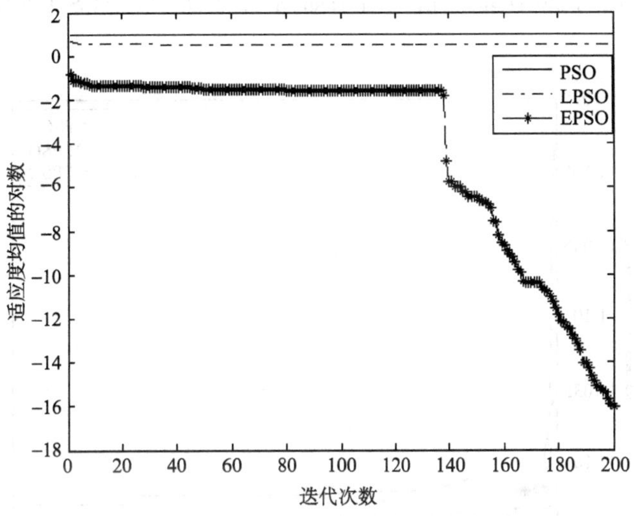

图 12-5　Ackley 函数迭代过程图

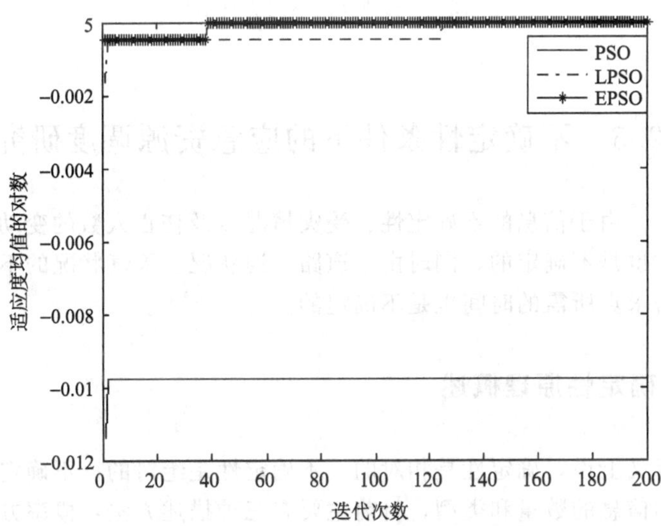

图 12-6　Schaffers f6 函数迭代过程图

(4) PSO 的总体性能最差，但是在 Rastrigrin 函数上表现好于 LPSO。

(5) 与其他五个函数相比，三种算法在 Rosenbrock 函数上的总体表现相对较差，对该函数寻优是非常困难的。这与文献［28］的观点是一致的。

设定算法的参数：$N=50$、$n_{iter\max}=200$；PSO 的 $c_1=c_2=1.49445$；LPSO 的 $w_{\max}=0.9$、$w_{\min}=0.4$；EPSO 的 $c_{1\max}=c_{2\max}=2$、$c_{1\min}=c_{2\min}=1$、$\sigma_c=1.5$、

$k=0.3$。算法运行 20 次取均值，结果如图 12-7 所示，EPSO 的优化效果是最好的。

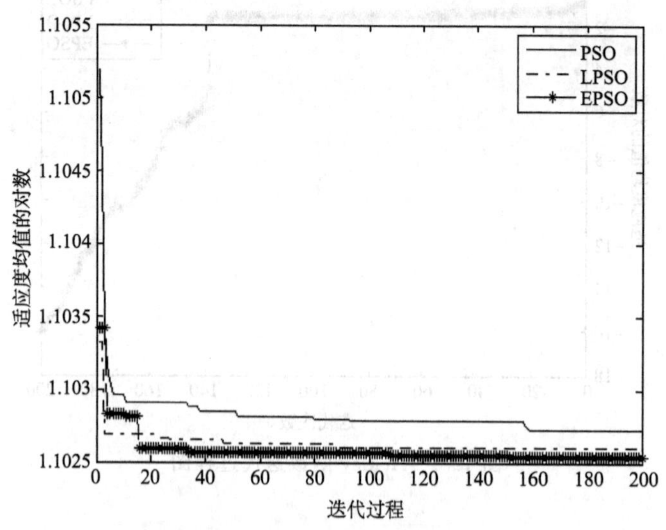

图 12-7　三种算法案例仿真结果

12.5　不确定性条件下的应急资源调度研究

在应急中，由于信息的不确定性、受灾情况以及伤亡人数的变动，应急物资的需求量往往也是不确定的，同时由于道路交通状况、天气状况的不确定，从出救点到应急需求点所需的时间也是不确定的。

12.5.1　不确定性原理概述

在某种意义上说，确定性是相对的，不确定性是绝对的。不确定性的描述方式取决于已知信息的数量和类型，目前主要有三种描述方法：概率方法、模糊方法和区间分析[29,30,31]。由于这三种方法对不确定量描述的精确程度不同，需要掌握的数据信息量是依次递减的。

12.5.2　不确定条件下的单目标应急资源调度研究

1. 区间数的定义

给定一个论域 U ，那么从 U 到单位区间[0，1]的一个映射：u_A：$U\rightarrow$[0，

1]称为 U 上的一个模糊集，或 U 的一个模糊子集，记为 A。映射函数 $u_A(.)$ 或简记为 $A(.)$，叫做模糊集 A 的隶属函数。对于每个 $x\in U$，$u_A(x)$ 叫做元素 x 对模糊集 A 的隶属度[32,33]。

模糊集的常用表示法有下述几种。

(1) 解析法，也即给出隶属函数的具体表达式。

(2) Zadeh 记法，例如 $A=\dfrac{1}{x_1}+\dfrac{0.5}{x_2}+\dfrac{0.72}{x_3}+\dfrac{0}{x_4}$。分母是论域中的元素，分子是该元素对应的隶属度。有时候，若隶属度为 0，该项可以忽略不写。

(3) 序偶法，例如 $A=\{(x_1, 1), (x_2, 0.5), (x_3, 0.72), (x_4, 0)\}$，序偶对的前者是论域中的元素，后者是该元素对应的隶属度。

(4) 向量法，在有限论域的场合，给论域中元素规定一个表达的顺序，那么可以将上述序偶法简写为隶属度的向量式，如 $A=\{1, 0.5, 0.72, 0\}$。

定义　设给定模糊集 A，对任意阈值 $\alpha\in[0, 1]$，称普通集合 $A_\alpha=\{x \mid x\in U, u_{\bar{A}}(x)\geqslant\alpha\}$ 为 A 的 α 水平截集，α 称为阈值或置信水平，一般记为 $\alpha-cut$ 集。

模糊数的种类很多，常用的有三角模糊数和梯形模糊数等，它们是根据隶属函数的几何形状命名的。实数域上所有模糊数的全体记为 FNs。

定义　R 实数域，$\forall a^-, a^+\in R$，$a^-\leqslant a^+$，称闭区间 $a=[a^-, a^+]$ 为区间数。

区间数是模糊系统理论的最基本要素，是信息不完全、不确定的数，即只知道大概范围而不知道其确切值的数。自 Zadeh 教授首次提出的近五十年来，区间数模糊系统模型在国民经济众多领域得到了广泛应用。

对于区间数 $a=[a^-, a^+]$，$w(a)=a^+-a^-$ 为区间数 a 的宽度，$m(a)=(a^++a^-)/2$ 为区间中点[34,35]。

定义　若 I 为区间数域，R 为实数域，可以定义一个算子 O：$I\to R$，$w_\lambda(a)=m(a)+\lambda w(a)$，把区间数映射到实数集上[3]。其中，$\lambda\in[-1/2, 1/2]$ 为偏好参数。

对于冒险型的决策者，$-1/2\leqslant\lambda<0$；对于中立型的决策者，$\lambda=0$；对于保守型决策者，$0<\lambda<1/2$。这样，就把不可比的区间数转化为可比的实数，并把决策者的偏好作为参数融入到应急物资调度决策中[35]。

设 $S_1, S_2, \cdots, S_i, \cdots, S_m(1\leqslant i\leqslant m)$ 为 m 个应急服务设施点，$R_1, R_2, \cdots, R_j, \cdots, R_n(1\leqslant j\leqslant n)$ 为受灾点，供应点 S_i 的最大可供应量为 $S_i^{\max}$，实际供应量为 S_i^{real}；需求点 R_j 的需求量为 r_j（r_j 为不确定的区间数或三角模糊数），从供应点 S_i 到需求点 R_j 的应急物资为 SR_{ij}，单位成本为 C_{ij}，供应点 S_i 到需求点 R_j 的时间为 t_{ij}（t_{ij} 为不确定的区间数或三角模糊数），应急需求点 R_j 的目标时间值为 T_j。现要求制定出最优的应急调度方案，即确定每个出救点应提供

多少单位的应急物资到哪个或哪几个应急需求点或者每个应急需求点所需的应急物资应由哪一个或哪几个出救点提供。应急调度目标是使在满足各需求点的应急需求的条件时，使应急成本最少或延迟时间最小。

2. 以应急成本为目标的不确定性区间单目标模型

1）建立模型

在应急中，由于信息的不确定性、灾情、伤亡人数的变动，应急需求点对应急物资的需求量也是不确定的，如果用区间数来表达这种不确定性，则需求点 R_j 的需求量 $\tilde{r}_j=[r^-, r^+]$，其中，$\tilde{r}_j$ 是区间数，r^- 是 $\tilde{r}_j$ 的下限，r^+ 是 $\tilde{r}_j$ 的上限。现要求制定出最优的应急调度方案，即确定每个出救点应提供多少单位的应急物资到哪个或哪几个应急需求点或者每个应急需求点所需的应急物资应由哪一个或哪几个出救点提供，使应急成本最小。根据上面的要求，可建立如下模型。约束函数同上。

$$\min\sum_{i=1}^{m}\sum_{j=1}^{n}SR_{ij}C_{ij} \tag{27}$$

该模型为不确定的线性区间数规划模型，可用区间数的运算方法将其转化为确定性问题。

2）算例

现假设 2 个应急需求点的需求量为[75，85]，[55，65]。从供应点到需求点的单位成本如表 12-1 所示。

(1) 假设决策者属于规避风险型的，取 $\lambda=1/2$，则 $r_1=85$，$r_1=65$。

$$\min(2SR_{11}+3SR_{12}+2SR_{21}+SR_{22}+4SR_{31}+2SR_{32})$$

$$SR_{11}+SR_{21}+SR_{31}=85$$

$$SR_{12}+SR_{22}+SR_{32}=65$$

$$SR_{11}+SR_{12}\leqslant 50$$

$$SR_{21}+SR_{22}\leqslant 40$$

$$SR_{31}+SR_{32}\leqslant 80$$

$$SR_{ij}\geqslant 0(0\leqslant i\leqslant 3,\ 0\leqslant j\leqslant 2)$$

通过 Matlab 求解，得：

$$SR_{11}=50,\ SR_{12}=0,$$

$$SR_{21}=35,\ SR_{22}=5,$$

$$SR_{31}=0,\ SR_{32}=60。$$

即应急需求点 1 所需的应急物资应由应急供应点 1 提供 50 个单位，由供应点 2 提供 35 个单位；应急需求点 2 所需的应急物资应由应急供应点 2 提供 5 个单位、供应点 3 提供 60 个单位。

(2) 假设决策者属于极好风险型的，取 $\lambda=-1/2$，则 $r_1=75$，$r_1=55$。

$$\min(2SR_{11}+3SR_{12}+2SR_{21}+SR_{22}+4SR_{31}+2SR_{32})$$

$$SR_{11}+SR_{21}+SR_{31}=75$$

$$SR_{12}+SR_{22}+SR_{32}=55$$

$$SR_{11}+SR_{12}\leqslant 50$$

$$SR_{21}+SR_{22}\leqslant 40$$

$$SR_{31}+SR_{32}\leqslant 80$$

$$SR_{ij}\geqslant 0(0\leqslant i\leqslant 3,\ 0\leqslant j\leqslant 2)$$

通过 Matlab 求解，得

$$SR_{11}=50,\ SR_{12}=0,$$

$$SR_{21}=25,\ SR_{22}=15,$$

$$SR_{31}=0,\ SR_{32}=40。$$

即应急需求点 1 所需的应急物资应由应急供应点 1 提供 50 个单位、供应点 2 提供 25 个单位；应急需求点 2 所需的应急物资应由应急供应点 2 提供 15 个单位、供应点 3 提供 40 个单位。

根据上面的讨论可知，若物资调度决策者属于风险偏好型的，应急物资总成本为 245 个单位；若物资调度决策者属于中立型，所有应急物资总成本为 270 个单位；若物资调度决策者属于规避风险型的，所有应急物资总成本为 295 个单位。这就说明，在应急时间为区间数条件下，物资调度决策者的态度影响着应急物资总成本的多少。

3. 以延误时间为目标的不确定性区间单目标模型

1) 建立模型

由于道路交通状况、天气状况的作用，应急供应点 S_j 到应急需求点 R_j 的应急时间 $\tilde{t}_{ij}$ ($\tilde{t}_{ij}=[t_{ij}^-,\ t_{ij}^+]$，$t_{ij}^-$ 为下限，t_{ij}^+ 为上限)是不确定的，需求点的应急物资时间目标值为 t_j，则单位物资延误时间为 $\tilde{t}_{ij}-t_j$，由于在相同延误时间下，延误的物资量越大产生的损失就越大，因此可把从出救点 i 到需求点 j 的物资延误时间记为 $SR_{ij}\cdot(\tilde{t}_{ij}-t_j)$，现要求制定出最优的物资调度方案，即确定出从供应点调度到需求点 j 的应急物资数量，使应急物资总延误时间最少。根据问题描述，可建立如下模型。约束函数同上。

$$\min \sum_{i=1}^{m} \sum_{j=1}^{n} SR_{ij}(\tilde{t}_{ij} - t_j) \tag{28}$$

2）算例

应急供应点的供应量和应急需求点的需求量仍同表 12-1 中算例，但从供应点到需求点的时间为区间数见表 12-5，要求给出最优调度方案，使得应急总延迟时间最少。

表 12-5　供应点到需求点的时间为区间数

需求点 供应点	R_1	R_2
S_1	[7，9]	[4，6]
S_2	[6，8]	[5，7]
S_3	[8，10]	[8，10]

若需求点应急物资时间目标值为 $t_1=8$，$t_2=7$，则供应点 S_i 到需求点 R_i 总延误如表 12-6 所示。

取 $\lambda=-1/2$

表 12-6　$\lambda=-1/2$ 时的区间数转化结果

需求点 供应点	R_1	R_2
S_1	7	4
S_2	6	5
S_3	8	8

通过 Matlab 进行求解，得到

$$SR_{11}=0，SR_{12}=50，$$
$$SR_{21}=30，SR_{22}=10，$$
$$SR_{31}=50，SR_{32}=0。$$

即应急需求点 1 所需的应急物资应由应急供应点 2 提供 30 个单位、供应点 3 提供 50 个单位；应急需求点 2 所需的应急物资应由应急供应点 1 提供 50 个单位、供应点 2 提供 10 个单位。

4. 不确定条件下的多目标应急资源调度研究

重大气象灾害应急资源调度中的绝大多数问题或多或少含有不确定因素。然而，由于数学处理上的困难和不便，在很多场合下不得不简化这些问题，化多重不确定性为单重不确定性，化不确定性为确定性。从辩证法的观点来讲，不确定性是绝对的，确定性是相对的。这里，我们就不再给出模型和算例。

参考文献

[1] 高东椰，刘新华. 浅论应急物流 [J]. 中国物流与采购，2004，12 (2)：22-23.

[2] 柴秀荣. 灾害应急救助物资调度系统研究 [D]. 中国科学技术大学，2009.

[3] 唐伟勤. 大规模突发事件应急物资调度基本模型研究 [D]. 华中科技大学，2009.

[4] 高淑萍，刘三阳. 应急系统调度问题的最优决策 [J]. 系统工程与电子技术，2003，10：1222-1224.

[5] 刘春林，沈厚才. 一类离散应急供应系统的两目标优化模型 [J]. 中国管理科学，2003，4：27-31.

[6] 姜金贵，梁静国. 基于粒子群优化算法的应急资源调度研究 [J]. 统计与决策，2009，2：53-54.

[7] 王苏生，王岩. 基于公平优先原则的多受灾点应急资源配置算法 [J]. 运筹与管理，2008，17 (3)：16-21.

[8] 张杰，王志勇，许维胜，等. 面向突发事件的应急资源调度模型的构建和求解 [J]. 计算机工程与应用，2011，47 (31)：220-223.

[9] 田军，马文正，汪应洛，等. 应急物资配送动态调度的粒子群算法 [J]. 系统工程理论与实践，2011，31 (5)：898-906.

[10] 李梅霞，车海涛. 应急资源调度模型及算法 [J]. 运筹与管理，2011，30 (3)：72-76.

[11] 周德群，张钦，陈超. 应急时间不确定下应急资源调度模型研究 [J]. 技术经济与管理究，2011，5：3-5.

[12] 李进，张江华，朱道立. 灾害链中多资源应急调度模型与算法 [J]. 系统工程理论与实践，2011，31 (3)：488-495.

[13] 杨琴，周国华，符蓉，等. 基于代理机制的应急救助资源动态调度 [J]. 软科学，2010，24 (2)：41-44.

[14] 潘郁，余佳，达庆利. 基于粒子群算法的连续性消耗应急资源调度 [J]. 系统工程学报，2007，22 (5)：556-560.

[15] Fiorucci P，Gaetanti F，Minciardi R，et al. 2004. Real time optimal allocation in national hazard management [C]. Proceeding of IEMSS 2004-complexity and integrated resource management Osnabreuck (Germany).

[16] Equi L，Gallo G，Marziale S A. 1996. Weintraub. A Combined Transportation and Scheduling Problem [M]. Pisa University，Pisa，Italy，8：523-538.

[17] Barbarosoglu Y. A Two-stage Stochastic Programming Framework for Planning in Disaster Response [J]. Journal of the Operational Research Society，2004，55：43-53.

[18] Tang W Q. Study on the whole process dispatch of fast consumable goods in a large-scale emergency [J]. Procedia Engineering，2011，15：4697-4701.

[19] 郑金华. 多目标进化算法及其应用 [M]. 北京：科学出版社，2007.

[20] 石勇，钟仪华，张建军，刘育骥. 多目标线性决策系统——理论及应用 [M]. 北京：高等教育出版社，2007.

[21] Shi Y，Ebernet R C. A modified paritcle swarm optimizer [C]. Proceedings of Congress on Evolutionary Computation，Korea：IEEE Service Cener，2001.

[22] Brits R，Engelbecha P，Berg F D. A niching particle swarm optimizer [C]. Proceedings Conf. on Simulated Evolution and Learning，Singapore，IEEE Inc.，2002：1037-1040.

[23] 吕振肃，侯志荣. 自适应变异的粒子群优化算法 [J]. 电子学报，2004，3：416-420.

[24] Shi Y H，Eberhart R C. A modified particle swarm optimizer [C]. Proceedings of the IEEE Congress on Evolutionary Computation. Piscataway，USA：IEEE Service Center，1998. 69O73

[25] Zhu H H，Wang Y，Wanga K S，Chen Y. Particle Swarm Optimization (PSO) for the constrained portfolio optimization problem [J]. Expert Systems with Applications，2011，38 (8)：10161-10169.

[26] 叶德意，何正友，臧天磊. 基于自适应变异粒子群算法的分布式电源选址与容量确定 [J]. 电网技术，2011，35 (6)：155-160.

[27] 张顶学，关治洪，刘新芝. 一种动态改变惯性权重的自适应粒子群算法 [J]. 控制与决策，2008，23 (11)：1253-1257.

[28] 纪震，吴青华，廖惠连. 粒子群算法及应用 [M]. 北京：科学出版社，2009.

[29] 李德毅，杜鹢. 不确定性人工智能 [M]. 北京：国防工业出版社，2005：57-63.

[30] 邱志平，王晓军. 不确定性结构力学问题的集合理论凸方法 [M]. 北京：科学出版社，2008：1-5.

[31] 陈立周. 稳健设计 [M]. 北京：机械工业出版社，2000.

[32] Sengupta A，Pal T K. On comparing interval numbers [J]. European Journal of Operational Research，2000，127 (1)：28-43.

[33] Wang Y M，Yang J B，Xu D L. The evidential reasoning approach for multiple attribute decision analysis using interval belief degrees [J]. European Journal of Operational Research，2006：35-66.

[34] 郭瑞鹏. 物资调运时间为区间数的最短路问题研究 [J]. 北京理工大学学报（社会科学版），2006，6：29-30.

[35] 郭瑞鹏. 应急物资动员决策的方法与模型研究 [D]. 北京理工大学，2006.

第 13 章　应急服务设施选址

13.1　研究的目的和意义

选址是指在设施准备建设之前对备选地址进行论证和决策的过程，从含义来看，首先是指对设施拟进入的区域进行分析，保证区域环境符合基本的要求；其次是选择设施建设的具体地点或方位。选址问题研究的是选定一个或几个设施的位置，并使所考虑的目标达到最优化[1]。

应急设施选址是当今深受关注的一个重要的研究方向，直接影响到应对突发事件的实效性[2]。如在城市规划建设中，决策者往往要决定一些公共紧急服务设施点的优化选址问题，如 110 出警中心、消防大队、急救中心、交通控制点，以保证城市中某些地点发生突发事件时，相应的服务设施点能在规定的时间内到达现场进行应急服务[3]。应急设施点的一个重要作用是向发生突发事件的地点提供及时必需的物资等援助，要满足时间紧迫性的第一要求或者说要在规定的时间限期内到达现场，才能对突发事件进行有效的控制。因此，对给定限期条件的应急设施选址算法的研究有重大的现实意义[4]。

13.2　国内外研究现状

13.2.1　国内研究现状

1. 常规选址问题

文献［5］考虑一个大型企业计划开设一定数量的制造/再制造工厂和销售/回收中心已进入一个区域市场，在此市场上已存在若干同类设施的情况下，通过分析新进企业与这个区域内现有企业构成一主多从 Stackelberg 主从对策问题，将均衡模型捕捉的由新进企业引起的网络均衡态的变化引入位置决策过程，建立设施竞争选址模型决策在竞争环境中使新进企业利润最大化的位置，以及产品生产量、各层设施间的产品交易量和产品价格等决策。文献［6］分析了快递网络设计中的相关费用和运输时间预算；在运输时间预算约束下，以分拣费用、运输费用、中转费用之和为目标函数，建立了多分配轴辐式快递网络枢纽选址与分配优化模型，并设计了基于条件最短路的模拟退火求解算法。文献［7］提出一种基于 K-增长多尺度网格模型的选址区域离散化方法，根据区域选址敏感度不同，进行尺度差异化网格划分。在此基础上，提出了多尺度网格投影及膨胀算法，识别并剔除“限制性区域”及距其指定范围内的多尺度网格。文献［8］运用随机约束规划为基本建模工具，将模型设计拓展到多期规划决策领域并构建了动态多期多目标选址模型，模型不仅考虑了最小化配送中心运作成本，而且考虑了客户最大满意度；运用主要目标法将多目标选址模型转化为单目标选址模型，采用满意度高优先的客户指派原则设计了贪婪启发式求解算法。文献［9］构建了基于旅客选择行为的铁路客运站选址优化模型。该模型是一个双层规划模型，其中上层规划以社会效益最大化为优化目标；下层规划描述了多用户条件下的弹性需求用户均衡问题。文献［10］研究了在容量受限条件下的工厂选址问题。针对现有模型对覆盖问题、经济效益问题和发展状况问题考虑不足，提出一种新的改进蚁群算法对其进行求解。文献［11］针对战区装备保障点动态选址决策问题，建立了相应选址模型，分析了遗传算法、反向传播（back propagation，BP）神经网络和模拟退火算法的优缺点，给出了一种基于遗传模拟退火算法的BP算法。文献［12］针对反恐设施选址问题，考虑反恐设施点准备时间及反恐物资的运送时间对核生化恐怖袭击损失的影响，构建完全信息非合作动态博弈模型，讨论连续选取单个设施点和离散选取多个设施点的不同情形，应用遗传算法求解子博弈精炼纳什均衡。

2. 应急选址问题

文献［13］以城市突发事件的应急管理为应用背景，研究使用空间聚类技术解决应急服务机构的选址问题。首先提出实施聚类分析的数据模型，然后改进既有空间聚类算法的基础上，提出了以 k-means 聚类算法缩减解空间的搜索范围、以模拟退火算法为解搜索策略。基于 GIS 系统，充分考虑空间障碍物因素和空间环境因素等限制条件，提出（COD-MEANS-CLASA）的空间聚类算法以实现应急救援机构的科学选址。文献［14］针对应急系统的“易接近性”，提出了基于 P-中值问题的应急系统多层级选址问题。文献［15］针对重大突发事件应急响应的特点，引入最大临界距离和最小临界距离的概念，在阶梯形覆盖质量水平的基础上，建立了多重数量和质量覆盖模型。模型的优化目标是满足需求点的多次覆盖需求和多需求点同时需求的要求条件下，覆盖的人口期望最大。文献［16］提出了一种基于灾害发生概率、灾害扩散函数和救援函数的救援中心选址优化的数学模型，并通过一种基于嵌入启发式遗传算法对模型进行求解。文献［17］通过分析城市应急物流设施选址的基本特征，提出利用模糊折中型多属性决策方法进行应急物流设施选址备选方案的决策偏好生成。在此基础上，建立综合考虑满意度和建设成本的多目标选址规划模型，在给出满意度函数的确定方法后，提出利用模拟退火算法进行模型的求解。文献［18］针对城市避难场所选址和避难人员分配问题，开发了基于 GIS 和多目标规划模型的决策支持系统。通过图层叠加，筛选出城市风险区之外的绿地、公园等空间作为避难场所备选点。通过 GIS 的网络分析功能，提取城市道路网络的拓扑，计算节点之间的最短路径。建立城市避难场所选址优化的多目标规划模型，优化城市所需的避难场所个数、选址和服务区域。

13.2.2 国外研究现状

1. 常规选址

文献 [19] 应用混合整数线性规划模型对加油站的位置进行了优化，同时考虑了车辆的运行范围，而且考虑到了加油时的最短路径。文献 [20] 指出：对于供应链而言，需要对配送中心的数量和位置进行决策，提出了一种基于拉格朗日松弛算法对该模型进行求解。文献 [21] 研究了计算机回收闭环网络的选址-分配问题。文献 [22] 考虑有限容量多产品闭环供应链，建立 MILP 模型决策回收中心和再制造设施的最优位置，并提出整合禁忌搜索算法和 Bender 分割的 Bender 分解求解方法。文献 [23] 通过使用 Monto Carlo 模拟技术求解在需求和回收产品数量不确定条件下非线性混合整数规划问题，确定了分销中心与回收中心的选址与流量分配。文献 [24] 建立了包含正向与逆向物流网络的多周期多阶段随机整数线性规划模型来决策设施的位置、运输路线及设施间产品流量。

2. 应急选址

文献 [25] 研究了不确定条件下，紧急情况下实施的医疗救助站的最优布局和位置问题，建立了相应的模型。通过启发式算法对模型进行了求解。文献 [26] 对最大覆盖模型进行了扩展，建立了新的模型。模型的出发点：以在目标事件内满足需求的概率来取代常见的 0/1 覆盖；一旦救助站确定，必须确保至少有足够的救护车对应急点实施救助。并通过以沙特阿拉伯的某医疗机构为验证对象，对模型进行了实证研究。文献 [27] 考虑了需求不确定和供给不足的情况下，医疗实施服务应对大规模突发事件的选址优化问题。通过三种启发式算法对建立的模型进行了求解，并对这三种算法的性能进行了对比。给出了选取启发式算法的建议。文献 [28] 讨论了救灾物资运输计划编制中的两阶段随机规划框架，把防灾救灾物资的运输分为两个阶段，解决了地震灾害中的应急物资配置问题。

13.3 应急选址模型

选址问题最早是由 Alfred Weber 于1909年提出的，当时他是为了在平面上选择一个仓库地址，使得仓库到多个顾客之间的总距离最短，他在欧氏空间里建立了一个 1-中位模型，这就是著名的 Weber 问题。从此正式开始了选址问题理论的研究。选址问题在社会生活的各个方面有很广泛的应用。比如：物流配送中心、工厂、仓库、垃圾处理中心、消防站、急救中心、110 报警中心等，选址的好坏直接关系到服务的效率、质量和成本。尤其现在全世界重视预防和控制突发事件，应急选址问题更为人们所关注。这是因为将应急服务点置于合理的位置，不仅可以降低成本，而且还能够保证提供应急物资的时效性，从而避免了可能导致更大的损失。如果从服务点的多少来划分，应急服务点选址决策至少涉及两方面问题，即单个服务点选址决策问题和多服务点选址决策问题[29]。

13.3.1 p-中值模型

p-中值模型最早由文献［30］提出。它主要是考虑到提供服务的设施场所对公众的“易接近性”。p-中值问题是选定 p 个设施的位置，使全部或平均性能最优的问题。通常是使成本最小，如使总（平均）运输距离最小，使总（平均）需求加权距离最小，使总的运输时间最小，或者使总运输费用最小等，故又称为最小和问题，或称为 p“重心”问题。

文献［31］最早给出了 p-中值问题的整数线性规划的表示方法：

设 $S=\{S_i \mid i=1, 2, \cdots, m\}$为应急点的集合；$F=\{F_j \mid j=1, 2, \cdots, n\}$为候选服务设施点的集合；$w_i$ 为应急点的权重(可以是人口数，呼叫的次数等)；d_{ij}为从应急点到候选服务设施点的距离；p 为可以建立的应急服务设施的总数($p\leqslant n$)。

$$x_j=\begin{cases}1，若获选服务设施点 F_j 被选中\\0，否则\end{cases}；$$

$$y_{ij}=\begin{cases}1，若应急点 S_i 由候选服务设施点 F_j 来提供服务\\0，否则\end{cases}；$$

数学模型为

$$\min z=\sum_{i=1}^{m}\sum_{j=1}^{n}w_i d_{ij} y_{ij} \tag{1}$$

$$\sum_{j=1}^{n} y_{ij}=1，i=1，2，\cdots，m \tag{2}$$

$$y_{ij}-x_j\leqslant 0,\ i=1,\ 2,\ \cdots,\ m;\ j=1,\ 2,\ \cdots,\ n \tag{3}$$

$$\sum_{j=1}^{n}x_j=p \tag{4}$$

$$y_{ij},\ x_j\in\{0,\ 1\},\ i=1,\ 2,\ \cdots,\ m;\ j=1,\ 2,\ \cdots,\ n \tag{5}$$

目标函数（1）使各个应急点到 p 个服务设施之间的总加权距离最小；约束式（2）表示为应急点 S_i 服务的设施仅为一个；约束式（3）保证仅对一个开放的服务设施指派应急点；约束式（4）保证选定的服务设施数目是 p。

13.3.2 p-中心模型

文献［32］提出了网络上的 p-中心问题，它是指选定 p 个设施的位置，使最坏的情况最优，如使最大反应时间最小、使应急点到最近设施的最大距离最小或使最大损失最小等，所以也叫极小化最大问题，最优目标值也叫 p-半径，这是一种保守的方法，通常在军队、医院、紧急情况和有服务标准承诺的服务行业中使用。

设 $S=\{S_i\mid i=1,\ 2,\ \cdots,\ m\}$为应急点的集合；$F=\{F_j\mid j=1,\ 2,\ \cdots,\ n\}$为候选服务设施点的集合；$D$ 为应急点到已设定的候选服务设施的最大距离；p 为可以建立的应急服务设施的总数($p\leqslant n$)。

$$x_j=\begin{cases}1，若获选服务设施点\ F_j\ 被选中\\0，否则\end{cases};$$

$$y_{ij}=\begin{cases}1，若应急点\ S_i\ 由候选服务设施点\ F_j\ 来提供服务\\0，否则\end{cases};$$

数学模型为

$$\min D \tag{6}$$

$$\sum_{j=1}^{n}y_{ij}=1,\ i=1,\ 2,\ \cdots,\ m \tag{7}$$

$$y_{ij}-x_j\leqslant 0,\ i=1,\ 2,\ \cdots,\ m;\ j=1,\ 2,\ \cdots,\ n \tag{8}$$

$$\sum_{j=1}^{n}x_j=p \tag{9}$$

$$D-\sum_{j=1}^{n}d_{ij}y_{ij}\geqslant 0 \tag{10}$$

$$y_{ij},\ x_j\in\{0,\ 1\},\ i=1,\ 2,\cdots,\ m;\ j=1,\ 2,\ \cdots,\ n \tag{11}$$

目标函数式(6)是使最大距离 D 最小；约束式(7)是保证指派给应急点的服务设施只有一个；约束式(8)保证仅对开设的设施指派给应急点；约束式(9)保证

选定的设施数量为给定的 p；约束式(10)定义为任何应急点 S_i 与最近服务设施点 F_j 之间的最大距离。

13.3.3 LSCP 模型

位置集合覆盖问题(location set covering problem，LSCP)的数学模型的目标是在满足覆盖所有应急点的情况下，确定建立应急服务设施的个数或建设费用最小，并配置这些服务设施使所有的应急点都能被覆盖到。LSCP 模型主要用于解决消防站和救护车等的应急服务设施的选址问题[33]。

设 $S=\{S_i \mid i=1, 2, \cdots, m\}$ 为应急点的集合；$F=\{F_j \mid j=1, 2, \cdots, n\}$ 为候选服务设施点的集合；d_{ij} 为应急点 S_i 到候选服务设施点 F_j 的距离(或 t_{ij} 为应急点 S_i 到候选服务设施点 F_j 的时间)；D 为应急规定的限制距离(或 T 为应规定限制的时间)；

$$N_i=\{j \mid d_{ij} \leqslant D\}(\text{或 } N_i=\{j \mid t_{ij} \leqslant T\})；$$

$$x_j=\begin{cases}1, & \text{若获选服务设施点 } F_j \text{ 被选中} \\ 0, & \text{否则}\end{cases}。$$

则能覆盖到所有应急点的必须的最少应急服务设施数量和位置可由下列位置集合覆盖模型确定：

$$\min z=\sum_{j=1}^{n} x_j \tag{12}$$

$$\sum_{j \in N_j} x_j \geqslant 1, \ i=1, 2, \cdots, m \tag{13}$$

$$x_j \in \{0, 1\}, \ j=1, 2, \cdots, n \tag{14}$$

目标函数式（12）是使设置的服务设施数最小，约束式（13）保证每个应急点至少被一个服务设施点覆盖。但是在实际应用中，如果受到预算的限制，LSCP 就不适用了，因为求出的费用值可能会大于实际的总预算，所以最大覆盖问题（maximum covering location problem，MCLP）模型就应运而生了。

13.3.4 MCLP 模型

MCLP 是集合覆盖问题的一个最重要的变形，是由 Church 和 Revelle 提出的[34]。在实际设施的决策中，覆盖所有的应急点可能会导致过高的财政支出，如果由于预算的限制，有可能覆盖不到所有的应急点，那么只能确定有限个 p 服务设施，使覆盖的应急点的总价值和（人口或其他指标）最大[34,35]。

设 $S=\{S_i \mid i=1, 2, \cdots, m\}$ 为应急点的集合；$F=\{F_j \mid j=1, 2, \cdots,$

$n\}$为候选服务设施点的集合；w_i 为应急点的权重(可以是人口数、呼叫的次数等)；p 为可以建立的应急服务设施的总数($p \leqslant n$)。

$$x_j = \begin{cases} 1, & \text{若获选服务设施点 } F_j \text{ 被选中} \\ 0, & \text{否则} \end{cases};$$

$$y_{ij} = \begin{cases} 1, & \text{若应急点 } S_i \text{ 由候选服务设施点 } F_j \text{ 来提供服务} \\ 0, & \text{否则} \end{cases};$$

d_{ij}为从应急点S_i 到候选服务设施点F_j 的距离(或 t_{ij}：应急点 S_i 到候选服务设施点F_j 的时间)；D 为应急规定的限制距离(或 T：应规定限制的时间)；$N_i = \{j \mid d_{ij} \leqslant D\}$(或 $N_i = \{j \mid t_{ij} \leqslant T\}$)。

则最大覆盖模型的数学模型为

$$\max z = \sum_{i=1}^{m} w_i y_i \tag{15}$$

$$\sum_{j \in N_j}^{n} x_j - y_i \geqslant 0,\ i = 1,\ 2,\ \cdots,\ m \tag{16}$$

$$\sum_{j=1}^{n} x_j = p \tag{17}$$

$$y_{ij},\ x_j \in \{0,\ 1\},\ i = 1,\ 2,\ \cdots,\ m;\ j = 1,\ 2,\ \cdots,\ n \tag{18}$$

目标函数式(15)是在有限的资源下使被覆盖的应急点的价值总和最大，约束式(16)保证选定的服务设施覆盖应急点 S_i，约束式(17)指定被选择的应急服务设施数为 p。

13.4　基于 PSO 算法的应急救援选址

13.4.1　问题的描述与模型

假设目前有 i 个地点发生突发事件($i = 1,\ 2,\ \cdots,\ N$)，有 j 个救援中心($j = 1,\ 2,\ \cdots,\ M$)。救援中心的出救成本为 C_j。由于救援力量的限制，第 j 个救援中心最多能对 L_j 个突发事件实施救助。在救助的过程中，第 i 个中心的待救群体满意度为 $S_i(T_{ij})$。要求出救成本最小，满意度最大。

根据上述问题描述，设置如下的变量：

i 表示应急救援需求点，$i = 1,\ 2,\ \cdots,\ N$；j 表示应急救援的提供者，$j = 1,\ 2,\ \cdots,\ M$；x_{ij}为 0-1 变量，表示第 i 个需求点是否能够得到第 j 个救援中心的救助。1 表示提供救援；0 表示不提供救援。C_j 表示第 j 个救援中心的出救成本；T_{ij}表示第 j 个救援中心到第 i 个需求点的时间；L_{T_i} 表示第 i 个救援中心的理想救助时间，在$[0,\ L_{T_i}]$时间内达到需求点，群体的满意度为 1；U_{T_i} 表示第 i

个救援中心的失效救助时间。在$[U_{T_i}, +\infty]$时间内达到需求点，群体的满意度为0；a_{ij}表示第j个救援中心到第i个待救援中心的时间参考值，利用a_{ij}代替T_{ij}来比较其与失效时间U_{T_i}的关系，当$a_{ij} \geqslant U_{T_i}$时，则$a_{ij}=0$；否则，$a_{ij}=1$模型如下：

$$\max z_1 = \sum_{i=1}^{N}\sum_{j=1}^{M} S_i(T_{ij}) x_{ij} a_{ij}, \quad \min z_2 = \sum_{i=1}^{N}\sum_{j=1}^{M} C_i(T_{ij}) x_{ij} a_{ij} \tag{19}$$

即
$$\min z_1 = -\sum_{i=1}^{N}\sum_{j=1}^{M} S_i(T_{ij}) x_{ij}, \quad \min z_2 = \sum_{i=1}^{N}\sum_{j=1}^{M} C_i(T_{ij}) x_{ij} \tag{20}$$

$$\sum_{j=1}^{M} a_{ij} x_{ij} \geqslant 1,\ i=1,\ 2,\ \cdots,\ N \tag{21}$$

$$\sum_{i=1}^{N} a_{ij} x_{ij} \leqslant C_j,\ j=1,\ 2,\ \cdots,\ M \tag{22}$$

$$x_{ij} \in \{0,\ 1\} \tag{23}$$

目标函数(19)表示模型的目标有两个，一个为最大化应急需求点的满意度、另一个为最小化出救成本；约束条件(21)表示所有的待救援点都会被救助到；约束条件(22)是对其救援能力的约束；约束条件(23)表示变量的取值范围。

1) 满意度函数$S_i(T_{ij})$的确定

借鉴文献[36]的思路，并根据群体对救援的期望程度，设定三个区间$[0, L_{T_i}]$，$[L_{T_i}, U_{T_i}]$，$[U_{T_i}, +\infty]$。对应的满意度函数如下：

$$S_i(T_{ij}) = \begin{cases} 1 & T_{ij} \leqslant L_{T_i} \\ \left(\dfrac{U_{T_i} - T_{ij}}{U_{T_i} - L_{T_i}}\right)^{k1i} & L_{T_i} < T_{ij} \leqslant U_{T_i} \\ 1 & T_{ij} > U_{T_i} \end{cases} \tag{24}$$

2) 出救成本函数$C_i(T_{ij})$的确定

出救成本包括两个部分，一个是固定的成本，一个是与时间T_{ij}的指数函数。

$$C_i(T_{ij}) = C_{1i} T_{ij}^{\ k2i} + C_{2i} \tag{25}$$

13.4.2　仿真实验

目前，某地区有3个急待救援点，4个救援中心，每个救援中心一次最多可以救助2个待救援点。3个待救援点的期望救援时间分别为：8，10，6；失效救援时间分别为：20，32，19。4个救援中心到3个待救援点的时间：

$$T_{34}=\begin{bmatrix}15 & 7 & 16 & 19\\17 & 15 & 9 & 12\\7 & 31 & 15 & 8\end{bmatrix}$$

为了简化模型，设定满意度函数中的 $k_{1i}=2$；出救成本函数中的 $k_{2i}=1$，$C_{1i}=100$，$C_{2i}=1000$，$i=1$，2，3，4。根据上述模型，并结合上述数据，得出了如下的函数和约束条件：

$$z_1=-\left[\left(\frac{5}{12}\right)^2 x_{11}+x_{12}+\left(\frac{4}{12}\right)^2 x_{13}+\cdots+\left(\frac{11}{13}\right)^2 x_{34}\right]$$

$$\begin{cases}x_{11}+x_{12}+x_{13}+x_{14}\geqslant 1\\x_{21}+x_{22}+x_{23}+x_{24}\geqslant 1\\x_{31}+0x_{32}+x_{33}+x_{34}\geqslant 1\end{cases}$$

$$\begin{cases}x_{11}+x_{21}+x_{31}\leqslant 2\\x_{12}+x_{22}+0x_{32}\leqslant 2\\x_{13}+x_{23}+x_{33}\leqslant 2\\x_{14}+x_{24}+x_{34}\leqslant 2\end{cases}$$

利用粒子群算法，并结合线性加权的思想对其进行求解。设置进化次数为 100；种群规模为 20；粒子群算法更新参数 $c_1=c_2=1.49$；$w=0.5$；最终得出出救决策表 13-1。

表 13-1　决策表

	救援中心 1	救援中心 2	救援中心 3	救援中心 4
待救援点 1	×	√	√	×
待救援点 2	√	√	√	√
待救援点 3	√	×	×	√

说明，第 1 个待救点由第 2 和第 3 个救援中心进行救助；第 2 个待救点由第 1、2、3、4 个救援中心进行救助；第 3 个待救点由第 1 和第 4 个救援中心进行救助。总的满意度为：5.5676；出救成本为：17 100。迭代次数与个体适应度曲线如图 13-1～图 13-5 所示。

在固定惯性权重 w 下，迭代于第 6 次迭代收敛，收敛于－0.9523。对于惯性权重 w，常见的动态变化有如下四种情况。

(1) $w(k)=w_{\text{start}}-(w_{\text{start}}-w_{\text{end}})\left(\dfrac{k}{T_{\max}}\right)$

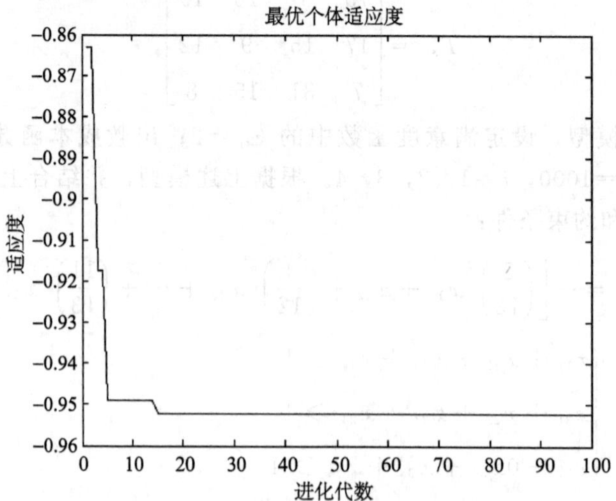

图 13-1 迭代次数与个体适应度曲线 1

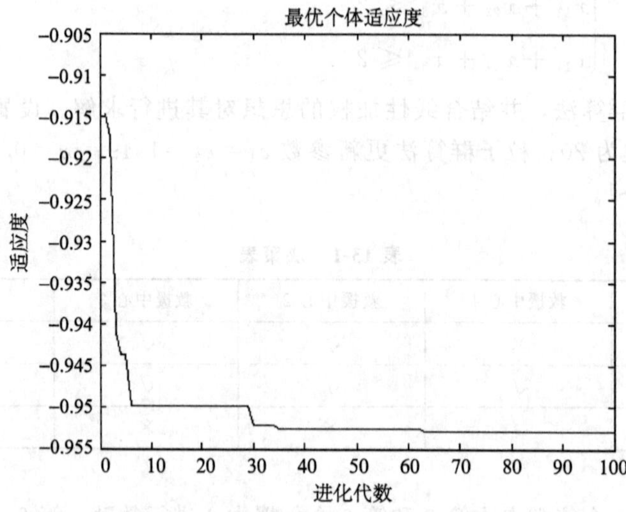

图 13-2 迭代次数与个体适应度曲线 2

于第 63 次迭代收敛，收敛于－0.9528。

(2) $w(k)=w_{\text{start}}-(w_{\text{start}}-w_{\text{end}})\left(\frac{k}{T_{\max}}\right)^2$

于第 27 次迭代收敛，收敛于－0.9511。

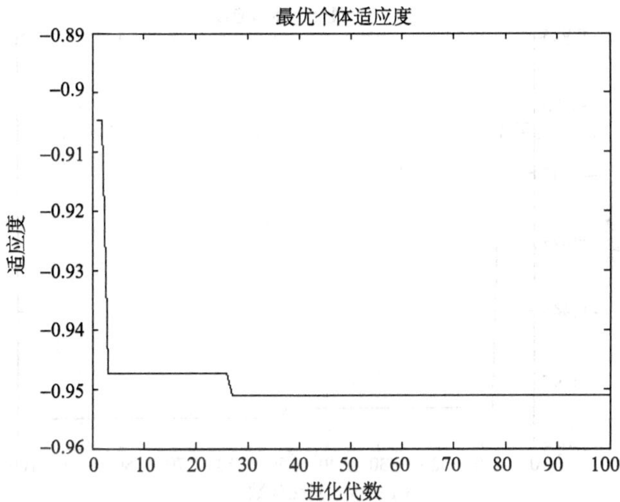

图 13-3 迭代次数与个体适应度曲线 3

(3) $w(k)=w_{\text{start}}-(w_{\text{start}}-w_{\text{end}})\left[\dfrac{2k}{T_{\max}}-\left(\dfrac{k}{T_{\max}}\right)^2\right]$

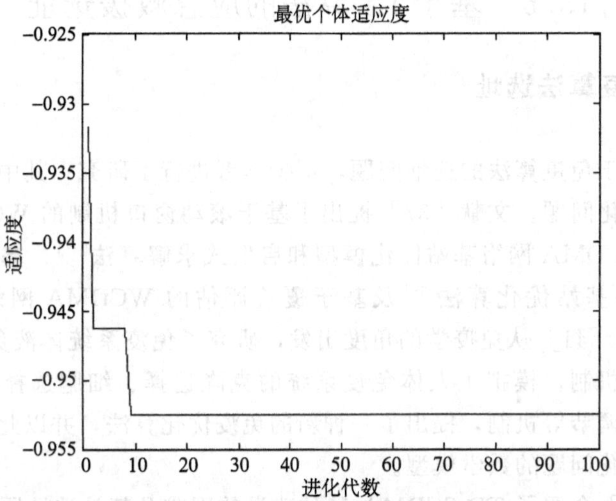

图 13-4 迭代次数与个体适应度曲线 4

于第 9 次迭代收敛，收敛于－0.9525。

(4) $w(k)=w_{\text{end}}\left(\dfrac{w_{\text{start}}}{w_{\text{end}}}\right)^{1/(1+ck/T_{\max})}$

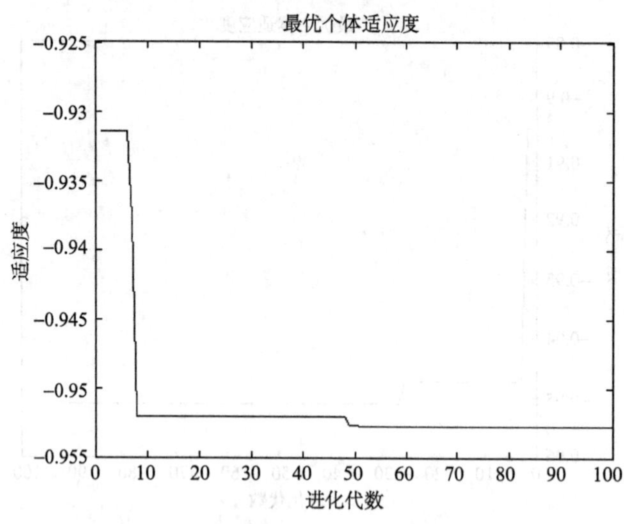

图 13-5 迭代次数与个体适应度曲线 5

于第 51 次迭代收敛，收敛于－0.9528。

13.5 基于 IA 算法的应急救援选址

13.5.1 免疫算法选址

目前，基于免疫算法的选址问题，不少学者进行了研究。其中，较多的是通信机站选址优化问题。文献［37］提出了基于滚动窗口机制的 WCDMA 的基站优化方案、WCDMA 网络基站优化模型和启发式求解算法[38]、基于遗传算法的 WCDMA 网络基站优化算法[39]及基于覆盖评估的 WCDMA 网络基站优化方案[40]等。文献［41］从免疫学的角度出发，研究了免疫系统体液免疫应答原理，基于免疫应答机制，模拟了人体免疫系统的克隆选择、细胞选择、记忆细胞获取、抗体浓度调节等机制，提出了一种新的免疫优化算法，并以此为依据，设计了基站选址优化问题的数学模型。

文献［42］介绍了 TD-SCDMA 基站建设的困难及基站选址原则，设计了基于实数编码的克隆增殖算子、克隆变异算子及克隆选择算子，给出了求解基站选址优化问题的免疫记忆克隆算法框架。为了解决 WCDMA 网络基站选址优化问题，文献［43］给出了一个基于免疫计算的选址优化方案。研究了容量约束下的小区面积，给出了免疫优化算法框架，文献［38］给出了 WCDMA 网络基站选址优化的数学模型及启发式优化算法，但是在其模型中，没把容量这个重要的要素考虑进去；文献［37］基于滚动窗优化方法，把全局优化问题分解成一个个局部优化子问题，解决的是宏区域 WCDMA 网络基站优化问题，但是其优化性能尚需进一步提高；文献［44］给出了一种基于遗传算法的 WCDMA 网络基站选址优化方案，其缺陷是算法收敛速度较慢，不适宜解决大规模基站优化问题。

13.5.2　基于免疫算法求解选址问题

步骤 1　设置免疫算法初始化参数：种群规模 50，记忆库容量 10，迭代次数 100，交叉概率 0.5，变异概率 0.4，多样性评价参数 0.95。

步骤 2　初始化种群，即 60 组变量，每组变量为 12 个满足条件的初始 0-1 变量，使其满足约束条件。

步骤 3　通过计算适应度值来评价上述种群。

步骤 4　形成父代群体。将上述 60 组变量按照适应度值进行降序排列，选取前 10 组适应度值高的变量加入到记忆库中，选取前 10 组适应度值高的变量构成父代群体。

步骤 5　是否满足结束条件，如果满足，即结束；否则，继续下一步操作。

步骤 6　形成新群体。按照轮盘赌策略进行选择操作，采用单点交叉法进行交叉操作，按照随机选择变异位进行变异操作。

步骤 7　算法转到步骤 3。

基于上述算法，通过 Matlab 软件进行仿真，得到如图 13-6 所示的收敛曲线。算法最终的计算结果与粒子群相同。但算法的执行时间较长。

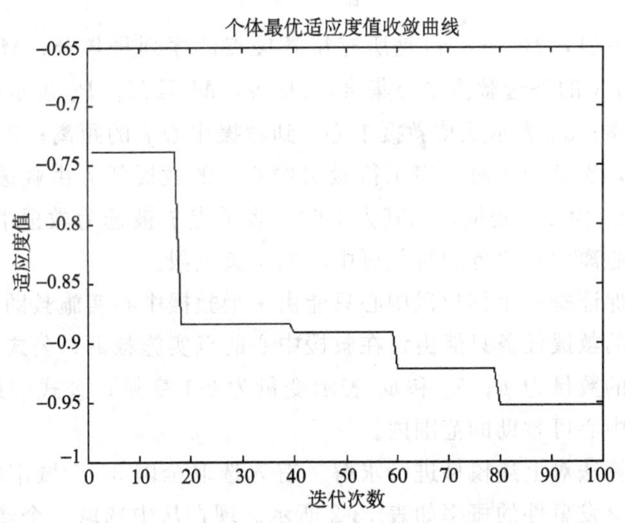

图 13-6　个体最优适应度值收敛曲线图

13.5.3 基于坐标的救援中心选址

基于坐标的救援中心建设模型中，做如下的假设：

(1) 新建设的救援中心可以满足需求点需求，并由其辐射范围内的需求量来确定；

(2) 一旦发生突发事件，一个待救援中心仅仅需要一个新建救援中心进行救助。

基于上述假设，建立如下模型。对 n 个待救援中心进行分析，根据其突发事件发生的概率情况，计划在其中选取 p 地址，建立应急救援中心，对 n 个待救援中心实施救援。目标函数是各救援中心到待救援中心的距离和发生突发事件概率之积最小，目标函数如下。

$$\min F=\sum_{i\in N}\sum_{j\in M_i}P_i d_{ij}Z_{ij} \tag{26}$$

约束条件为

$$\sum_{j\in M_i}Z_{ij}=1,\ i\in N \tag{27}$$

$$Z_{ij}\leqslant h_j,\ i\in N,\ j\in M \tag{28}$$

$$\sum_{j\in M_i}h_j=p \tag{29}$$

$$Z_{ij},\ h_j\in\{0,\ 1\},\ i\in N,\ j\in M_i \tag{30}$$

$$d_{ij}\leqslant s \tag{31}$$

其中，$N=\{1,\ 2,\ \cdots,\ n\}$是所有待救援点的序列号集合；M_i 为待救援中心 i 的距离小于 s 的备选救援中心集合，$i\in N$，$M_i\subseteq N$；P_i 表示待救援点发生突发事件的概率；d_{ij} 表示从待救援中心 i 到救援中心 j 的距离；Z_{ij} 为 0-1 变量，表示救援与否，当其为 1 时，表示待救援中心 i 的救援任务由救援中心 j 完成，否则 $Z_{ij}=0$；h_j 为 0-1 变量，当其为 1 时，表示点 j 被选为救援中心建设点；s 为新建救援中心离由它服务的待救援中心的距离上限。

公式(27)保证每一个待救援中心只能由一个救援中心实施救助；公式(28)保证待救援中心的救援任务只能由设在救援中心的点实施救助；公式(29)规定了被选为救援中心的数量为 p；Z_{ij} 和 h_j 表示变量为 0-1 变量；公式(31)保证了待救援中心在救援中心可救助的范围内。

通过免疫算法对上述模型进行求解。首先选取全国 31 个城市的坐标，坐标的位置和发生突发事件的概率如表 13-2 所示。现在从中选取 6 个建立救援中心，对发生事件实施救援工作。

表 13-2　地址坐标和发生灾害的概率

i	(U_i, V_i)	P_i	i	(U_i, V_i)	P_i
1	(1304，2312)	0.0012	17	(3918，2179)	0.0080
2	(3639，1315)	0.0090	18	(4061，2370)	0.0070
3	(4177，2244)	0.0080	19	(3780，2212)	0.0090
4	(3712，1399)	0.0060	20	(3676，2578)	0.0050
5	(3488，1535)	0.0070	21	(4029，2838)	0.0040
6	(3326，1556)	0.0060	22	(4263，2931)	0.0050
7	(3238，1229)	0.0035	23	(3429，1908)	0.0070
8	(4196，1044)	0.0085	24	(3507，2376)	0.0065
9	(4312，790)	0.0090	25	(3394，2643)	0.0070
10	(4386，570)	0.0070	26	(3439，3201)	0.0040
11	(3007，1970)	0.0055	27	(2935，3240)	0.0035
12	(2562，1756)	0.0040	28	(3140.3550)	0.0050
13	(2788，1491)	0.0030	29	(2545，2357)	0.0060
14	(2381，1676)	0.0035	30	(2778，2826)	0.0040
15	(1332，695)	0.0015	31	(2370，2975)	0.0025
16	(3715，1678)	0.0070			

根据上述模型，按照免疫算法的步骤对上述模型进行求解。其中解的多样性评价如下。

1）亲和力函数 A_v

$$A_v=\frac{1}{F_v}=\frac{1}{\sum_{i\in N}\sum_{j\in M_i}P_i d_{ij}Z_{ij}-C\sum_{i\in N}\min\{(\sum_{j\in M_i}Z_{ij})-1,\ 0\}} \tag{32}$$

其中，F_v 为目标函数；分母中第二项表示对违反距离约束的解给予惩罚，C 取一个比较大的整数。

2）抗体与抗体间亲和力

这里借鉴由 Forrest 等提出的 R 位连续方法计算抗体与抗体间的亲和力。R 位连续方法实际是一种部分匹配规则。该方法的关键是确定一个 R 值，代表亲和度判定的阈值。两种个体编码有超过 R 位或者连续 R 位的编码相同，则表示这两种抗体近似“相同”，否则表示两种个体不同。此处抗体的编码方法，各位之间不需考虑排序，可借鉴参考变形的 R 位连续计算抗体间亲和度，即

$$S_{v,s}=\frac{k_{v,s}}{L} \tag{33}$$

其中，$k_{v,s}$ 为抗体 v 与抗体 s 中相同的位数；L 为抗体的长度。

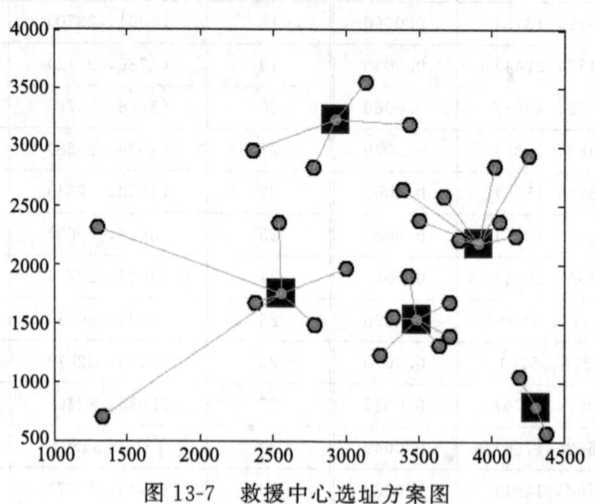

图 13-7　救援中心选址方案图

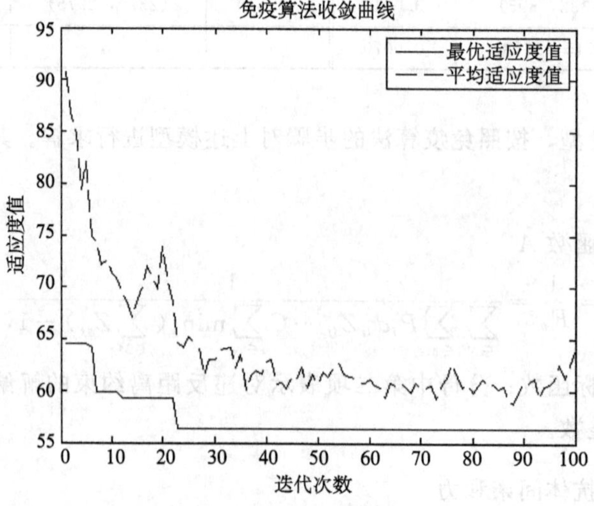

图 13-8　免疫算法收敛曲线

3）抗体浓度 C_v

$$C_v=\frac{1}{N}\sum_{j\in N}S_{v,s} \tag{34}$$

其中，N 为抗体总数；$S_{v,s}=\begin{cases}1, & S_{v,s}>T \\ 0, & 其他\end{cases}$；$T$ 为预先设定的一个阈值。

4）期望繁殖概率 P

$$P=\alpha\frac{A_v}{\sum A_v}+(1-\alpha)\frac{C_v}{\sum C_v} \tag{35}$$

其中，α 为常数。

算法的参数分别为：种群规模为 50，记忆库容量为 10，迭代次数为 100，交叉概率为 0.5，变异概率为 0.4，多样性评价参数设为 0.95，在编号为［17　5　12　27　9］点建设应急救援中心，如图 13-7 所示，免疫算法收敛曲线如图 13-8 所示，各待救援点到救援中心之间距离加权的权重为 56.3046。

参 考 文 献

［1］田中山. 基于商圈理论的城市加油站竞争选址研究［D］. 武汉：华中科技大学，2010.

［2］陈安，陈宁，倪慧荟. 现代应急管理与方法［M］. 北京：科学出版社，2009.

［3］何建敏，刘春林，曹杰，等. 应急管理与应急系统［M］. 北京：科学出版社，2007.

［4］刘勇，马良，宁爱兵. 给定限期条件下应急选址问题的量子竞争决策算法［J］. 运筹与管理，2011，20（3）：66-71.

［5］杨玉香，周根贵. 闭环供应链网络设施竞争选址模型研究［J］. 中国管理科学，2011，19（5）:50-57.

［6］倪玲霖，史峰. 多分配快递轴辐网络的枢纽选址与分配优化方法［J］. 系统工程理论与实践，2012，32（2）：441-484.

［7］谷淑娟，高学东，刘燕驰，武森. 基于多尺度网格模型的物流配送中心选址候选集构建方法［J］. 控制与决策，2011，26（8）：1141-1146.

［8］朱伟，徐克林，周炳海，许金超. 基于贪婪启发式的多期多目标动态网络选址［J］. 上海交通大学学报，2012，46（2）：269-275.

［9］祝进城，赵文，帅斌，孙朝苑. 客运专线条件下考虑旅客选择行为的铁路客运站选址优化［J］. 系统工程，2011，29（10）：86-91.

［10］于宏涛，高立群. 容量受限工厂选址问题模型及贪婪蚁群算法求解［J］. 东北大学学报（自然科学版），2011，32（12）：1688-1691.

［11］董鹏，杨超，冷静. 战区装备保障点动态选址决策模型及算法［J］. 系统工程与电子技术，2011，33（8）：1688-1691.

［12］韩传峰，孟令鹏，张超，孔静静. 基于完全信息动态博弈的反恐设施选址模型［J］. 系统工程理论与实践，2012，32（2）：366-372.

［13］樊博. 基于空间聚类挖掘的城市应急救援机构选址研究［J］. 管理科学学报，2008，13（3）:16-28.

［14］贺小容，秦江涛. 多层级应急系统选址模型［J］. 工业工程，2010，13（2）：94-97.

[15] 葛春景，王霞，关贤军. 重大突发事件应急设施多重覆盖选址模型及算法 [J]. 运筹与管理，2010，13 (2)：94-97.

[16] 汪定伟，张国. 突发性灾害救援中心选址优化的模型与算法 [J]. 东北大学学报（自然科学版），2005，26 (10)：953-956.

[17] 李国旗，张锦，刘思婧. 城市应急物流设施选址的多目标规划模型 [J]. 计算机工程与应用，2011，47 (19)：238-241.

[18] 吴健宏，翁文国. 应急避难场所的选址决策支持系统 [J]. 清华大学学报（自然科学版），2011，51 (5)：632-636.

[19] Kim J G, Kuby M. The deviation-flow refueling location model for optimizing a network of refueling stations [J]. International Journal of Hydrogen Energy, 2012, 37 (6): 5406-5420.

[20] Shen Z J M, Lian Q. Incorporating inventory and routing costs in strategic location models [J]. European Journal of Operational Research, 2007, 179 (2): 372-389.

[21] Lee D H, Dong M. A heristic approach to logistics network design for end-of lease computer products recovery [J]. Transportation Research Part E, 2008, 44 (3): 455-474.

[22] Easwaran G, Uster H. Tabu search and benders decomposition approaches for a capacitated closed-loop supply chain network design problem [J]. Transportation Science, 2009, 43 (3):301-320.

[23] Zhou G, Cao Z, Qi F, et al. A genetic algorithm approach on a logistics distribution system with uncertain demand and product return [J]. World J of Modeling and Simulation, 2006, 2 (2): 99-108.

[24] El-Sayed M, Afia N, El-Kharbotly A. A stochastic model for forward-reverse logistics network design under risk [J]. Computers and Industrial Engineering, 2010, 58 (3): 423-431.

[25] Beraldi P, Bruni M E. A probabilistic model applied to emergency service vehicle location [J]. European Journal of Operational Research, 2009, 196: 323-331.

[26] Alsallouma O I, Randb G K. Extensions to emergency vehicle location models [J]. Computers & Operations Research, 2006, 33 : 2725-2743.

[27] Jia H Z, Fernando O, Dessouky M M. Solution approaches for facility location of medical supplies for large-scale emergencies [J]. Computers & Industrial Engineering, 2007, 52 : 257-276.

[28] Barbarosoglu G, Arda Y. A two-stage stochastic programming framework for transportation planning in disaster response [J]. Journal of Operational Research Society, 2004, (55): 43-53.

[29] 李艳杰. 应急服务设施选址问题研究 [D]. 鞍山：辽宁科技大学，2008.

[30] Hakimi S L. Optimum locations of switching centers and the absolute centers and medians of graph [J]. Operations Research, 1964, 12: 450-459.

[31] Revelle C, Swain R. Central facilities location [J]. Geographical Analysis, 1970, 2: 30-42.

[32] Hakimi S L. Optimum distribution of switching centers in a communication network and some related graph theoretic problems [J]. Operations Research, 1965, 13: 462-475.

[33] Revelle T C. Optimal location under time or distance constrains [J]. Papers of the Regional Science Association, 1972, 28: 133-143.

[34] Church R, Revelle C. The maximal covering location problem [J]. Papers of the Regional Science Association, 1974, 32: 101-111.

[35] Daskin M S. A maximal expected set covering location model: formulation, Properties, and Heuristic Solution [J]. Transportation Science, 1983, 17: 48-69.

[36] 王文峰，刘新亮，郭波. 综合多准则决策的保障设施选址-分派方法 [J]. 系统工程理论与实践，2008，5：148-155.

[37] Zhang H Y, Xi Y G, Gu H Y. A rolling window optimization method for large-scale WC-DMA base stations planning problem [J]. European Journal of Operational Research, 2007, 183 (2): 370-383.

[38] Yang J, Aydin M E, Zhang J. UMTS base station location planning: a mathematical model and heuristic optimization algorithms [J]. IET Communications, 2007, 1 (5): 7-14.

[39] Kim N, Choi Y S. The displacement of base station in mobile communication with genetic approach [J]. Eurasia Journal on Wireless Communications and Networking, 2008, 8 (4): 161-170.

[40] Edoardo A, Antonio C, Federico M I. Radio planning and converge optimization of 3G cellular networks [J]. Wireless Network, 2008, 14 (1): 435-447.

[41] 朱思峰，陈国强，张新刚. 免疫记忆克隆算法求解 3G 基站选址优化问题 [J]. 华中科技大学学报（自然科学版），2011，39 (7)：63-66.

[42] 朱思峰，刘芳，柴争义. 基于免疫计算的 TD-SCDMA 网络基站选址优化 [J]. 通信学报，2011，32 (1)：106-120.

[43] 朱思峰，刘 芳，柴争义. 基于免疫计算的 WCDMA 网络基站选址优化 [J]. 电子与信息学报，2011，33 (6)：1429-1499.

[44] Munyaneza J, Kurien A. Optimization of antenna placement in 3G networks using genetic algorithms [J]. Communications & Information Technology, 2009, 36 (3): 70-80.

第14章 应急疏散

14.1 研究目的和意义

2005年英国伦敦地铁大爆炸，造成45人死亡，1000人受伤；2010年莫斯科地铁发生炸弹袭击事件，30余人死亡，20余人受伤。这些地铁灾难的发生，都是由于意外事故发生得太突然，人们无法有效疏散，而造成重大人员伤亡，给世人留下了惨痛的教训。

从灾难中吸取教训，尽量降低灾难发生时带来的不良后果，安全疏散人群，减少人员伤亡，已经引起了人们的广泛重视。许多学者、专家和研究机构通过观察研究、实地试验和计算机模拟等多种方式，对此展开研究，以便突发事件发生时，有利于人们的紧急疏散和逃生，挽救人们的生命。

而重大灾害事故发生后，被困人员如何用最短时间安全地疏散到建筑物外部，是人员疏散成功的重要环节。避免或减少事故所造成的人员伤亡，除了努力采取安全措施预防事故发生外，一旦发生事故（如火灾），采取恰当的应急策略，安全地进行人员疏散，正确地采取避难行动，及时地营救人员，也是一个重要方面[1]。

目前，实现定量分析可行的方法有两种，一种是大规模的实地疏散演习，另一种是计算机模拟。实地疏散演习又存在不少缺点，可以概括如下。

（1）无法集中数千人分布于场地进行专门的疏散演习，同时能够跟踪所有人的疏散轨迹和相关属性。

（2）实地演习时疏散场景难以精确设定，因此对疏散人群在不同疏散场景中可能发生的状况也难以全面考察。

（3）人群的行为随机性很大，即使同样的人群在相同的疏散场景中，其疏散行为也不完全一致，存在许多差别，需要重复多次试验，才能够得到有意义的结果。

因此，从人力、财力和可操作性等各方面考虑，实地演习的方法并不可取。而通过计算机模拟计算，在计算机上设计各种不同的疏散场景并模拟计算，可以很好地解决上述问题。以计算机仿真作为研究手段，通过编制人群疏散仿真软件，将现实中难以实现的人群疏散实验，利用虚拟场景进行仿真计算，可以不受实验规模、场景和经费的限制，因此，对应急疏散研究，采用计算机仿真是其中非常重要的研究手段[2]。

14.2 基于 Agent 的应急疏散

14.2.1 Agent 概述

基于 Agent 的建模（agent based modeling，ABM）起先被用来理解诸如蜂巢、鸟群或交通阻塞现象，这些现象里可观察到的群组行为经常是不可预料的。ABM 吸收了复杂性科学的基本思想：

（1）一切事物都是相互联系的；

（2）没有事物是线性的；

（3）较小的变化能导致意外的、不成比例的结果。

ABM 的核心是模拟能力。ABM 能创造一个动态交互的“虚拟世界”，从而可将模拟对象放在一个人造环境里进行，这个人造环境能被精确的校准，从而可以代表现实世界中的大部分可能结果。

Agent 建模为相应的计算机仿真提供了基础，由于 ABM 方法与计算机技术有内在的、先天的联系，所以基于 ABM 方法的计算机仿真软件自然而然成为了人们研究复杂系统的工具和平台，这类高效率软件平台的使用，也使得人类对于复杂系统规律的研究和认识进入了一个新的阶段。

ABM 的灵活性，使它成为了描述应急疏散的理想工具。借助 ABM 技术模拟疏散过程能够精确地调整影响疏散的各项因素。

14.2.2 Agent 建模原理

国内外的研究表明，现有的基于数学模型的传统建模方式已经无法有效地刻画复杂系统，而采用基于 Agent 的建模方法及相应的建模平台，可以对复杂系统中众多元素及其之间的交互进行建模与仿真，从而观察、分析系统演化过程中涌现出的各种复杂现象，进而揭示复杂系统的演化规律。

ABM 方法将复杂系统的微观行为和宏观“涌现”现象有机地结合到了一起，是一种自顶向下分析、自底向上综合的有效建模方式[3]。

它把 Agent 作为系统的基本抽象单位，采用相关的 Agent 技术，先根据 Agent类库建立复杂适应系统的每个个体的 Agent 模型，并赋予个体 Agent 一定的智能，然后采用合适的多 Agent 系统体系结构来组装这些个体 Agent，设置多个 Agent 之间的交互方式，从而建立整个复杂适应系统的模型[4]。

对于科学研究来说，有两条途径：归纳和演绎。归纳过程通过观察数据的研究来发现各种模式；而演绎过程则是提出一系列假设公理并证明在此基础上的推论。基于 Agent 的建模和演绎过程相似，它以一系列假设公理为基础，但与演绎过程不同的是，它并不是要去验证一个定理，而是得到在假设公理基础上产生的行为以及模型中 Agent 间的交互。用归纳的方法对模型运行所产生的仿真数据进行分析，但与传统的归纳方法不同的是，仿真数据不是来自于对真实世界的直接测量，而是来源于一套严密而又明确定义的规则。所以，从现代科学研究的途径来看，基于 Agent 的建模是科学研究中，区别于归纳和演绎的第三条途径。

Agent 建模涉及 Agent、环境以及行为规则、通信方式等概念。Agent 被定义为基于规则刺激作出反应的实体，环境是所研究的目标复杂系统之外的因素，规则是环境中有关约束和限制，而通信方式是 Agent 与环境和其他 Agent 联系的方法[3]。

基于 Agent 建模的计算机仿真主要由封装在计算机系统中的 Agent、Agent 间的互相作用、Agent 所在的组织结构这三个基本要素组成。建模者的任务是定义系统中具有自适性的 Agent，赋予他们必要的行为规则和合适的参数，让他们在一个系统中进行自主交互。整个系统的宏观现象以这些 Agent 的行为规则、参数、学习过程等为基础体现出来。

14.2.3 Agent 建模理论基础

基于 Agent 建模的计算机仿真方法的主要理论基础是复杂性科学和复杂适应系统。

1. 复杂性科学

20 世纪 80 年代兴起的复杂性科学，引起了国内外各个领域专家学者的极大关注。有学者称复杂性科学是科学史上继相对论和量子力学后的又一次革命，国内成思危教授认为它是系统科学发展的一个新阶段[5]。戴汝为院士称其为“21 世纪的科学”[6]。

谈到复杂性科学，就不得不谈复杂性。复杂性是与简单性相对的，是客观事物的一种属性。而简单性一向是现代自然科学的一条通则。许多科学家相信自然界的基本规律是简单的。爱因斯坦曾是这种观点的突出代表，这也是确定论的主要观点。不少复杂的事物或现象，其背后确实存在着简单的规律或过程。但是，另一方面也存在着大量的事物和现象不能用简单的还原论方法进行处理[7]。

迄今，国内外对非线性与复杂系统的复杂性问题已有所研究。许多物理系统、生物系统、经济系统和地球系统等，甚至看上去很简单的非线性系统，都有很复杂的动力学行为。例如已发现广泛存在着各种分岔、混沌、时空图样、湍流等复杂性现象，这些行为现在统统冠以“复杂性”的称号。从字面上看，复杂性科学就是研究事物复杂性的科学。而对于复杂性科学概念的学术界定，目前学者们一般都是从各自的学科和专业领域出发来给出的，并没有一个统一的共识。但有一点大家的认识是一致的，即复杂性科学不是一门具体的科学，而是具有统一方法论的科学群。对于复杂性科学的界定，有两种观点比较有代表性。

第一种观点把复杂性科学近似地等同于对非线性现象的研究。

第二种观点则是从方法论层面上，把复杂性科学定义为非还原论科学或整体论科学。

这两种观点其实基于同一个事实：很多系统个体的行为规范都是简单的，但是个体与个体之间的关系是非线性的，不能简单地用还原论科学加以研究。所以，复杂性科学的研究重点是探索宏观领域的复杂性及其演化的问题，其研究对象是复杂系统，在这种系统中，众多因素在多方面进行着错综复杂的相互作用[8]。

2. 复杂适应系统

复杂适应系统（CAS）是由复杂性研究权威机构圣菲研究所首先提出的[23]，得到了各国复杂性研究学者的积极响应，并由此形成了以 CAS 为研究对象的复杂性理论体系，称为复杂适应系统理论。

1）CAS 构成要素

简单地说，复杂适应系统（CAS）是能够通过不断学习而持续改进自身对复杂多变环境适应性的一类复杂系统。约翰·霍兰（2011）将 CAS 界定为“由规则描述的、相互作用的主体组成的系统”。这一看似简单的定义实际上包含了丰富的科学内涵。按照约翰·霍兰的理解，一个 CAS 应当同时具有 1 个核心元素、4 种特性和 3 种机制[9]。

1 个核心元素就是适应性主体（adaptive agent），4 种特性分别是聚集、非线性、流、多样性，3 种机制分别是标志、内部机制、积木。约翰·霍兰的理解为认识和分析 CAS 提供了一个通用的理论框架，为了讨论方便，可以把约翰·霍兰提出的 CAS 的 1 个核心元素、4 种特性和 3 种机制合称为 CAS 八要素。八要素就是界定 CAS 的准则，凡是满足八要素的复杂系统就是 CAS，否则就不是。

2）CAS 的核心思想

复杂适应系统的动力之源来自于有意识、有目的的积极活动的主体，虽然它们都是独立决策的行为主体，不受一个系统中枢的智慧影响，但众多独立个体在相互作用的交往活动中却能彼此协调，使它们的交互作用形成了无意识的整体的宏观秩序。拿大雁南飞的例子来说明，大雁南飞排列成整齐的队列并非由于有一只领头鸟在指挥它们这样做，而是由于每只大雁在飞行中都遵守它和邻近大雁相互位置关系的一些简单规则行动，因此鸟的群集这样的复杂行为完全可以从实施局部的简单规则中涌现出来。

所以，CAS 理论的研究方法是自下而上的，通过底层个体的简单的属性和行为规则的确定，来发现由于这些个体之间、个体与环境之间的交互作用而产生的宏观层面的复杂特性。

CAS 理论的核心思想是“适应性造就复杂性”[9,10]。其要点：①复杂性有很多侧面，围绕适应性的复杂性是值得关注的焦点；②复杂性是生成的，不是给定的；③复杂性生成的内因是构成系统或事物的主体（即 Agent）为了维持生存和求得发展而适应环境，在适应中系统整体涌现出复杂性；④涌现是复杂性的普遍表现，他描述了“整体来自局部，但整体又大于局部之和”的复杂现象，本质上反映的是现实世界的“复杂系统永不停息地把自己组织成各种形态的趋势”。

3）CAS 理论在多 Agent 建模中的应用

CAS 理论基于对适应性主体（Agent）之间交互作用的分析，揭示了“整体大于部分之和”复杂现象。该理论具有两个明显的特点：

（1）把宏观和微观有机地联系起来。极端的还原论观点把宏观现象的原因简单地归结为微观，否认从微观到宏观存在着质的增加。另一种比较普遍的观念是：把统计科学方法当做从微观向宏观过渡的唯一途径或唯一手段。当个体没有主动性（如气体中的分子）时，它们的运动和相互关系的确只要用统计方法加以处理就行了。支配这样的系统确实主要是统计规律。然而，如果个体是“活的”，有主动性和适应性，以前的经历会“固化”到它的内部，那么它的运动和变化，就不再是一般统计方法所能描述的。

（2）引进了随机因素的作用，使它具有更强的描述和表达能力。考虑随机因素并不是 CAS 理论所独有的特征，然而 CAS 理论处理随机因素的方法是很特别的。它从生物界的许多现象中吸取了有益的启示，其集中表现为遗传算法。

CAS 理论的最大贡献在于它提供了一种自底向上建模的研究方法。这种方法赋予组成系统的个体——Agent 以简单的规则和关系，通过仿真来模拟真实世界的复杂现象。对比传统的自顶向下建模方法来说，自底向上的建模方法不需要明确给出整个目标系统的所有规则和关系，只需要确定组成系统的单一个体的属性和方法，就能通过仿真方法去体现系统整体的复杂性。这在实际系统研究中是可行的、低成本的。正因为如此，CAS 理论被应用到了很多领域，如社会系统、生态系统、经济系统、神经系统的研究等。其中，在经济学和社会学研究领域，产生了一大批基于 CAS 理论的计算机仿真模型；人工股票市场模型、ECHo 模型、扩展的 ECHo 模型、SWARM 建模、ASPEN 模型、扩展的 ASPEN 模型等。这些模型为探查广泛和深层次的经济、社会现象提供了直观明确的分析工具，大规模的经济社会实验通过计算机技术可以在低成本下完成了[11]。

14.2.4 Agent 仿真软件

仿真离不开相应软件工具的支撑，随着 CAS 理论和 ABM 方法的提出，相继出现了不少基于该方法的复杂系统仿真软件（也称多 Agent 模拟平台），并被广泛用于各种复杂系统的研究之中。其中，最常用的多 Agent 模拟平台有 StarLogo、NetLogo、Swarm、Repast、Ascape、TNGLab 等。表 14-1 对它们进行了对比。

表 14-1 基于 Agent 的模拟仿真平台对比[12,13]

<table>
<tr><th>平台名称</th><th>共同性</th><th>开发机构</th><th>运行平台</th><th>编程基础要求</th><th>使用人群</th></tr>
<tr><td>StarLogo</td><td rowspan="6">①设计概念相似，较好地体现了基于Agent的建模思想；②使用流程相似；③简单易用，均不用要求使用者有很强的编程基础；④均有强的可扩展型；⑤操作界面相似</td><td>MIT</td><td></td><td>最低</td><td>初学者</td></tr>
<tr><td>NetLogo</td><td>美国西北大学</td><td>Win、Mac 和 Unix 等</td><td>较低</td><td>初学者、科研和教学</td></tr>
<tr><td>Swarm</td><td>SFI</td><td>Win、Mac 和 Unix 等</td><td>相对较高</td><td>科研</td></tr>
<tr><td>Repast</td><td>芝加哥大学</td><td>Win、Mac 和 Unix</td><td>一般</td><td>科研</td></tr>
<tr><td>Ascape</td><td>布鲁金斯研究所</td><td>Window、Linux、Win 和 Mac</td><td>一般</td><td>科研</td></tr>
<tr><td>TNGLab</td><td>美国爱荷华州立大学</td><td>Win</td><td>一般</td><td>科研和教学</td></tr>
</table>

14.3 基于 NetLogo 的应急疏散仿真

14.3.1 NetLogo 的仿真原理

NetLogo 是一个多主体（Agent）建模仿真集成环境，它是由美国西北大学连接学习与计算机建模中心（Center for Connected Learning and Computer-Based Modeling，CCL）开发，目的是为科学研究和教育提供易用且强大的计算机仿真工具。NetLogo 的前身是 StartLogoT，1999 年 Wilensky 在美国国家科学基金的资助下开始开发 NetLogo，2002 年发布了 1.0 版本。NetLogo 具有以下优点：

（1）NetLogo 的模型库和功能非常强大，尤其适合于随时间变化的复杂系统的建模。

（2）NetLogo 具有强大的数据输入输出功能和清晰的操作界面。

（3）NetLogo 使用的语言继承了 Logo 的程序语言简单这一优点，非常适合编程基础不是很强的研究者使用。

（4）NetLogo 是一个开发、共享的系统，能在互联网上得到免费的源程序包和大量源代码开放的模型实例，有利于学习研究。

NetLogo 仿真的过程其实就是大量的可移动主体在二维空间中交互作用，随着时间推进，微观个体的属性不断发生变化，系统的宏观特征也因此而变化。

NetLogo 的界面如图 14-1 所示。下面对应于 NetLogo 的界面，来具体介绍 NetLogo 的仿真过程。

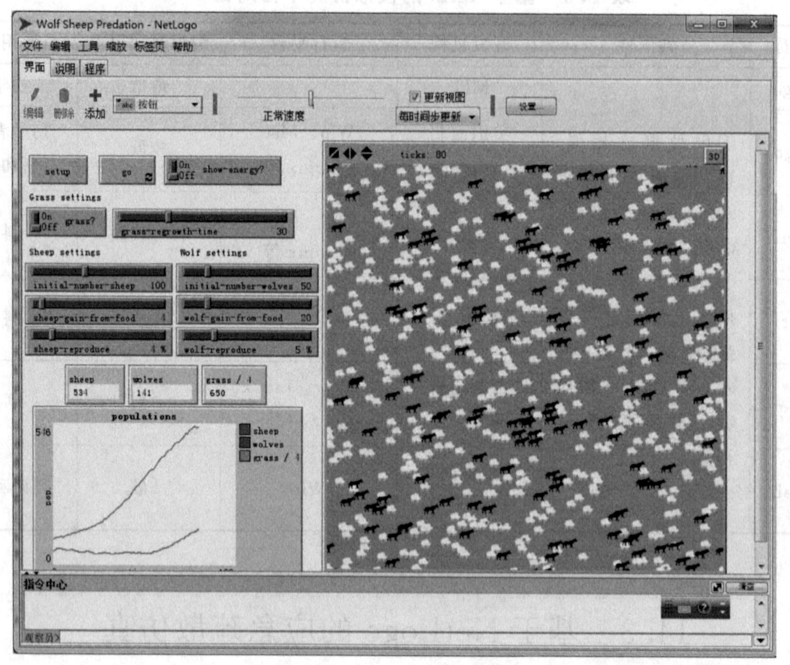

图 14-1　NetLogo 界面

NetLogo 一共有三个界面：界面（Interface）、说明（Information）和程序（Procedures）。其中最重要的是 Interface 页和 Procedures 页。仿真的过程就是先在 Procedures 页中编写特定的代码，然后在 Interface 页中创建可视化控件，Procedures 页中代码执行的界面表现在 Interface 页中。

可以从主体、空间表达和仿真推进这三个方面来理解整个仿真过程和原理。

1）主体

NetLogo 中的虚拟世界是由主体（Agent）构成，主体能够接受命令，进行活动，所有主体的行为并行发生。NetLogo 中共有四类主体：

Turtles（小海龟）：是能够在虚拟世界中自由移动的主体。

Patches（瓦片）：虚拟世界是二维的，划分为由 Patches 组成的网格，每个 Patch 占据一个小矩形块。

Observer（观察者）：它是一个全局主体，它观察着由 Turtles 和 Patches 构成的世界，能够执行指令获取世界全部或部分的状态，或实现对世界的控制。

Links（连接）：是 Turtle 与 Turtle 之间的连接。

2）空间表达

指的是特定 Patch 与 Turtle 在虚拟世界中的坐标，通过这个坐标可以定位某个或某类主体。

3）仿真推进

在 NetLogo 中，仿真的推进其实就是不断地重复执行某一个程序，该程序编写在 Procedures 页中。对每个仿真过程，Procedures 页一般包括初始化程序和仿真执行程序两部分。初始化程序实现对模型初始状态的设置，生成所需的 Turtles，设置其状态以及其他工作。这不通过程序 Setup 实现。仿真的执行通过程序 go 实现，在 go 程序中定义主体的属性和行为，编写所需执行的各种指令，完成一个仿真步的工作。

另外，需要在 Interface 中建立一个按钮与 go 程序相联系，该按钮是一个永久按钮，点击后将不断重复执行 go 程序，直到遇到 stop 指令或用户再次点击该按钮则仿真结束。仿真运行的结果会在 Interface 页中表现出来，见图 14-1，可以从仿真动态视图观察整个仿真的动态结果，并可以通过命令进行防真和可视化的空间运行仿真控制，仿真的结果通过仿真监视器和各类控件读取出来。

14.3.2 应急疏散仿真

在规则的平面正方格子上建立室内人员疏散模型，房间的大小为 $B\times A$，房间存在一个唯一的出口，位于东北方向的顶点处，出口的宽度是 w。房间的结构如图 14-2 所示。其扩展的空间主要作为疏散时的缓冲区域。因此，这个房间包含了两个区域，一个区域是图中的 abcd，另一个区域是图中的 cdef，这个区域没有直接面对出口。图中一个点表示一个需要疏散的人员。在初始时刻，所有的人员均匀分布在房间的各个位置。演化开始后，所有的人员向出口方向同步运动，每一个演化同步，所有的人员具有相同的最大运动速度，其运动速度取决于人员的状态以及他周围的环境。演化的规则如下。

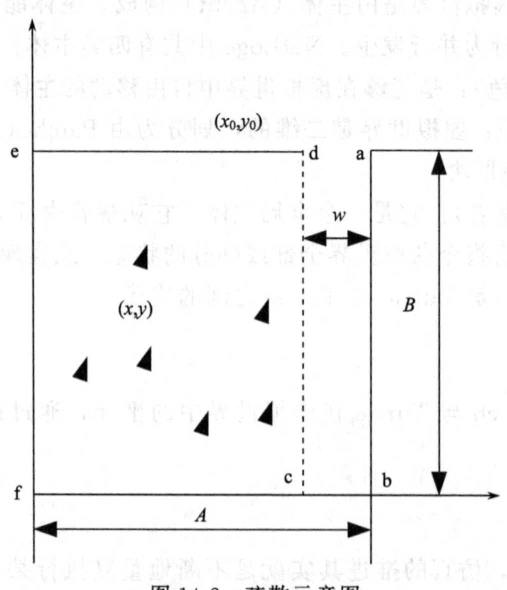

图 14-2 疏散示意图

规则 1：在 abcd 区域，所有的人员直接面向出口，如果在个体的运动方向上没有其他人在前方，其首选的方向就是从南向北。

规则 2：在 cdef 区域，行人不直接面对出口，首选的运行方向是从南向北以及从西向东，如果首选的两个方向上都没有被占据，就以一定的概率选择其中的一个方向运动。向右运动的概率为 D_x，向上运动的概率为 D_y。

$$D_x=\frac{|x-x_0|}{(|x-x_0|+|y-y_0|)}$$

$$D_y=\frac{|y-y_0|}{(|x-x_0|+|y-y_0|)}$$

其中，(x，y）是疏散人所在的位置，(x_0，y_0）是相应的出口边缘的位置。当 $D_x>D_y$ 时，疏散者首选的位置是右边，而备选的位置是其下边的位置。当时，$D_x<D_y$ 首选的方向是上边，而备选的位置是其右边。

规则 3：当疏散者撤离了出口后进入了缓冲撤离区。在缓冲撤离区，行人可以往除向后的任意方向运动。在此模型中，向后运动是被禁止的，当其离开缓冲区的边界时，他就离开了这个系统。

规则 4：所有的人同步更新自己的位置。

规则 5：不考虑位置上的冲突。

14.3.3　仿真过程与结果

根据上述设定的模型，设定 $A=B=25$，$w=5$，通过 NetLogo 在 25×25 的空间内生成 3000 个 Agent，即 3000 个个体。设定运动速度为 0.01。进行疏散过程仿真，图 14-3～图 14-6 给出了 $t=0$，$t=475$，$t=1753$，$t=3970$ 四个时刻的仿真界面；疏散过程与时间的关系如图 14-7 所示。

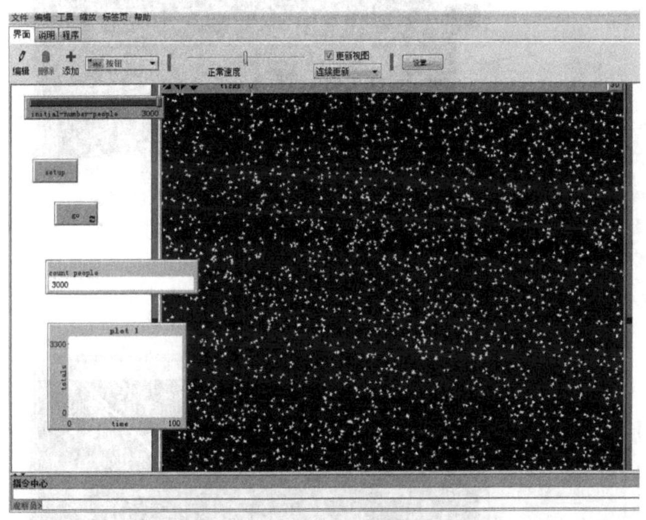

图 14-3　$t=0$ 时刻的仿真界面

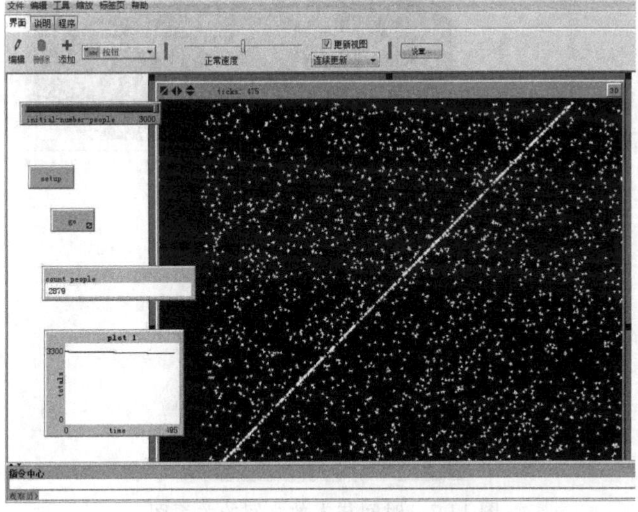

图 14-4　$t=475$ 时刻的仿真界面

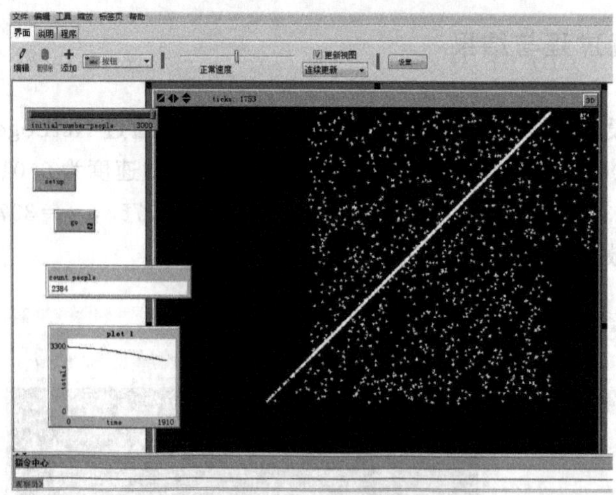

图 14-5　$t=1753$ 时刻的仿真界面

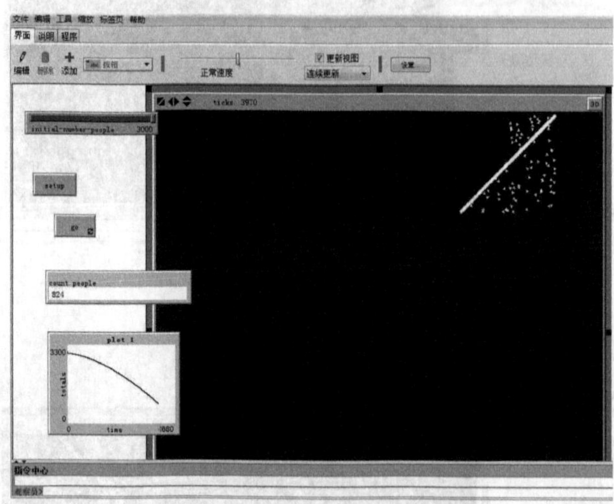

图 14-6　$t=3970$ 时刻的仿真界面

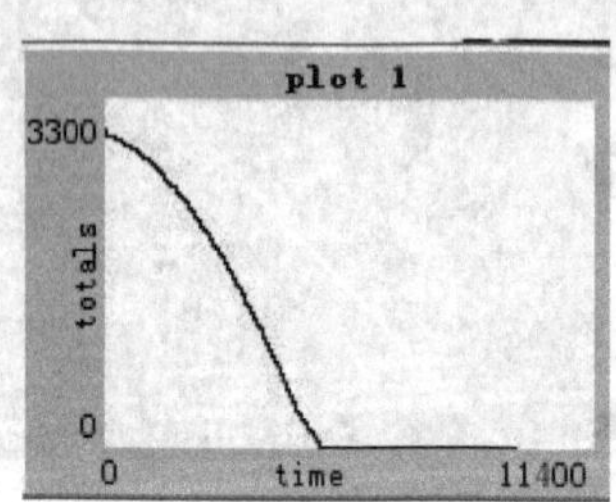

图 14-7　时间与人数之间的关系图

参考文献

[1] 代伟. 群集应急疏散影响因素及时间模型研究 [D]. 中南大学，2012.

[2] 卢文龙. 城市轨道交通应急疏散的研究 [D]. 中国铁道科学研究院，2012.

[3] 廖守亿，戴金海. 复杂适应系统及基于 Agent 的建模及仿真方法 [J]. 系统仿真学报，2004，16 (1)：113-117.

[4] 黄天辰，韩京才. 基于 Agent 技术的复杂适应系统分析与建模 [J]. 计算机仿真，2005，22 (9)：58-60.

[5] 成思危. 复杂科学与系统工程 [J]. 管理科学学报，1999，12 (2)：1-6.

[6] 戴汝为. 科学前沿与未来 [M]. 北京：科学出版社，1998.

[7] 宋学锋. 复杂性、复杂系统与复杂性科学 [J]. 中国科学基金，2003，(5)：262-269.

[8] 潘旭明. 复杂性科学研究评述 [J]. 自然辩证法研究，2007，23 (6)：37-39.

[9] 约翰·霍兰. 隐秩序——适应性造就复杂性 [M]. 周晓牧，韩晖，译. 上海：上海科技教育出版社，2011.

[10] 苗东升. 系统科学精要 [M]. 北京：中国人民大学出版社，2006.

[11] 陈明亮. 在线口碑传播原理 [M]. 杭州：浙江大学出版社，2009.

[12] 童梅，杨晓光，吴志周. Netlogo——一个方便实用的交通仿真建模工具 [C]. 第一届中国智能交通年会论文汇编，2005：996-1001.

[13] 朱江，伍聪. 基于 Agent 的计算机建模平台的比较研究 [J]. 系统工程学报，2005，20 (2)：160-166.

[14] 盛昭瀚，张军，杜建国. 社会科学技术实验理论与应用 [M]. 上海：上海三联书店，2009.

第 15 章 应急救援能力评估研究

15.1 研究的目的和意义

《"十一五"期间国家突发公共事件应急体系建设规划》和《国务院关于全面加强应急工作的意见》等重要政策文件都明确提出要"加强应对突发事件能力建设"，并将其作为进一步完善我国应急管理体系的重要举措。然而，关于这一主题的理论探索和经验尝试在国内尚有许多空白，相关的基础性研究亟待开展，应急能力评估（capability assessment for emergency management）就是其中之一，它是应急能力建设的前提[1]。

15.2 国内外研究现状

从现有的文献分析看，国外较早运用对应急能力进行评估的国家是美国。美国联邦紧急事务管理局（Federal Emergency Management Agency，FEMA）和联邦紧急事务委员会（National Emergency Management Agency，NEMA）联合开发了一套应急管理准备能力评估程序（capability assessment for readiness，CAR）。该系统着重于应急管理中的 13 项管理职能，56 个要素，209 个属性和 1014 个指标，构成了政府、企业、社区、家庭联动的灾害应急能力系统。其中 13 项管理职能分别为：法律与职权、灾害鉴定和风险评估、灾害管理、物资管理、计划、指挥控制、通信和预警、行动程序、后勤装备、训练、演习、公众教育信息、财政管理。每个紧急事务管理职能分成若干个属性，每个属性又细分为若干个特征。每项评估指标标准分为 4 种，分别是 3 分、2 分、1 分以及 N/A。其标准意义为：3 分为完全符合；2 分为大致上都符合；1 分为急需加强和改进；N/A 为不需评估[2]。德国应急管理能力评估主要涵盖领域为：应急沟通协调、领导应急决策能力、公民保护、应急战略管理、跨州联合演习、应急志愿者管理[3]。日本应急管理能力评估项目主要包括：危机掌握与评估、减轻危险的对策、整顿体制、情报联络体系、器材与储备粮食管理、应急反应与灾后重建计划、居民间的情报流通、教育与训练以及应急水平的维持与提升。根据以上评估领域设定具体问题对地方政府应急管理能力进行评分[4]。

在国内，开展应急救援评估的工作与研究相对较晚。文献［5］在分析我国应急体系建设成果以及城市突发公共事件应急状况的基础上，指出了当前开展城市突发公共事件应急能力评估的目的和意义，构造了城市突发公共事件应急能力评估体系，提出了城市突发公共事件应急能力评估方法，结合在南方某市开展的应急能力评估，利用统计学方法确定了评分的统计学意义后，给出了该市的突发公共事件应急能力的状况，指出了该市在应急能力发展方面需要改进和加强的地方，为改善城市应急管理水平提供了参考。文献［6］综合考虑社区事故应急能力的各类影响因素，构建化工型社区事故应急能力评估指标体系。选择网络分析法对社区事故应急能力进行评估，建立社区事故应急能力评估指标体系的网络层次结构模型，并利用网络分析法计算各指标的权重。该方法较好地考虑了社区事故应急能力评估指标体系之间存在相互影响和反馈关系的特点，从而提高对社区事故应急能力评价的可靠性和准确性。文献［1］认为：应急能力评估应以风险识别和脆弱性分析为基础，开发分别适用于城镇和社区、城市、都市区域、国家的多层次模型，注重应急能力的整体性，探索应急准备与应急绩效之间的差异与因果关系，依据评估层次和评估内容选择评估方法，加强理论模型与经验研究的结合，推动应急能力评估的有效反馈。文献［7］从政府的绩效维度、层级特征以及样本属性三个维度出发，运用相关绩效评估定量分析方法，设计了一套三维立体的政府应急管理能力评估指标体系，以较好地解决政府应急管理能力评估中的一些普遍性难题。

15.3　应急救援服务能力指标体系的构建

应急救援能力评估是一项极其复杂的工作。根据应急管理全生命周期，借鉴前人的研究成果[8,9,10]，设计了由 4 个一级指标，16 个二级指标构成的应急管理救援能力评估指标体系，如表 15-1 所示。

表 15-1　应急管理救援能力评估指标体系

	一级指标	二级指标
应急救援能力指标体系	预防与准备	应急预案体系建设
		危险源风险评估
		应急管理组织准备
		应急信息化程度
	监测与预警	公民民意监测
		应急管理投入成本监测
		突发事件监测制度完善程度
		突发事件预警制度完善程度

续表

	一级指标	二级指标
应急救援能力指标体系	处置与救援	人力资源系统投入
		处置与救援过程
		应急处置与救援记录
		应急处置与救援创新程度
	恢复与重建	应急恢复效能
		事后社会保障
		重建社会援助
		事后应急制度完善

15.4 应急救援服务能力评价方法

15.4.1 三角模糊数

由于客观事物的复杂性、不确定性，很多指标往往难以用精确的数值来表达，而用模糊和区间形式表达是比较合适的。设为$[a^L, a^U]$一个闭区间，若$\mu_{\tilde{a}}(x)$为区间数$x=\{x \mid x\in[a^L, a^U]\}$的隶属度，则称$\tilde{a}=\{(x, \mu_{\tilde{a}}(x)) \mid x\in[a^L, a^U]\}$为一个模糊集合；若取

$$\mu_{\tilde{a}}(x)=\begin{cases}0, & x\leqslant a^L \\ \dfrac{x-a_1}{a_2-a_1}, & a^L<x\leqslant a \\ \dfrac{a_3-x}{a_3-a_2}, & a<x\leqslant a^U \\ 0, & x>a^U\end{cases} \tag{1}$$

则称$\tilde{a}=\{(x, \mu_{\tilde{a}}(x)) \mid x\in[a^L, a, a^U]\}$为三角模糊集合，记为$\tilde{a}=(a^L, a, a^U)$[11]。

对于任意两个三角模糊数(a_1, a_2, a_3)，(b_1, b_2, b_3)，对应的运算规则如表 15-2 所示。

表 15-2　三角模糊的运算规则

运算规则	数学表达
加	$\tilde{a}+\tilde{b}=(a_1, a_2, a_3)+(b_1, b_2, b_3)=(a_1+b_1, a_2+b_2, a_3+b_3)$
减	$\tilde{a}-\tilde{b}=(a_1, a_2, a_3)-(b_1, b_2, b_3)=(a_1-b_1, a_2-b_2, a_3-b_3)$
乘	$\tilde{a}\times\tilde{b}=(a_1, a_2, a_3)\times(b_1, b_2, b_3)=(a_1\times b_1, a_2\times b_2, a_3\times b_3)$ $k\tilde{a}=k\times(a_1, a_2, a_3)=(k\times a_1, k\times a_2, k\times a_3)$
除	$\tilde{a}\div\tilde{b}=(a_1, a_2, a_3)\div(b_1, b_2, b_3)=(a_1\div b_1, a_2\div b_2, a_3\div b_3)$
逆	$\tilde{a}^{-1}=(a_1, a_2, a_3)^{-1}=\left(\frac{1}{a_3}, \frac{1}{a_2}, \frac{1}{a_1}\right)$
距离 d	$d(\tilde{a}, \tilde{b})=\sqrt{\frac{1}{3}[(a_1-b_1)^2+(a_2-b_2)^2+(a_3-b_3)^2]}$

15.4.2　模糊 TOPSIS

TOPSIS 由 Hwang 和 Yoon 于 1981 年提出[12]。该理论可以表述为一个最佳的候选方案应该有两个特征：与理想的最优解决方案距离最近；与理想的最差解决方案距离最远。理想的最优解决方案最小化负面因素，同时最大化正面因素。它是由各种可获得因素的最佳取值构成的。而理想的最差解决方案是最大化负面因素，同时最小化正面因素。它由各种可获得因素的最差取值构成[13]。TOPSIS 已经被广泛应用于多目标决策问题。但是，通过该方法很难处理模糊和不确定问题。一个比较好的解决方法是通过模糊化来处理不确定性问题，这就是模糊 TOPSIS[14,15]。模糊 TOPSIS 的步骤如下。

步骤 1　为候选解决方案选择模糊语言和对应的模糊评价值，建立模糊规则。

步骤 2　构建决策矩阵。

如果标准的个数为 n，候选的方案是 m，那么决策矩阵就是一个 m 行 n 列的矩阵结构，如表 15-3 所示。在该表中，f_{ij} $(i=1, 2, \cdots, m; j=1, 2, \cdots, n)$是一个值，用于表征第 i 个候选方案对第 j 个标准的评估水平。

步骤 3　根据步骤 1 建立的模糊规则，将步骤 2 的评估水平 f_{ij} 转为模糊数值 x_{ij}。通过公式(2)构造权重矩阵 v_{ij}。

$$v_{ij}=x_{ij}\times w_j \quad i=1, 2, \cdots, m; \ j=1, 2, \cdots, n \tag{2}$$

其中，权重矩阵 w_j 可以通过层次分析法来获得。

表 15-3 决策矩阵

	标准 1	标准 2	…	标准 j	…	标准 n
候选方案 1	f_{11}	f_{12}	…	f_{1j}	…	f_{1n}
候选方案 2	f_{21}	f_{22}	…	f_{2j}	…	f_{2n}
⋮	⋮	⋮	⋮	⋮	⋮	⋮
候选方案 i	f_{i1}	f_{i2}	…	f_{ij}	…	f_{in}
…	…	…	…	…	…	…
候选方案 m	f_{m1}	f_{m2}	…	f_{mj}	…	f_{mn}

步骤 4 识别最佳方案 A^* 和最差方案 A^-。

模糊 TOPSIS 最佳方案 A^* 和最差方案 A^- 序列可以展示如下：

$$
\begin{aligned}
A^* &= \{v_1^*, v_2^*, \cdots, v_n^*\} \\
&= \{(\max_j v_{ij} \mid i \in I'), (\min_j v_{ij} \mid i \in I'')\} \\
i &= 1, 2, \cdots, m; \quad j = 1, 2, \cdots, n
\end{aligned} \tag{3}
$$

$$
\begin{aligned}
A^- &= \{v_1^-, v_2^-, \cdots, v_n^-\} \\
&= \{(\min_j v_{ij} \mid i \in I'), (\max_j v_{ij} \mid i \in I'')\} \\
i &= 1, 2, \cdots, m; \quad j = 1, 2, \cdots, n
\end{aligned} \tag{4}
$$

其中，I' 与各种可获得因素的最佳取值有关；I'' 与各种可获得因素的最差取值有关。

步骤 5 通过如下公式(5)和公式(6)计算各个候选方案与 A^* 和 A^- 之间的距离 D_i^*、D_i^-。

$$D_i^* = \sum_{j=1}^{n} d(v_{ij}, v_j^*) \quad i = 1, 2, \cdots, m \tag{5}$$

$$D_i^- = \sum_{j=1}^{n} d(v_{ij}, v_j^-) \quad i = 1, 2, \cdots, m \tag{6}$$

步骤 6 计算 D_i^- 在 D_i^- 和 D_i^* 中的比例 CC_i。

$$CC_i = \frac{D_i^-}{D_i^* + D_i^-} \tag{7}$$

步骤 7 按照 CC_i 降序排列，得出候选方案的排序。

15.5 案例分析

假设现需要评估 A、B、C、D 四个城市的应急救援能力。应用上面的方法对这四个城市进行评估。具体步骤如下。

1)通过 FAHP 方法求出评估体系中各属性权重

根据模糊层次分析法，首先求出一级指标的权重。

步骤 1　建立三角模糊数，如表 15-4 所示。

表 15-4　三角模糊数

模糊数	语言表达	对应的访问数据
$\tilde{1}$	一样重要	(1，1，3)
$\tilde{3}$	比较重要	(1，3，5)
$\tilde{5}$	重要	(3，5，7)
$\tilde{7}$	很重要	(5，7，9)
$\tilde{9}$	极端重要	(7，9，9)

步骤 2　邀请三个应急管理领域的专家 E_1、E_2、E_3，根据模糊数，对一级指标进行两两比较，得出如下的三个矩阵：

$$E_1=\begin{bmatrix}\tilde{1} & \tilde{3}^{-1} & \tilde{5}^{-1} & \tilde{3}^{-1}\\ \tilde{3} & \tilde{1} & \tilde{1} & \tilde{1}\\ \tilde{5} & \tilde{1} & \tilde{1} & \tilde{3}\\ \tilde{3} & \tilde{1} & \tilde{3}^{-1} & \tilde{1}\end{bmatrix} E_2=\begin{bmatrix}\tilde{1} & \tilde{3}^{-1} & \tilde{3}^{-1} & \tilde{1}\\ \tilde{3} & \tilde{1} & \tilde{1} & \tilde{1}\\ \tilde{3} & \tilde{1} & \tilde{1} & \tilde{3}\\ \tilde{1} & \tilde{1} & \tilde{3}^{-1} & \tilde{1}\end{bmatrix} E_3=\begin{bmatrix}\tilde{1} & \tilde{1} & \tilde{3}^{-1} & \tilde{1}\\ \tilde{1} & \tilde{1} & \tilde{3}^{-1} & \tilde{1}\\ \tilde{3} & \tilde{3} & \tilde{1} & \tilde{5}\\ \tilde{1} & \tilde{1} & \tilde{5}^{-1} & \tilde{1}\end{bmatrix}$$

步骤 3　群体整合。

群体整合指将每位专家两两要素间重要的看法加以整合。利用几何平均数建立整合的模糊正倒值矩阵后续权重计算步骤[15~18]。

$\tilde{a}_{13}=(0.179，0.281，0.693)$

$\tilde{a}_{14}=(0.585，0.693，2.081)$

$$\begin{aligned}\tilde{r}_1&=(\tilde{a}_{11}\otimes\tilde{a}_{12}\otimes\tilde{a}_{13}\otimes\tilde{a}_{14})\\&=((1\times0.342\times0.179\times0.585)^{1/4},(1\times0.481\times0.281\times0.693)^{1/4},\\&\quad(1\times1\times0.693\times2.080)^{1/4})\\&=(0.435,0.553,1.201)\end{aligned}$$

同理，

$\tilde{r}_2=(1，1.096，1.981)$，$\tilde{r}_3=(1.201，2.067，3.248)$，$\tilde{r}_4=(0.912，0.798，1.176)$

步骤 4　计算模糊权重。

$\tilde{w}_1=\tilde{r}_1\otimes(\tilde{r}_1\otimes\tilde{r}_2\otimes\tilde{r}_3\otimes\tilde{r}_4)^{-1}$

$=(0.057, 0.123, 0.339)$

$\tilde{w}_2=(0.132, 0.243, 0.558)$，$\tilde{w}_3=(0.158, 0.458, 0.915)$，$\tilde{w}_4=(0.120, 0.177, 0.332)$

步骤 5 解模糊化。

$$BNP_{w1}=[(U_{w1}-L_{w1})+(M_{w1}-L_{w1})]/3+(L_{w1})$$
$$=0.173$$

$BNP_{w2}=0.311$，$BNP_{w3}=0.510$，$BNP_{w3}=0.209$

步骤 6 归一化操作。

$w_1=0.144$，$w_2=0.258$，$w_3=0.424$，$w_4=0.174$

同理，可以求出各个二级指标权重，并将一级指标和二级指标合成，得到最终的权重，如表 15-5 所示。

表 15-5 指标的权重

一级指标	一级指标权重	二级指标	二级指标权重	合成权重
预防	0.144	应急预案体系建设	0.312	0.0449
		危险源风险评估	0.189	0.0272
		应急管理组织准备	0.247	0.0356
		应急信息化程度	0.252	0.0363
预警	0.258	公民民意监测	0.237	0.0611
		应急管理投入成本监测	0.296	0.0764
		突发事件监测制度完善程度	0.208	0.0537
		突发事件预警制度完善程度	0.259	0.0668
响应	0.424	人力资源系统	0.291	0.1234
		处置与救援过程	0.348	0.1476
		应急处置与救援记录	0.195	0.0827
		应急处置与救援创新程度	0.166	0.0704
恢复	0.174	应急恢复效能	0.244	0.0425
		事后社会保障	0.283	0.0492
		重建社会援助	0.293	0.0510
		事后应急制度完善	0.180	0.0313

2)对四个城市的应急救援能力进行排序

步骤 1 构建候选方案的评估模糊数，如表 15-6 所示。

表 15-6　模糊评估数

模糊数	语言表达	对应的访问数据
$\tilde{0}$	很差(VL)	(0，0，0.2)
$0.\tilde{2}$	较差(L)	(0，0.2，0.4)
$0.\tilde{4}$	一般(M)	(0.2，0.4，0.6)
$0.\tilde{6}$	尚可(H)	(0.4，0.6，0.8)
$0.\tilde{8}$	较好(VH)	(0.6，0.8，1)
$\tilde{1}$	非常好(E)	(0.8，1，1)

步骤 2　通过公式(2)计算二级指标的合成权重，给出最佳解决方案取值、最差解决方案取值，如表 15-7 所示。

表 15-7　指标的最佳、最差解决方案

二级指标	合成权重	最佳解决方案取值	最差解决方案取值
应急预案体系建设	0.0449	(1，1，1)	(0，0，0)
危险源风险评估	0.0272	(1，1，1)	(0，0，0)
应急管理组织准备	0.0356	(1，1，1)	(0，0，0)
应急信息化程度	0.0363	(1，1，1)	(0，0，0)
公民民意监测	0.0611	(1，1，1)	(0，0，0)
应急管理投入成本监测	0.0764	(1，1，1)	(0，0，0)
突发事件监测制度完善程度	0.0537	(1，1，1)	(0，0，0)
突发事件预警制度完善程度	0.0668	(1，1，1)	(0，0，0)
人力资源系统	0.1234	(1，1，1)	(0，0，0)
处置与救援过程	0.1476	(1，1，1)	(0，0，0)
应急处置与救援记录	0.0827	(1，1，1)	(0，0，0)
应急处置与救援创新程度	0.0704	(1，1，1)	(0，0，0)
应急恢复效能	0.0425	(1，1，1)	(0，0，0)
事后社会保障	0.0492	(1，1，1)	(0，0，0)
重建社会援助	0.0510	(1，1，1)	(0，0，0)
事后应急制度完善	0.0313	(1，1，1)	(0，0，0)

步骤 3　以城市 A 为例子，以评估指标体系为基准，通过建立的模糊评估数对其进行评估，将结果转化为对应的模糊数。将合成权重乘以该模糊数，结果如表 15-8 所示。

表 15-8 评估结果

二级指标	合成权重	评估结果	对应模糊数	乘以权重
应急预案体系建设	0.0449	M	(0.2，0.4，0.6)	(0.0090，0.0180，0.0269)
危险源风险评估	0.0272	L	(0，0.2，0.4)	(0，0.0054，0.0109)
应急管理组织准备	0.0356	L	(0，0.2，0.4)	(0，0.0071，0.0142)
应急信息化程度	0.0363	M	(0.2，0.4，0.6)	(0.0073，0.0145，0.0218)
公民民意监测	0.0611	L	(0，0.2，0.4)	(0，0.0122，0.0244)
应急管理投入成本监测	0.0764	L	(0，0.2，0.4)	(0，0.0153，0.0306)
突发事件监测制度完善程度	0.0537	L	(0，0.2，0.4)	(0，0.0107，0.0215)
突发事件预警制度完善程度	0.0668	L	(0，0.2，0.4)	(0，0.0134，0.0267)
人力资源系统	0.1234	M	(0.2，0.4，0.6)	(0.0247，0.0494，0.0740)
处置与救援过程	0.1476	M	(0.2，0.4，0.6)	(0.0295，0.0590，0.0886)
应急处置与救援记录	0.0827	L	(0，0.2，0.4)	(0，0.0165，0.0331)
应急处置与救援创新程度	0.0704	VL	(0，0，0.2)	(0，0，0.0141)
应急恢复效能	0.0425	L	(0，0.2，0.4)	(0，0.0085，0.0170)
事后社会保障	0.0492	M	(0.2，0.4，0.6)	(0.0098，0.0197，0.0295)
重建社会援助	0.0510	M	(0.2，0.4，0.6)	(0.0102，0.0204，0.0306)
事后应急制度完善	0.0313	M	(0.2，0.4，0.6)	(0.0063，0.0125，0.0188)

步骤 4 通过公式(5)、(6)计算 D_1^*、D_1^-。通过公式(7)计算 CC_1。结果为

$$D_1^* = 15.7137$$

$$D_1^- = 0.3323$$

$$CC_1 = \frac{D_1^-}{D_1^* + D_1^-} = 0.0207$$

同上步骤，可以求出其他三个城市的应急救援能力评估结果，如表 15-9 所示。

表 15-9 四个候选方案的各自评估结果

城市 \ 计算结果	D_i^*	D_i^-	CC_i
城市 A	15.7137	0.3323	0.0207
城市 B	14.4324	1.4832	0.0932
城市 C	14.972	1.0864	0.0677
城市 D	15.824	0.325	0.0201

显然，四个城市的应急救援能力 CC_i 的柱状图如图 15-1 所示。

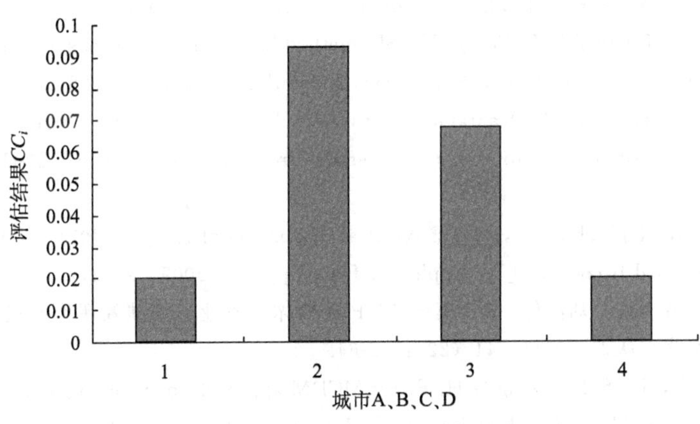

图 15-1　应急救援能力评估结果图

从图中不难看出：①整体上看，四个城市应急能力水平均相对较低，因此，应该全面加强应急能力的建设；②城市 B 的应急能力相对较高，而城市 D 的应急能力最低，差距较大。

参考文献

[1] 张海波，童星. 应急能力评估的理论框架 [J]. 中国行政管理，2009，4：33-37.

[2] 刘新建，陈晓君. 国内为应急管理能力评价的理论与实践综述 [J]. 燕山大学学报：社会科学版，2009，(03)：272.

[3] 凌学武. 联邦体制下德国应急管理体制的特点与启示 [J]. 江西行政学院学报，2009，(04)：18-21.

[4] 吴新燕，建华. 国内外城市灾害应急能力评估的研究进展 [J]. 自然灾害学报，2007，(06)：109-114.

[5] 郑双忠，邓云峰. 城市突发公共事件应急能力评估体系及其应用 [J]. 辽宁工程技术大学学报，2006，25 (6)：944-946.

[6] 陈文涛，佟瑞鹏，孙跃龙. 基于 ANP 方法的社区事故应急能力评估指标权重的确定 [J]. 中国安全科学学报，2010，20 (6)：166-171.

[7] 凌学武. 三维立体的政府应急管理能力评估指标体系研究 [J]. 武汉理工大学学报（社会科学版），2010，23 (3)：303-307.

[8] 虞晓芬，傅玳. 多指标综合评价方法综述 [J]. 统计与决策，2004，11：119-121.

[9] 王锐兰. 政府应急管理的绩效评价指标体系研究 [J]. 安徽大学学报：社会科学版，2009 (01)：38.

[10] 范柏乃. 政府绩效评估与管理 [M]. 上海：复旦大学出版社，2007.

[11] Saaty T L. The analytic hierarchy process [M]. New York：McGraw-Hill，1980.

[12] Hwang C L, Yoon K. Multiple attribute decision making: Methods and applications, A State of the Art Survey [M]. New York: Springer-Verlag, 1981.

[13] Wang Y M, Elhag T M S. Fuzzy TOPSIS method based on alpha level sets with an application to bridge risk assessment. Expert Systems with Applications, 2006, 31 (2), 309-319.

[14] Kulak O, Durmusoglu B, Kahraman C. Fuzzy multi-attribute equipment selection based on information axiom [J]. Journal of Materials Processing Technology, 2005, 169 (3): 337-345.

[15] Ashtiani B, Haghighirad F, Makui A, et al. Extension of fuzzy TOPSIS method based on interval-valued fuzzy sets [J]. Applied Soft Computing, 2009, 9 (2): 457-461.

[16] 柯彬发，吕本富，刘泳伦. 基于模糊 AHP 建构休闲农业营销绩效评价模式之研究 [J]. 数学的实践与认识，2011，41 (22)：52-64.

[17] Hsieh T Y, Lu S T, Tzeng G H. Fuzzy MCDM approach for planning and design tenders selection in public office buildings [J]. International Journal of Project Management, 2004, 22: 573-584.

[18] Chou Y C, Sun C C, Yen H Y. Evaluating the criteria for human resource for science and technology (HRST) based on an integrated fuzzy AHP and fuzzy DEMATEL [J]. Applied Soft Computing, 2012, 12: 64-71.

第 16 章　应急物资供应商选择研究

16.1　研究目的和意义

应急物资在突发事件应急管理中占有极其重要的位置。做好应急物资储备工作是提高突发事件应对效率、减少生命财产损失的重要基础。2003 年 SARS 给我国的应急物资储备带来空前的挑战，应急物资储备与需求之间出现了严重的矛盾[1]；2008 年年初的南方雨雪冰冻灾害再一次给我国的应急物资储备敲响警钟；5·12 汶川大地震又再次出现了应急物资储备严重不足的现象[2,3]，在地震发生后的 48 小时内中央级救灾物资储备库的应急物资已被调空，但还是远远不能满足灾区对应急物资的需求。因此，做好应急物资采购和供应商的评估就显得非常重要了[4,5]。

16.2　基于可能度的应急物资供应商选择

16.2.1　可能度

定义 1[6]　a，$b\in R$，$a\leqslant b$，则称$[a, b]$为区间数，a，b 为区间数的端点。

定义 2[6]　设$[a, b]$、$[c, d]$为区间数，区间数的运算规则如下。

$$
\begin{aligned}
&(1)\ [a, b]+[c, d]=[a+c, b+d]\\
&(2)\ [a, b]-[c, d]=[a-d, b-c]\\
&(3)\ r[a, b]=\begin{cases}[ra, rb] & r\geqslant 0\\ [rb, ra] & r<0\end{cases}, r\in R
\end{aligned}
\tag{1}
$$

$\tilde{a}$和 $\tilde{b}$ 为区间数，设 $\tilde{a}=[a^L, a^U]$，$\tilde{b}=[b^L, b^U]$，且记 $l_a=a^U-a^L$，$l_b=b^U-b^L$，则称

$$
p(\tilde{a}\geqslant\tilde{b})=\frac{\min\{l_a+l_b, \max(a^U-b^L, 0)\}}{l_a+l_b}\tag{2}
$$

为 $\tilde{a}\geqslant\tilde{b}$ 的可能度。

定理 1　设 $\tilde{a}=[a^L, a^U]$，$\tilde{b}=[b^L, b^U]$，则

(1) $0\leqslant p(\tilde{a}\geqslant\tilde{b})\leqslant 1$。

(2) $p(\tilde{a} \geqslant \tilde{b})=1$ 当且仅当 $b^U \leqslant a^L$。

(3) $p(\tilde{a} \geqslant \tilde{b})=0$ 当且仅当 $a^U \leqslant b^L$。

(4)(互补性)$p(\tilde{a} \geqslant \tilde{b})+p(\tilde{b} \geqslant \tilde{a})=1$。特别地，$p(\tilde{a} \geqslant \tilde{a})=\frac{1}{2}$。

(5)(传递性)对于3个区间数 $\tilde{a}$，$\tilde{b}$，$\tilde{c}$，若 $p(\tilde{a} \geqslant \tilde{b})=\frac{1}{2}$ 且 $p(\tilde{b} \geqslant \tilde{c})=\frac{1}{2}$，则 $p(\tilde{a} \geqslant \tilde{c})=\frac{1}{2}$[7]。

对于给定的一组区间数 $\tilde{a}_i=[a_i^L, a_i^U]$，$i \in N$。把它们进行两两比较，利用上述可能度公式求得相应的可能度 $p(\tilde{a}_i \geqslant \tilde{a}_j)$，即 p_{ij}。建立可能度矩阵 $P=(p_{ij})_{n \times n}$。该矩阵包含了所有方案相互比较的全部可能度信息。因此，对区间数进行排序的问题，就转化为求解可能度矩阵的排序向量的问题。通过

$$v_i=\frac{1}{n(n-1)}\left(\sum_{j=1}^{n} p_{ij}+\frac{n}{2}-1\right),\ i \in N \tag{3}$$

得到可能度矩阵 P 的排序向量 $v=(v_1, v_2, \cdots, v_n)$，并利用 v_i 对区间数 a_i 进行排序。

16.2.2 基于可能度的应急物资供应商选择算法

步骤1 应用层次分析法求出应急物资评价指标体系中各属性的权重 w_j，$j=1, 2, \cdots, M$。

步骤2 对于候选方案 $x_i(i=1, 2, \cdots, N)$，按照属性 w_j 进行测度，得到 x_i 的属性值 $\tilde{a}_{ij}(\tilde{a}_{ij}=[a_{ij}^L, a_{ij}^U])$，从而构成决策矩阵 $\tilde{A}=(\tilde{a}_{ij})_{N \times M}$。通过规范化的方法，将其转化为 $\tilde{R}=(r_{ij})_{N \times M}$，其中

$$r_{ij}=[r_{ij}^L, r_{ij}^U]$$

$$\begin{cases} r_{ij}^L=\dfrac{a_{ij}^L}{\sum\limits_{i=1}^{n} a_{ij}^U} \\ r_{ij}^U=\dfrac{a_{ij}^U}{\sum\limits_{i=1}^{n} a_{ij}^L} \end{cases} \tag{4}$$

步骤3 对各个候选方案 $x_i(i \in N)$ 的属性值进行集结，求得其综合属性值 $\tilde{z}_i(w)(i \in N)$。

$$\tilde{z}_i(w)=\sum_{j=1}^{m}w_j r_{ij} \tag{5}$$

步骤 4　通过区间数之间的可能度公式计算各个候选方案综合属性值 $\tilde{z}_i(w)$ $(i\in N)$之间的可能度 $p_{ij}=p(\tilde{z}_i(w)\geqslant\tilde{z}_j(w))$，$i$，$j\in N$，并建立可能度矩阵 $P=(p_{ij})_{N\times N}$。

步骤 5　通过公式(3)求出可能度矩阵 P 的排序向量 $v=(v_1,\ v_2,\ \cdots,\ v_n)$，并按照其大小对候选方案进行排序，即得到最优方案[8]。

16.2.3　算例分析

为了说明上述评价方法的可行性，现通过该方法对五家候选的某应急物资供应商 A、B、C、D、E 进行评价。根据前人的研究成果，物资供应商的指标体系包括：质量(U1)、成本(U2)、服务(U3)、柔性(U4)、环境(U5)[9]。

步骤 1　邀请专家，通过 AHP 求出指标体系的权重{0.22，0.19，0.26，0.18，0.15}。

步骤 2　决策者以区间数这种不确定形式给出了各方案的属性值，经归一化矩阵如表 16-1 所示。

表 16-1　归一化矩阵

供应商＼指标	U1	U2	U3	U4	U5
Z1	[0.215 0.226]	[0.198 0.211]	[0.221 0.251]	[0.199 0.200]	[0.208 0.215]
Z2	[0.198 0.205]	[0.190 0.201]	[0.204 0.209]	[0.187 0.189]	[0.188 0.189]
Z3	[0.187 0.195]	[0.147 0.156]	[0.156 0.168]	[0.199 0.211]	[0.197 0.201]
Z4	[0.223 0.225]	[0.185 0.192]	[0.166 0.187]	[0.185 0.195]	[0.198 0.209]
Z5	[0.201 0.213]	[0.189 0.199]	[0.189 0.199]	[0.198 0.201]	[0.200 0.211]
Z6	[0.197 0.203]	[0.200 0.209]	[0.206 0.221]	[0.200 0.211]	[0.186 0.198]

步骤 3　利用公式(5)可求出供应商的综合属性值

$\tilde{z}_1(w)=[0.2094\quad 0.2233]$；$\tilde{z}_2(w)=[0.1946\quad 0.2000]$；

$\tilde{z}_3(w)=[0.1750\quad 0.1844]$；$\tilde{z}_4(w)=[0.1904\quad 0.2010]$；

$\tilde{z}_5(w)=[0.1949\quad 0.2042]$；$\tilde{z}_6(w)=[0.1988\quad 0.2095]$

步骤 4　计算各个区间数的可能度

$$p=\begin{bmatrix} 0.5 & 1 & 1 & 1 & 1 & 0.9959 \\ 0 & 0.5 & 1 & 0.6 & 0.3542 & 0.0745 \\ 0 & 0 & 0.5 & 0 & 0 & 0 \\ 0 & 0.4 & 1 & 0.5 & 1 & 0.1033 \\ 0 & 0.6458 & 1 & 0 & 0.5 & 0.2700 \\ 0.0041 & 0.9255 & 1 & 0.8967 & 0.7300 & 0.5 \end{bmatrix}$$

步骤 5 通过公式(3)求出可能度矩阵 P 的排序向量

$$v=(0.0835, 0.1824, 0.2500, 0.1666, 0.1861, 0.1315)$$

可以清楚地看出，供应商 3 是最佳选择。

16.3 基于语言信息的应急物资供应商选择

16.3.1 语言信息决策理论

由于客观事物的复杂性和不确定性，加之人类思维的模糊性，人们往往喜欢用“优”、“良”、“中”、“差”等形式来评估事物[10]。借助于语言评估标度，将这些评估结果转化为数值，以便于定量研究。

语言评估标度是以零为对称中心，且语言术语个数为奇数，形式为

$$S=\{s_\alpha \mid \alpha=-\tau, \cdots, -1, 0, 1, \cdots, \tau\} \tag{6}$$

其中，s_α 表示语言术语，τ、$-\tau$ 分别表示决策者使用语言术语的上限和下限，为整数[11]。

例如：$\tau=2$，则 $S=\{s_{-2}=$很差，$s_{-1}=$差，$s_0=$一般，$s_1=$好，$s_2=$很好$\}$。

设 $\tilde{s}=[s_\alpha, s_\beta]$，其中 s_α，$s_\beta \in S$，s_α 和 s_β 分别为 $\tilde{s}$ 的上限和下限，则称 $\tilde{s}$ 为不确定语言变量[11]。

设 s_α，$s_\beta \in S$，则称

$$d(s_\alpha, s_\beta)=|\alpha-\beta| \tag{7}$$

为 s_α 和 s_β 之间偏离度[11]。对任意两个不确定语言变量 $s_1=[s_{\alpha1}, s_{\beta1}]$，$s_2=[s_{\alpha2}, s_{\beta2}]$，$(s_{\alpha1}, s_{\beta1}, s_{\alpha2}, s_{\beta2} \in S)$，则称

$$d(s_1, s_2)=\sqrt{(\alpha_1-\alpha_2)^2+(\beta_1-\beta_2)^2} \tag{8}$$

为 s_1 和 s_2 之间偏离度。

16.3.2 应急物资供应商选择算法

设 X 和 A 分别表示候选企业和应急物资指标集，$w=(w_1 \quad w_1 \quad \cdots \quad w_m)^{\mathrm{T}}$

为指标 A 的权重，$w_i \geqslant 0$，$\sum_{i=1}^{m} w_i = 1$。评估者通过 $S=\{s_\alpha \mid \alpha=-\tau, \cdots, -1, 0, 1, \cdots, \tau\}$，并根据指标集 A 对候选企业 X 进行评估，给出评估矩阵 $R=(r_{ij})_{m\times n}$。其中，n 为候选企业数目，r_{ij} 可能为语言变量，也可能为不确定语言变量。不失一般性，$r_{ij}\in[r_{ij}^L, r_{ij}^U]$，$r_{ij}^L\in s$，$r_{ij}^U\in s$。$r_j=(r_{1j}, r_{2j}, \cdots, r_{mj})^{\mathrm{T}}$ 为候选企业 $x_j(j=1, 2, \cdots, n)$的指标值向量。

设 $R=(r_{ij})_{m\times n}$ 为评估矩阵[11]，则称 $r^+=(r_1^+, r_2^+, \cdots, r_m^+)^{\mathrm{T}}$ 为企业相对理想点，其中

$$r_i^+=\max\{r_{ij}\};\quad r_i^+=[r_i^{+L}, r_i^{+U}]=[\max\{r_{ij}^L\}, \max\{r_{ij}^U\}],\ i=1, \cdots, m \tag{9}$$

则称 $r^-=(r_1^-, r_2^-, \cdots, r_m^-)^{\mathrm{T}}$ 为企业相对负理想点，其中 $r_i^-=\min\{r_{ij}\}$；$r_i^-=[r_i^{-L}, r_i^{-U}]=[\min\{r_{ij}^L\}, \min\{r_{ij}^U\}]$，$i=1, \cdots, m$。

根据模型和上述理论，设计了应急物资供应商评估方法：

步骤 1　建立语言评估标度，邀请专家对候选企业进行评估，给出评估矩阵 $R=(r_{ij})_{m\times n}$。

步骤 2　计算候选企业与企业理想点、负理想点之间的距离 $D(r_j, r^+)$ 和$D(r_j, r^-)$。

$$D(r_j, r^+)=\sum_{i=1}^{m} w_i d(r_{ij}, r_i^+),\ j=1, 2, \cdots, n \tag{10}$$

$$D(r_j, r^-)=\sum_{i=1}^{m} w_i d(r_{ij}, r_i^-),\ j=1, 2, \cdots, n \tag{11}$$

步骤 3　计算 $D(r_j, r^-)$在 $D(r_j, r^+)$和 $D(r_j, r^-)$中的比例 CC_j。

$$CC_j=\frac{D(r_j, r^-)}{D(r_j, r^+)+D(r_j, r^-)},\ j=1, 2, \cdots, n \tag{12}$$

步骤 4　按照 CC_j 降序排列，得出候选企业的排序。

步骤 5　结束。

16.3.3　算例分析

为了说明上述评价方法的可行性，现通过该方法对四家候选的某应急物资供应商 x_1、x_2、x_3、x_4 进行评价。根据前人的研究成果，物资供应商的指标体系包括{质量、成本、服务、柔性、环境}。

步骤 1　建立语言评估标度 S。邀请专家，根据候选企业的情况，给出了表 16-2 所示的评估结果。

表 16-2 专家评估结果

评估指标 \ 候选企业	x_1	x_2	x_3	x_4
质量	s_{-2}	s_{-4}	s_1	s_{-4}
成本	s_3	s_3	s_2	s_3
服务	$[s_2, s_3]$	$[s_1, s_2]$	$[s_1, s_2]$	$[s_2, s_3]$
柔性	$[s_2, s_3]$	$[s_3, s_4]$	$[s_1, s_2]$	$[s_2, s_3]$
环境	s_2	s_3	s_1	s_3

$$S=\{s_{-4}=极差，s_{-3}=很差，s_{-2}=差，s_{-1}=稍差，s_0=一般，$$
$$s_1=稍好，s_2=好，s_3=很好，s_4=极好\}$$

根据表 16-2，可以得出四个候选企业 $x_j(j=1，2，3，4)$的指标值向量 r_1，r_2，r_3，r_4，以及企业相对理想点 r^+ 和相对负理想点 r^-：

$$r_1=[s_{-2},s_3,[s_2,s_3],[s_2,s_3],s_2,s_1]^{\mathrm{T}}$$
$$r_2=[s_{-4},s_3,[s_1,s_2],[s_3,s_4],s_3,s_1]^{\mathrm{T}}$$
$$r_3=[s_1,s_2,[s_1,s_2],[s_1,s_2],s_1,s_{-1}]^{\mathrm{T}}$$
$$r_4=[s_{-4},s_3,[s_2,s_3],[s_2,s_3],s_3,s_0]^{\mathrm{T}}$$
$$r^+=[s_1,s_3,[s_2,s_3],[s_3,s_4],s_3,s_1]^{\mathrm{T}}$$
$$r^-=[s_{-4},s_2,[s_1,s_2],[s_1,s_2],s_1,s_{-1}]^{\mathrm{T}}$$

这里，需要确定 6 个指标之间的相对权重，不失科学性和合理性，$w_i=1/6$，$i=1，2，3，4，5，6$。

步骤 2 利用公式(2)、(3)、(6)和(7)计算候选企业的 $D(r_j，r^+)$、$D(r_j，r^-)$ $(j=1，2，3，4)$：

$$D(r_1，r^+)=0.9024，D(r_2，r^+)=1.0690$$
$$D(r_3，r^+)=1.0690，D(r_4，r^+)=1.2357$$
$$D(r_1，r^-)=1.1381，D(r_2，r^-)=1.3047$$
$$D(r_3，r^-)=0.8333，D(r_4，r^-)=1.1381$$

步骤 3 利用公式(8)计算候选企业 x_j 的 $CC_j(j=1，2，3，4)$：

$CC_1=0.5578$，$CC_2=0.5496$，$CC_3=0.4381$，$CC_4=0.4794$

步骤 4 根据 CC_j 对候选企业 $x_j(j=1，2，3，4)$进行排序：

$$x_1>x_2>x_4>x_3$$

因此，选择候选企业 1，即某大型民营企业公司的企业。

步骤 5 结束。

参考文献

[1] 孙华，王继群，段晓军，等. "非典" 物资装备应急保障存在的问题及应对措施 [J]. 医疗卫生装备，2003，(8)：33.

[2] 赵文武，伍国正. 我国南方冰雪灾害的特征与城市救灾对策研究 [J]. 中国安全科学学报，2008，(10)：5-9.

[3] 刘宗熹，章竟. 由汶川地震看应急物资的储备与管理 [J]. 物流工程与管理，2008，(11)：52-55.

[4] 杨文键，胡文峰. 优化应急救灾物资储备功能 [J]. 中国减灾，2009，(3)：26-27.

[5] 张永领. 中国政府应急物资的储备模式研究 [J]. 经济与管理，2011，25 (2)：93-95.

[6] 郭子雪，齐美然，张强. 基于区间数的应急物资储备库最小费用选址模型 [J]. 运筹与管理，2010，19 (1)：15-20.

[7] 徐泽水，达庆利. 区间数排序的可能度法及其应用 [J]. 系统工程学报，2003，18 (1):6770.

[8] 徐泽水. 不确定多属性决策方法及应用 [M]. 北京：清华大学出版社，2004.

[9] 商丽媛，谭清美. 基于灰熵模型的应急物流供应商评价 [J]. 统计与决策，2013，3：45-47.

[10] Herrera-Viedma E，Herrera F，Martinez L，et al. Incorporating filtering techniques in a fuzzy linguistic multi-agent model for gathering of information on the web [J]. Fuzzy Sets and Systems，2004，(148)：61-83.

[11] 徐泽水. 基于语言信息的决策理论与方法 [M]. 北京：科学出版社，2008.